高等学校小学教育专业

小学班主任专题研究

潘 健 主编

南京大学出版社

编者的话

一、这是一本怎样的书

班主任工作的专业性越来越得到教育界人士的重视和认同。缘于班主任研究领域的不断拓展和研究成果的不断更新,在高等院校小学教育专业的课程方案中,出现了一门独立设置的专业基础课程,这门课程以"班级"或"班主任"为关键词,称谓有"班级管理"、"小学班队管理"、"小学班主任"、"小学班主任工作"等等。本书作为上述课程的规划教材,可作为小学教育专业本、专科的通用教材,也可作为中小学班主任继续教育的教材或参考书,以及教育理论工作者的研究资料。

二、为什么取这样一个书名

以"专题研究"作为一本本专科教材的书名,这在以往,实不多见。在编写方案征求意见时,专家的意见也不统一,有专家提出质疑,认为这更像研究生教育的教材名称。我们认为:

1. 以"专题研究"命名更能体现教材的特点

与试图建构完整学科体系的学术著作不同,教材不仅是专业知识的载体,而且是对学习活动的一种设计和安排,更为关注学习者的知识基础、心理特点和从业需要,其真正价值不是建构一门体系全、内容多的学科,而是从学生迫切需要解决的问题入手,帮助同学们打开专业领域的"窗户",为学生的专业发展提供一把"钥匙"。过去的许多教材,往往从学科本位出发,追求体系的过于完整和内容的面面俱到,学生一看"庞杂"的目录和"厚实"的容量,就偃旗息鼓,望而却步,拿到教材之日,成了停止学习之时。因此,不能寄望教材解决所有的专业问题,不能"教材是个框,啥都往里装"。以"专题"的形式呈现内容,更能体现教材的特点。

2. 以"专题研究"命名更能切合教学的实际

在我国现有的教师培养体系中,本专科教育阶段被赋予了太多的目标诉求,"填满"了各类的教育模块,人文教育、科学教育、学科专业教育、教师专业教育、就业教育,"一个也不能少";在教师专业教育中,理论学习、技能培训、教育见实习，都会在宝贵的教学时间里"分一杯羹"；现实的就业问题，使得各校"容忍"甚至"鼓励"就业联系"侵占"越来越多的教学时间。在这样的背景下，留给一门新出现的、尚不能称为核心课程的教学时间，是非常有限的。江苏省五年制高等师范学校课程方案中，这门课程被安排在五年级第一学期，40课时左右，本科院校安排的时间可能更少。如此，采用"专题"的形式进行教学，是促进这门课程教学有效、高效的必然选择。

3. 以"专题研究"命名更能凸显学习的要义

在传统观念和许多人的潜意识中，"研究"是高层人士的行为，"创新"是少数人的"专利"，学生包括大学生的学习只能采用"接受"、"模仿"、"训练"等方式。中国科学院院士、著名经济学家于光远教授在北大举办的讲座"治学态度与治学方法"中讲到，宗教之所以成为宗教，要膜拜；法律之所以成为法律，要服从；科学之所以成为科学，要怀疑。科学不能去信仰，而是要研究。学习就是研究，它不排斥接受、模仿、训练，但更要质疑、研究、创新，而且接受、模仿、训练是为了更好地去做研究；学习不仅是在课堂上听课和阅读文本，更要动手、动脑、动身去实践，去体验。"连小学生都在进行研究性学习，大学生为什么不能搞专题研究？"这是一位专家在编写方案征求意见时的力主意见。因此，以"专题研究"命名本教材，更能凸显学习的要义，也是对同学不拘泥于课堂、文本学习的一种倡导。

三、本书有何特点

近年来，国内出版了许多版本的班主任著作，可谓各具特色。本书作为一本新编教材，主要在如下方面做了尝试与探索：

1. 指导思想上体现以学生发展为本的理念

我们认为，服务学生学习、着眼学生发展应该是教材编写的至上追求。本书力求遵循和体现这一精神。首先是为小学教育专业的师范生服务，具体表现为：从新任班主任的视角，从班主任专业发展的视角，从低到高、由浅入深地展开内容，改变过去仅从学科发展角度来组织内容的编写方法；选择新任班主任最需解决的问题展开探讨，不求面面俱到，不追求体系、内容的完整，但求有所突破，富有指导意义；每个专题开始都设置"问题情境"，行文中也强调理论联系实际，正文结束后都设置"本专题小结"和"拓展学习"，以贴近学生实际，引发阅读兴趣。其次是为小学生服务。作为小学班主任教材，可以以"班主任"为逻辑起点进行阐述，也可以以"班级"为逻辑起点进行阐述。重心可放在"管理"和"工作"上。本书以小学生作为逻辑起点，专题一即为"主动走向学生"，并规划了"小学生发展指导"的专题内容，重心放在了"建设"和"发展"上，较好地体现了基础教育课程改革的新精神，体现了以学生发展为本的理念。

2. 在内容组织上体现基础性和创新性的统一

作为教材，本书介绍了小学班主任工作的基本知识、原理和方法，力求反映出本领域的基本共识。这些"确定性知识"，有利于学生获得入门知识，打好后续学习的知识、技能和价值基础。同时，本书也力求反映班主任工作实践和研究领域的变化和发展，体现学术研究的新成果，有许多内容在以往的班主任著作中，是没有或鲜见的，如班级价值与类型、班级设计与运行、班级生活建设等。这些"探索性知识"的呈现，并非是为创新而创新，而是生动的班主任工作实践和理论研究难以回避，必须解答的。我们认为，教材如果只是描述一些"放之四海而皆准"、"人人皆知"的"确定性知识"，必然浅尝辄止，必然人云亦云，必然隔靴搔痒，必然味同嚼蜡，必然与学生的学习需要和生动的工作实践"远隔千里"。本书的一些新观点、新内容，既有对班主任理论研究新成果的反映，也有编写者基于班主任工作实践的探索甚至原创。新的东西，往往"不成熟"，往往没有经过"确认"，但我们不愿意"堆砌"那些"永远正确"却"废话连篇"的"字符"，而是希望本书成为学生学习、发展的"拐杖"，甚至成为学生、班主任和理论研究者质疑、批判的"靶子"。

3. 在体系编排上体现实用性和可读性的结合

本书引言、专题一、专题二主要探讨班主任工作的三大要素：班主任、小学生、班级，专题三至专题六主要探讨班主任的专业化工作，有班级设计与运行、班级生活建设、班级文化建设、班级活动建设等，专题七、专题八主要探讨小学生发展指导和班主任专业成长的内容，是按照熟悉要素、适应工作、超越发展的逻辑顺序来展开内容的。此外，引言和专题一的部分内容，我们强调用感性、诗意的笔触来描述。这样的内容架构，由浅入深，从易到难，从感性到理性，有利于学习的循序渐进和研究的步步深入。每个专题的编写，都采用"问题情境＋正文＋本专题小结＋拓展学习"的体例结构，正文部分穿插案例，夹叙夹议，以增强本书的可读性。

以上特点，是我们编写本书时努力追求的目标，也是指导本书撰写的主要原则。但这只是我们的"一厢情愿"，实际的效果如何，还需要大家来评判。

四、怎样使用本书

习惯上,人们常把教材作为专业知识的读本来使用,本书自然可以在这个层次上使用。不过,我们要善意地提醒任课教师和学习者,为了更好地使用这本教材,更好地学好这门课程,请注意以下几点:

1. 从问题情境入手

问题是学习、研究的起点,是理论联系实践的桥梁。高效的教学总是在进入正式学习之前设法唤醒或让同学自己生成问题意识。本书每专题的问题情境,或罗列现象,或提出问题,与正文中涉及的核心概念或主要问题有着内在的关联,是正文学习的导引。任课教师可以利用问题情境激发同学的学习兴趣,也可以利用问题情境引导同学讨论或进行研究性学习。同学们学习教材时最好先有点问题意识,先研读一下问题情境,不要直奔正文,直奔主题,否则接触到的、感受到的可能就是"灰色的理论"。同时,我们还特别希望老师和同学们搜集、编写新的问题情境,补充、替换或改造教材提供的问题情境。这样,该课程的教学将更具有现实针对性和鲜明的个性。

2. 调动经验参与正文的学习

《浮士德》中的魔鬼靡菲斯特有一句名言:"灰色的理论到处都有,只有生活之树四季常青。"理论往往是灰色的,因为它一经出现,构成体系,就与其赖以产生的生活日益隔膜,丧失青葱的生命本色而变得灰暗苍白。而生活,则永远是生命的本体,每时每刻都焕发出不可扼制的勃勃生机。正文是教材的主体部分,是承载专业知识的主要形式。但如果满足于从书本到书本的学习,是难以把握好基本概念、基本事实、基本原理、技术方法和价值观念等核心成分的。这门课程虽然以前没有学习过,但同学们并非没有经验。自己的班级(包括以前的),邻近的班级,附近学校的班级,见习、实习的班级,都可以生发出丰富的经验资源。调动经验参与正文的学习,方能教有所获,学有所得。

3. 加强课外阅读

同学们要学好大学的专业课程,离不开大量的课外阅读。本书后面附有主要参考文献,同学们可从中选择阅读,也可进一步拓展课外阅读面,自主选择课外读本。

4. 进行拓展学习

小学班主任课程是实践性很强的课程,囿于书本,限于课堂,是不可能掌握、提高的,甚至连课程开设也失去了意义。拓展学习是课堂学习的进一步巩固和延伸,是非常重要的学习环节。每专题后的小结和拓展学习部分,我们设计了以巩固基础知识为主的复习,也设计了联系实际训练技能的实践活动,此外,还有开放性的探索活动。我们特别建议老师和同学们认真落实拓展学习内容,尤其是加强课外学以致用的技能训练和创造性、自主性的探究学习。

学无止境。教材只能打开一扇"窗",不能解决所有的专业问题。突破教材,探究学习,才能真正进入专业的领地。

五、谁人所写

本书由一个热心班主任事业的研究、教学团队共同创作完成。成员中有班主任研究专家,有学校德育管理者,有多年来进行班主任课程开发、研究、教学的一线教师,不少人本身就有丰富的班主任经历。具体分工如下:引言,李建军;专题一,潘健;专题二,潘健;专题三,潘健、王坤、张美娟;专题四,杨孝如;专题五,顾国兵;专题六,丁彦华;专题七,李克军、嵇辉;专题八,黄正平。全书整体设计和修改、统稿工作由主编潘健负责,顾国兵也做了一些协助工作。

本书参考了一些研究成果,在书中做了注明,书后附了参考文献,在此一并表示感谢。设计、编写、出版过程中,得到了南京师范大学班主任研究中心、江苏省教育科学研究院专家的智慧指点,得到了江苏教育学院、南通高等师范学校及编写组成员所在单位的热情支持,得到了南京大学出版社胡豪编辑的细致关心,谨此并致谢忱。

由于工作繁忙、时间紧迫等多种原因,编写人员虽已尽全力,但本书仍难免有种种疏漏不当之处,敬请大家多提宝贵意见,帮助我们改进工作。

《小学班主任专题研究》编写组
2009 年 6 月

目　　录

引言　班主任：一个可以体验幸福的专业 …………………………… 1

专题一　主动走向学生 ………………………………………………… 15
　　问题情境：第一次见面 …………………………………………… 15
　　　一、寻找路径，走向小学生 …………………………………… 17
　　　二、把握特征，认识小学生 …………………………………… 24
　　　三、更新观念，理解小学生 …………………………………… 33

专题二　班级价值与类型 ……………………………………………… 43
　　问题情境：新班级与旧班级 ……………………………………… 43
　　　一、班级及其产生 ……………………………………………… 45
　　　二、班级价值分析 ……………………………………………… 50
　　　三、班级类型区分 ……………………………………………… 56

专题三　班级设计与运行 ……………………………………………… 66
　　问题情景：按下葫芦浮起瓢 ……………………………………… 66
　　　一、班级设计 …………………………………………………… 67
　　　二、班级组建 …………………………………………………… 76
　　　三、班级运行 …………………………………………………… 85

专题四　班级生活建设 ………………………………………………… 97
　　问题情境：不能忽视的冷暴力 …………………………………… 97
　　　一、班级是生活组织 …………………………………………… 99
　　　二、班级个体生活 ……………………………………………… 102
　　　三、班级人际生活 ……………………………………………… 108
　　　四、班级群体生活 ……………………………………………… 113
　　　五、班级集体生活 ……………………………………………… 120

专题五　班级文化引领 ………………………………………………… 128
　　问题情境：每颗星星都有它的位置 ……………………………… 128
　　　一、物态空间布置 ……………………………………………… 129
　　　二、精神品质涵育 ……………………………………………… 137
　　　三、CIS形象设计 ……………………………………………… 148

1

专题六　班级活动组织 ································· 162
  问题情境："书里书外" ································· 162
    一、班级活动的价值 ································· 163
    二、班级活动的类型 ································· 164
    三、班级活动的规划 ································· 167
    四、班级活动的实施 ································· 173

专题七　学生发展指导 ································· 187
  问题情境：让孩子生活在希望中 ··························· 187
    一、关注习惯养成 ··································· 189
    二、加强分类指导 ··································· 197
    三、实施发展评价 ··································· 203

专题八　班主任专业成长 ······························· 214
  问题情境：和学生共同成长 ····························· 214
    一、班主任专业成长的意义 ··························· 216
    二、班主任专业成长的内涵 ··························· 222
    三、班主任专业成长的路径 ··························· 227

主要参考文献 ······································· 236

引言　班主任：一个可以体验幸福的专业

一

有人问我，当班主任幸福吗？

可能是因为年轻吧，走上班主任岗位后，我一直觉得当班主任是幸福的。

清晨走进校园，面对一个个标准的队礼，一声声清脆的"老师早"；当走进圣洁的课堂，看到一双双渴求甘霖的眼眸，一颗颗等待塑造的无邪心灵；当课间跟孩子们泡在一起，看到一个个生龙活虎的身影，一张张天真烂漫的笑脸，我是那么激动，那么满足，我的生命因此获得了壮丽的升华。我时常为自己是一名班主任而自豪。我为学生在考试中的每一次进步而激动，我为他们在篮球场上三步投篮成功而喝彩，我为运动场上的矫健身姿而祝福，我为表演赛上选手们的表演而叹服！这一切的一切，都包含着全体师生的努力和汗水。多少次，他们把自己最秘密的，甚至不愿对父母说的话告诉了我，我觉得这是孩子们对我最大的信任，也是做班主任的最大快乐；当我辛勤的工作日见成效，发现孩子们在一小点儿、一小点儿进步时，巨大的幸福感就充满了我的心间。

这一段生动的描述，在我们面前展现出了一位朝气蓬勃、充满幸福感的小学班主任形象。应该承认，当班主任是辛苦的。班主任需要每天最早赶到学校，迎来第一个到校的学生；需要送走最后一个学生，很晚才能离开；班主任需要做好教学工作，指导学生的学习，还要照顾学生的生活，整天围着学生转。每一个学生的喜怒哀乐都牵动着班主任的心。如此的劳碌，的确是非常辛苦。

但是，像这位年轻班主任感受到的一样，做好这份工作又何尝不是教师特有的幸福源泉之一呢？

有"苏霍姆林斯基式教师"之称的李镇西老师，最近出版了《做最好的班主任》一书,书中收录了他 20 世纪 80 年代末写的《甜蜜的"苦差事"——谈班主任工作的苦乐观》一文,其中有这样一段:

当教师"苦",当班主任更"苦",这是不言而喻的。但"苦"中之无穷之乐,乐中之无尽之趣,却不是每个班主任都能体会到的。……与学生朝夕相伴之际,师生感情就更为深厚;与学生促膝谈心之时,师生心灵便更加贴近。比其他任课老师,我们同学生的接触要密切得多,对学生各方面的关心越无微不至,我们得到来自学生的爱也越丰厚。相信所有真正热爱孩子的班主任都有过这样类似的经历和体验:当你和学生一起出去郊游时,在纵情嬉戏中,你会感到自己不知不觉走进了学生的心灵,自己也年轻了;当你重病在床时,最能给你以安慰的,是床前学生的微笑和他们送上的一束鲜花;当学生毕业前夕,在他们依依不舍的眼神里,你会发现,学生最留恋的老师,还是他们平时有些"惧怕"甚至有些"怨恨"的班主任……面对学生爱的回报,作为呕心沥血的班主任,我们会感到由衷的欣慰:也许我们的月收入远不及那些个体摊上的买卖人,但我们从事的不仅是太阳下最高尚的职业,而且也是地球上最幸福的事业!因为我们拥有几十颗童心,这是何等优厚的精神财富啊![1]

教育是与人打交道的事业。对一个班主任来说,幸福除了获得一份与付出相称的物质待遇、荣誉奖励以外,更重要的就是与学生在一起生活,看着学生成长,在师生之间彼此的关爱之中,不断充盈和壮大自己的教育生命。

也许有人会说,李镇西现在是"教育名人"、"教育专家",名也有,利也有,当然幸福。面对这样的误解,李镇西说:

当我是默默无闻的年轻班主任的时候,那时不但没有什么名,反而还因为经常犯错误而挨批评,工资也不高,可是我照样和我的孩子们穿行在细雨蒙蒙的原始森林,或奔跑在阳光灿烂的绿色原野上,照样沉浸在我那只有九平方米的单身宿舍里,侧身于单人床和书柜之间,思绪飞扬于陶行知的精神空间和苏霍姆林斯基的心灵世界,照样细心观察研究班上后进

---

[1] 李镇西.做最好的班主任[M].桂林:漓江出版社,2008.6~7

生每一天细微的变化,并从中获得一种非名非利的幸福感!①

可见,班主任的幸福是一种内在的幸福,灵魂的幸福。这种幸福不能折算成物质或者金钱,但却凝结着一个教师的希望、信心与快乐。这种幸福是专属于教师的精神享受。也许就是因为体验到了这种内在的幸福,李老师把做最好的班主任当成了他人生永远的追求。他做班主任工作上了"瘾",做了二十多年班主任还没有做够,做了副校长还对校长说,请给我一个班,让我做班主任。拿到了博士学位,当上了校长,他仍然担任着三个班的副班主任。他要享受班主任的幸福,哪怕是做个副的也好。

教育的事业是一种基于生命、为了生命、促进生命成长的事业,教师职业的特殊性就在于它天天要跟成长中的学生进行富有教育价值的交往和对话,它见证着、影响着、推动着人的生命成长。有过15年班主任经历的小学语文著名特级教师窦桂梅,在回味自己做完一届班主任后的感受时,这样说:

从一年级到六年级,5年多的春夏秋冬已成往事,然而1800多个日日夜夜永难忘却。我时时阅读着76个孩子的76本天书,向孩子学习,与孩子交友,和孩子一起进行生命的交流,这使我真正读懂了生命,发现了生命成长的规律和秘密,我也真正理解了什么是学校,什么是教育。在相互促进中,我和孩子共同成长,在共同成长的过程中,我和孩子一起享受着生活和生命的欢乐。②

有这样一句名言:你的心在哪里,你的财富就在哪里!只要我们有一颗热爱教育的心,我们就会发现教育不只是奉献,不只是付出,教育的每一天都会有收获,每一天都会碰到快乐的事情。

对于怀抱育人事业的坚定信念,拥有执著精神追求的班主任来说,幸福主要不在于各种外在条件,而在于你是否善于享受班主任生活的乐趣。

如果你摆脱不了世俗的束缚,把心事放在名利上,对教育就会视而不见,教育生活就会毫无乐趣可言。相反,你热爱生命,热爱教育,你敞开心

---

① 李镇西.做最好的班主任[M].桂林:漓江出版社,2008.19
② 朱永新.中国著名班主任德育思想录[M].南京:江苏教育出版社,2000.3~4

灵去感受,以享受的心境来面对班主任工作的时候,你一定能品味出教育生活中的各种丰富的细节和场景,在倾听生命的拔节声中追随孩子成长的脚步,时刻充满饱涨的工作和创造热情,不断收获班主任工作的幸福。

二

早在17世纪,伟大的教育家夸美纽斯在他的《泛智学校》中就设想给每个班"指派固定的教师",他认为这个"教师应当占据适当的地位,使他能看到所有的人,而且被所有的人所看见……教师应当像全世界的太阳,站在高处,从那里他能同时对所有的人普照教学的光芒,而且能同时发出同样的光,均匀地照亮每个人"[①]。班主任——这样一个散发着"光芒"的角色,从诞生之日起,就寄托了人们无数的美好期望与瑰丽梦想。

在学校生活中,对学生的人生影响最大的是班主任,班主任与学生的接触机会最多,也最能决定学生在学校、班级以及未来生活中的处境和命运。但是,我们也看到,如果班主任没有对自身角色的准确定位,这项工作也并不总像人们期望的那样美好。

曾经读到这样一篇学生作文,文中这样写道:

自从学会记事,大人们就经常跟我讲学校是多么美好,特别是那里有和蔼可亲的班主任老师,他不仅会教我们学文化,还会教我们学做人。那时候,"班主任"这个词是那样的神圣,在我的心目中,班主任也是那样的伟大。可是当我们真正上了小学以后,却发现现实并不是那样美好。每当我犯了错误,哪怕是一点点小错误,跟学生追着跑了一下,班主任就会找上来批评责骂,甚至罚站,不允许上课;每当我考试成绩不如别人,作业出现错误,班主任又会问我是不是上课没有认真听讲,还讽刺、挖苦,经常请家长,无论是在学校,还是在家里,我总觉得自己是个坏孩子,没有希望的孩子。到了中学以后,这样的情形并没有改变,虽然有几个老师稍微对我好一些,但大多数都非常严厉,特别是班主任。我真的害怕班主任,甚至有些恨班主任。我的学习一直不怎么好,也觉得上学读书没有多大的意思。我经常想,被称为人类灵魂的工程师的老师,怎么这样让人感觉不可亲近呢?一个班主任除了批评学生的错误,除了要让学生的考试、作业

---

① [捷克]夸美纽斯.夸美纽斯教育论著选[M].北京:人民教育出版社,1990.246

不出错,少出错,他还应该做些什么呢?为什么给我们的总是那样一幅冰冷的面孔呢?难道老师除了学习,除了考试,除了纪律,就不能关心我们了吗?

习作中提到的班主任老师,你不能说他不负责任,不关心学生,但是他关心的只是学生的纪律和成绩。这种类型的班主任在教育生活中不在少数,他们成天"盯着"学生的缺点,只有批评、责骂和管制。这种貌似负责,但却"目中无人"的不完整的、片面的教育,最终带来的只能是班主任工作方式的简单粗暴,带给学生的只能是满天的阴霾和心灵的伤害;而班主任自己也整天生活在工作失败的痛苦之中,怨天尤人,自贬自抑,时而怒气冲冲,时而顾影自怜。

班主任是学校特殊的教师,班主任工作比起单纯的知识传授要丰富得多,复杂得多。

那么,班主任究竟是一个怎样的专业角色呢?

对于学生来说,班主任首先是一个领导者、组织者和管理者,但是,班主任不是一般的管理者,他还是一个教育者,是一个教育型的管理者。他在指出学生的错误、要求学生进步的同时,还应该为学生的成长和一生的幸福着想,从学生的成长出发,教育和引导学生解决学习、生活以及成长中遇到的各种问题,发展学生的能力,培养学生的健全人格。

第一,班主任是班级德育的组织者。德育是教育工作的灵魂,也是班主任工作的核心。厚德才能载物,品高而后才茂。班主任要全面关心学生,最根本的就是关心学生的精神成长,培养学生的健全人格,引导学生避恶趋善,激浊扬清;辨别假丑恶,追求真善美;拒绝平庸粗俗,怀抱远大理想,坚定道德信念,让学生成长为堂堂正正的大写的人。

第二,班主任是各科教学的协调者。学校教学是以班级为单位组织安排进行的,各任课教师在一个班级里进行教学,需要有班主任进行联系、沟通。只有班主任才能更全面地了解学生的学习情况,真正激发学生的学习动机,帮助学生解决学习中遇到的问题,引导任课教师进行有的放矢的针对性教育。而且,只有班主任才有条件全面掌握和协调学生的各种活动和各科课业负担,解决任课教师和学生之间产生的各种矛盾,使各科教师的教学力量形成教育的合力,真正服务于学生的发展。

第三,班主任是学生身心健康的引导者。"关心儿童的健康,是教育者最重要的工作。儿童的精神生活、世界观、智力发展、知识的巩固性、对自己力量的信心,都取决于他的生命的活力和精力的充沛程度。"①一个好的班主任,应该确立全面发展的观念,不仅重视培养学生良好的生活卫生和体育运动习惯,养成健康的生活方式,为学生的学习和生活提供良好的身体保障,还应注意学生的心理健康。任何一个班主任都应该通过不断的学习,努力成为"半个心理学家",真正关心和正确认识心理健康,及时发现学生身上存在的心理异常现象,通过班级活动进行适时的、必要的疏导和调节。如果自己无能为力,还应及时指导学生进行专业的心理咨询,帮助学生积极调适自己的心理。

第四,班主任是班集体建设的引导者。班级是师生共同生活的场所,是学生成长的美好精神家园,为了学生能够健康快乐地成长,班主任必须全面关心学生,精心设计和灵活把握教育活动的过程,进行班集体建设,建立生动活泼、奋发有为的班集体,通过丰富多彩的班级活动,激发学生的内在活力,促进学生健康地成长、成熟、成才。

第五,班主任是家庭教育的指导者。"教育的效果取决于学校和家庭的教育影响一致性。如果没有这种一致性,那么学校的教学和教育过程就会像纸做的房子一样倒塌下来。"②班主任工作,不仅有学校生活中对学生的引导,还应该联系学生家长,了解各个家庭及家庭教育的特点,做到因"家庭"施教。班主任要加强与家长的沟通,充分发挥家长参与教育的热情,吸引家长共同关心学生的健康成长,指导开展家庭教育,走出家庭教育的误区,提高家长的素质,造就合格父母,互通教育信息,制定教育策略,使教育贴近学生的个人情况,提高学校教育和家庭教育的成效。

第六,班主任是社会教育的联系者。班主任要主动联系社会,了解时代和社会生活的发展,分析对学生教育有利和不利的因素,以便进行有效的利用和控制,同时也取得社会有关方面支持,开展各种有益身心健康的社会实践、文娱、科技等活动,为学校课程的学习提供"生长点",引导鼓励学生充分发展自己的兴趣和特长。

班主任工作涉及到学生成长的方方面面,仅仅靠列举的方法,永远也无法穷尽班主任在学校教育和学生成长中扮演的所有角色。

全面关心学生是每个老师,包括学科老师和班主任老师的职责,但班

---

① [苏]B·A.苏霍姆林斯基,杜殿坤编译.给教师的建议(修订版,全一册)[M].北京:教育科学出版社,1984.382

② [苏]B·A.苏霍姆林斯基,杜殿坤编译.给教师的建议(修订版,全一册)[M].北京:教育科学出版社,1984.526

主任是主要的,班主任是学生全面健康成长的导师,是学生成长发展的"重要他人"。这是班主任区别于一般教师最重要的一面。

要做好班主任,就应该明确自身承担的专业角色,知道自己是干什么的,然后才能正确认识自我,认真地把握自我,一步步进入角色,找准工作的定位,让班主任工作成为展示自己,塑造自己,成就自己,体验专业幸福的舞台。

三

对于每个人来说,童年都是一个富有诗意的话题。每当我们谈起童年,我们的双眸总是跳跃着兴奋与陶醉。是童年孕育了人的一生中最甜美的想象、最绚丽的梦境、最多彩的希望,人生的一切可能都从童年开始。作为小学班主任,我们面对的是处于童年时期的儿童,只有树立正确的儿童观,我们才能掌握工作的未来,把握工作的"阿基米德点",使自己的班主任工作焕发出生命的活力。

第一,学生是发展中的人。

这句话可以从两个层次来理解:

1. 学生就是学生。儿童的世界是一个奇妙而梦幻的世界,一个充满灵性的天地。这个世界的主人是儿童,他们按照自己的价值观念和规则生活着,有着与成人不完全相同的快乐和哀愁,憧憬和企盼。然而,目前的教育存在着一个很大的问题,这就是,在对人生的认识上,要求儿童要像成人一样思维,无视学生的发展需要一个过程。很多的教育者不按照学生生长的需要和时机,而急于得到生长的结果,以致忽视了生长的程序。有人曾经这样形象地描述这种现象:

我们吃着早熟的水果、蔬菜、粮食,看着早熟的明星的表演,阅读着早熟的作者的文字,祝愿自己的下一代在早熟者的行列里名列前茅。也许再过若干年,人世间的万物都将不再拥有童年,童年的概念将在人们心中消失,"儿童"这个词所指的将不过是年龄较小的成年人而已。[①]

这种不顾儿童的天性,超前教育、过度教育给儿童的成长带来了非常

[①] 王晓华. 一个受害者的写作[N]. 南方周末,2001-9-13

恶劣的影响。我们也许都熟悉一句话"不能让孩子输在起跑线上",这句话本身并没有错,但事实上很多人就是以这样美好的愿望,做着揠苗助长的蠢事,摧残着儿童的天性,也人为地割裂了儿童发展的基础。德国著名教育家赫尔巴特在《普通教育学》中曾经说过这样一段话:

  应该警告:不要进行过度的教育。要避免运用一切不必要的强制,这样的强制可能使儿童无所适从,可能抑制他们的情绪,毁灭她们的乐趣;同时还可能毁灭他们今后对童年的美好回忆,乃至对教育者真诚的谢意。①

  这应该是对班主任工作的最好忠告。
  教育不是向儿童强加什么,而是为儿童的自由发展提供机会。我们应该让儿童回到生命的原生状态、本真状态,把小学生从做不完的习题和唯唯诺诺的管教中解放出来,交还儿童应有的嬉闹、追逐和欢笑,在完整的童年中发展他们自由的天性。陶行知先生说:"我们必须会变为小孩子,才配做小孩子的先生。"只有我们拥有了这样的情怀,才能帮助儿童成长为健康的成人。
  2. 学生是发展变化的。学生从入学到小学毕业,是一个人生理、心理发育和性格成长的黄金时期,对学生而言,他们的身心各方面都蕴藏着巨大的发展潜能。教育应当学会等待。我们提倡用积极乐观的眼光来估计学生的天性,坚信学生是可以造就的;用发展的观点来认识学生,尊重学生身心发展的规律,理解学生身上存在的不足,帮助学生解决问题,改正错误,促进成长。我们不能过早地给儿童的未来"定性",认定一个学生的好坏和前途是否远大。有不少的小学生由于被扣上了"差生"、"坏学生"的帽子便自暴自弃;也有一些所谓的好生、优等生,骄傲自满,看不清楚自己的实际。
  对于教师来说,每个学生都是生活中的人,他们不是"符号",也不是有待于塑造的工具,而是活生生的人。每一个学生都处在变化、发展之中。
  对于我们来说,教育是一扇门,推开它,应该是充满阳光和鲜花。作为班主任,千万不要忘记自己也曾经是一个学生,也曾经和他们一样调

---

① [德]赫尔巴特.普通教育学[M].北京:人民教育出版社,1989.34

皮、犯错,学生是伴随着错误成长的。我们应当以一颗宽容之心,把学生的生活当成是自己童年的重现,去欣赏孩子的每一丝成长,甚至是品味孩子的每一点过失,才能使我们自己完善起来,为孩子们打开这扇美好的教育之门。

第二,每位学生都是独特的个人。

"教育的目的在于使人成为他自己,变成他自己。"[①]生命是多种多样的,每个学生都具有自己独特的内心世界。"世界上没有两片相同的树叶",要找到两个相同的人,恐怕也不大可能。学生不是抽象的个人,每个人都是独一无二的,有着自己的丰富个性。就像拜师学艺一样,你可以从你的老师那里受到影响,但是你不可能和你的师傅一样。国画大师齐白石说过这样一句话:学我者生,似我者死。教育也是这样,你不可能预设一个人的发展。

班主任可以用成功的典型来启迪学生的成长,但不能用一个所谓成功的例子来要求某一个具体学生。我们追求的是共性与个性的统一,这要求班主任在班级活动中从学生发展的整体态势出发,在提出共同的目标任务的同时,仔细观察每个学生的实际,关注他们的生活经历、个性特点,认识到学生的差异,根据每个学生的独特个性,因材施教,找到合适的教育思路,在班集体生活中把学生发展成为具有与他人相容能力的个性发展的人。

丰子恺先生曾经画过一幅漫画,叫做《剪冬青的联想》。画中的冬青一律被园丁剪掉了"脑袋"。当我们走进教室,看着一个个天真活泼、各具个性的学生,回味画中园丁的所作所为,不能不让我们警醒。学生是一个个独立的生命体,他们有血有肉有灵魂,有智慧,有个性,有灵气。对于班主任来说,我们就应该尊重每一个学生,关注每一个学生的兴趣、个性及内在需求,把教育变成真实生动的儿童生活,让每一个学生都拥有一个完整、愉悦、健康的生命过程。

第三,学生是教育活动的主体。

在班级活动中,学生是教育的对象,但这个对象并不是可以任意加工塑造,学生也是教育活动的主体,所以说教育活动是一种双主体活动,师生双方共同面对的客体是教育的内容。既然学生也是主体,就应该有

---

① 联合国教科文组织.学会生存——教育世界的今天和明天[M].北京:教育科学出版社,1996.14

学生主体的实践活动。无论是学习还是其他方面的发展,都离不开学生主体自己的活动。没有活动就没有学生个体与环境的相互作用,也就没有个体的发展。

有些班主任在工作中,为学生考虑过于周到,学生的一切活动都事先设计好了,学生只能亦步亦趋,所有的学习和道德行为都是老师的"精心布置"和严密控制的结果。不少学生在学校中表现良好,积极参加学校组织的活动,尊敬师长,热爱劳动,给人的印象绝对是一个好学生,但是一旦离开了学校,便难以控制自己的言行,暴露出人性中丑恶的一面,不遵守社会公德,不尊重他人甚至自己的父母,有的甚至违法乱纪。为什么一个"好学生",离开了学校却变成了"坏学生"呢?除了社会不良风气的影响之外,最主要的还是因为在学校中,学生的行为有许多是老师的决定,即使学生做了,也不等于他明白了其中的道理,感受到其中的快乐。由于这样的教育未能触及学生的灵魂,学生一旦离开老师的精心安排,便失去了道德行动的能力。

著名教育家陶行知先生曾经在《活的教育》一文中说:

我们办教育的人,总要把小孩子当做活的,莫要当做死的。地球看起来,好像是个不动的东西,其实他每天每时都在旋转不已。小孩子也像这样,表面上看起来,也好像是很平常的,没有什么进益,其实他的能力知识,没有一天不在进行中求活。我们就要顺着他这种天然的特性,加以相当的辅助和引导,使他一天进步似一天,万不能从中有所阻碍或停滞,不使前进,把他束缚了起来。束了若干时,然后又陡然把他解放掉,这一定要受危险的……时势的变迁,是有进无已的。办教育的,就要按着时势而进行,依合着儿童的本能去支配……

我们讲活的教育,就要本着这世界潮流的趋向,朝着最新最活的方面做去……。小孩子,他生长快,他的进步也快。他一时有一时的需要,一时有一时的能力。当教育家的,就要设法子去满足他的需要,就要搜罗相当的材料去培植他。[1]

每一个人都有一个从幼稚走向成熟的过程,班主任如果不能尊重这样一个规律性的事实,那就等于主动放弃了作为教师的幸福。只有我们

---

[1] 陶行知.陶行知全集(第一卷)[M].成都:四川教育出版社,1991.407~408

学会了尊重,尊重每个学生的生命存在,尊重每个学生的价值和尊严,学会了教育的等待,我们才会对学生的成长少一点苛责,少一点失望,少一点冷漠,而多一份理解,多一份信心,多一份亲切,也就能够给教师人生多增添一份幸福。

四

泰戈尔有句名言:"不是锤的打击,而是水的载歌载舞才使鹅卵石臻于完善。"班主任工作面对的是人的灵魂的培育,是运用科学方法来唤醒学生灵魂的艺术,而绝非一般的技艺之学。班主任就应该是学生人格、心灵的唤醒者,只有千方百计唤醒学生的主体意识,才能开启学生的心灵之门,激发学生的潜能,发展学生的人格。要想做到这一点,就必须真正关爱学生,走进学生的心灵,寻找到班主任工作的智慧,给学生插上飞翔的翅膀。

首先,有爱心才能真正走进学生的心灵。

班主任没有"捧出一颗心来,不带半根草去"的博大情怀,他就失去了教育者最重要的品质,失去感受孩子精神世界的能力,就会截断通向孩子心灵的道路,无从把握班主任工作的正确航向。

李镇西老师写过一本书,叫做《爱心与教育——素质教育探索手记》。他认为当一个好老师最基本的条件就是"拥有一颗孩子的心!"[1]爱学生就必须善于走进学生的情感世界,把自己当做学生的朋友,去感受他们的喜怒哀乐。他认为,我们对学生的爱,不应是"居高临下"的平易近人,而是发自肺腑的对朋友的爱。他的班主任工作秘诀就是爱心。他说:"爱心和童心,是我教育事业永不言败的最后一道防线。"[2]

这一点突出地表现在他与后进生的关系上。通常人们都认为后进生最难对付,转化后进生是班主任工作中最头痛的事。而在李镇西看来,后进生可以是朋友,后进生也可把他看成是他们的哥们。他喜欢与后进生"吃喝玩乐",一起去公园在草坪上摔跤,与学生一起去游玩,在田野里追逐,借助于在他人看来也许有些幼稚的"孩子的心",走进了学生的心灵。这些交往不仅给后进生带去了快乐,也给老师带来了与后进生交往的欢

---

[1] 李镇西.爱心与教育——素质教育探索手记[M].成都:四川少年儿童出版社,1998.23
[2] 李镇西.爱心与教育——素质教育探索手记[M].成都:四川少年儿童出版社,1998.26

乐。有了这些友好的交往，后进生不再是老师的眼中钉、肉中刺，必欲去之而后快；在后进生的眼中，老师也不再是只有严厉的指责和斥骂。师生之间的和乐，使得学生与老师产生了依恋，也让老师发现了这些后进生并非是不可救药的"铁板"一块，在他们的心灵深处或多或少也有一些美好道德的萌芽。对后进生的转化，与其成天灌输那些大道理，还不如引导他们发现自己身上的善良之处、高尚之处，帮助他们树立"我是一个有缺点的好人"的自信。如果一个学生因为长期遭受斥责而丧失了道德自我肯定的勇气和能力，可以让全班同学一起帮他找优点。教师这样做，绝不仅仅是一种教育技巧，而首先是一种由真诚的热爱而产生的信任。

李老师在总结自己的班主任工作的成功经验时说：

本来，从某种角度看，我其实是很不适宜当老师的，因为我性子太急躁，常常忍不住对学生发火；但从另外一个角度看，我又有着当老师的独特优势，这就是我很爱孩子，或者说我的骨子里本身就有许多"孩子气"。就教育技巧或者教育艺术而言，我有许多致命的弱点，因而在我的教育历程中，我有过至今想起来仍令我脸红的失误。但是有一点我可以毫无愧色地说：我有一颗童心！

这颗童心，使我深深地爱着我的每一届学生、每一位学生；这颗童心，使我的学生原谅了我对他们有时抑制不住的暴怒；这颗童心，使我不止一次和学生一起欢笑、一起流泪；这颗童心，使我自然而然地走进了学生的情感世界，也让我的学生常常不知不觉地撩动我的情弦……[1]

教育是心心相印的活动。班主任只有真正与学生心心相印，善于跟学生交朋友，时刻关心着学生的兴趣爱好、欢乐悲伤，才能用自己的真诚赢得学生，自然而然地走进学生的心灵世界，给学生以具体而实在的爱，激发他们做一个好学生的愿望，自己作出明智的选择，在逐步的自我认识中自我成长，走向成熟。

第二，有爱心才会有班主任工作的艺术。

真爱唤醒智慧。如果班主任能够真切地感受到学生的心灵，感受到学生的幸福与烦恼，才会在内心产生教育的责任感，驱使自己去进行艰苦、持久的探索，也才会有班主任工作的真正艺术。

---

[1] 李镇西.爱心与教育——素质教育探索手记[M].成都：四川少年儿童出版社，1998.26

由于智力水平、行为习惯、知识基础、家庭背景等方面的原因,要求所有学生必须在同一时间内,达到思想道德、文化学习的同一标准,是许多学生,也是许多班主任感受不到学校生活的幸福和精神生活的充实的原因之一。班主任一定要有爱的勇气,通过长期培养的对学生的新鲜而深思熟虑的爱,从每个学生独特的精神需要入手,才能发现教育的智慧,还学生以本来应该有的丰富而充实的精神生活。每个学生都是独特的个人,我们只有真正关爱每一个学生,才能尊重每一个学生的个性,发现每一次教育的契机,更好地发展每一个学生。

著名特级教师斯霞在"文革"期间当班主任教过一个学生,这个学生上课随便插嘴,从来没有端正的坐相,常常把腿伸出来绊倒来往的同学,他却哈哈大笑;下课后抢别人的东西。"文革"中,才三年级的他也来造老师的反,把老师的东西藏起来,让老师找不到,把大青虫放在老师的被子里。但这个孩子也有优点,脑子灵,反应快,能提问题,敢于向老师提意见,喜欢画画。一次,斯霞发现了他的画说:"这画画得很好,是谁画的呢?得写上画的是什么,可你写的字不太好,不相称,以后要好好学习写字。"这一来,他的字有了进步。有一次,斯霞出去开会,他就在教室里大闹天宫,站在讲台上手舞足蹈讲故事,讲得同学们哈哈大笑。代课老师也制止不住这局面,气得走出教室说:"这个班我教不了。"斯霞回校,这个孩子担心她会把这些事情告诉父母,谁知斯霞反而选他当了故事员,鼓励他多看课外书,给同学讲故事。他非常感动,对画画讲故事都很积极,在全校讲故事比赛中得了奖。

这位学生后来读了大学,考上了美国的研究生。出国前向斯霞老师辞行,回忆起小学的情景。他深情地说:"当时,我在班级中是最顽皮、最不守纪律的孩子,但在我幼小的心灵中,一点儿也没有感觉因我的顽皮,老师歧视我,厌弃我,只觉得老师处处在引导我,启发我好学上进。老师真正是以无私的爱和高度的责任心在感化我。我觉得在小学里的这三年特别重要。我的拼音、识字、写字、阅读、学习态度、学习习惯,都在这三年里打下了坚实的基础。"

只有爱学生,才能相信每一个学生,真正严格要求每一个学生,发现每一个学生身上蕴藏的发展潜能。再顽皮的学生,感受到了班主任老师真诚的关心与爱护、宽容与仁慈,得到了正确的引导,思想认识水平就一定会有所提高,也一定能成长为合格的公民和优秀的人才。

我们必须敢于去爱,才能永远不把对学生的真正体认与个人一时的好恶情感对立起来;我们必须敢于去爱,才能在我们熟知的条件下,真正走进学生的内心世界,寻找到教育的绝佳时机,在学生情绪低落时,点燃希望的火种;在学生面临人生的岔路,处于一片茫然时,指明人生的航标;在学生遭遇挫折时,给以精神上的鼓励……

苏霍姆林斯基说:

你是明天的教师,请记住:每一个儿童都是带着想好好学习的愿望来上学的。这种愿望像一颗耀眼的火星,照亮儿童所关切和操心的情感世界。他以无比信任的心情把这颗火星交给我们——做教师的人。但这颗火星很容易被尖刻的、粗暴的、冷淡的、不信任的态度所熄灭。要是我们——作为教师的人,在心里也像儿童对待我们那样,把无限的信任同样地给予他们就好了! 那将是一种富有人情的相互尊重的美妙的和谐。[1]

班主任的使命就是要努力为儿童创造热烈、沸腾、多姿多彩、充满快乐的教育生活,让儿童更多地感受到人性的光辉。就让我们用爱心点燃明亮的"心灯",为儿童,也为我们自己,用心灵的光芒照亮幸福美好的未来人生!

---

[1] [苏]苏霍姆林斯基,杜殿坤编译.给教师的建议(修订版,全一册)[M].北京:教育科学出版社,1984.409

专题一 主动走向学生

问题情境：第一次见面[①]

去年的9月，因一老教师退休，学校安排我任六年级一班的班主任。接手工作时，老教师对我说："小李，这个班不好管啊！学生很不听话，他们不轻易信服老师，你的担子重呀！"听了他的话，我都有点想打退堂鼓了，但想到学校领导对我的信任，便笑笑说："慢慢改变他们吧。"他摇摇头走了。

第二天就要与学生正式见面了，我该如何上好第一节课呢？我思索着。对，从名字入手吧，我赶快从学校找来带有照片的学生档案，一个一个地记他们的特征，熟悉他们的爱好，还向原班主任了解他们的表现。整整一天，我足不出户，总算对这个班的学生有了大体的了解，我相信明天早上与孩子们见面时，我会认出他们的。

第一节班会课，来到教室，孩子们早知道他们要换班主任了，也许为了给我一个下马威吧，在我喊出了"上课，同学们好"后，他们拉长声音说："老——师——好——"还有几个小声加上了"吗"字。我笑了笑，说："老师好不好，以后再评价吧。"我示意他们坐下，然后自我介绍说："我叫李迎春，桃李满天下的李，生在冬春交接的2月，父母希望我有一个美好的未来，因此给我起名迎春，希望我们以后能成为知心朋友。这节班会课呢，我就来认认你们，并且也给你们解一下你们的名字。"有孩子吃惊地问："老师，你从未教过我们，你认识我们吗？"我微笑着说："愿试试吗？"全班一齐回答："愿意。"我知道他们想考我了。

我对一个回答得最响亮的同学说："你叫吴博吧，你父母肯定希望你认真学习，知识渊博，你还多次获得了少年百科知识竞赛一、二等奖，是吗？"吴博兴奋地叫起来："你说得真对。"另一个学生赶快站了起来："老

[①] 李迎春. 第一次见面[ED/OL].
http://www.teacherclub.com.cn/tresearch/channel/bzr/read/7884.html.

师,那我叫什么名字呢？你也说一说吧。"我一看是张鹏,就对他说:"你父母希望你能展翅高飞,鹏程万里,有大的成就,就给你起名张鹏,对吗？你喜欢打乒乓。"张鹏翘起大拇指说:"老师,你真神了。"这时又有一个学生站了起来,对我说:"老师,你认识我吗？"我一看,是老师们所说的调皮学生张飞。我说:"当然认识,你叫张飞。"他没等我再说话,就接着说:"本人张飞,弟兄们都叫我流氓阿飞,我还希望班上来个岳飞,杀个满天飞。我不受同学、老师的喜欢,也希望你别对我寄希望。"他的发言惹得全班哄堂大笑,特别是那些调皮学生更是前仰后合,他也一脸不屑地望着我。我知道他在向我挑战了,就对他说:"张飞可是《三国演义》中的英雄好汉,是刘备的得力大将,颇得后人的好评。在我的心目中,没有教不好的学生,只有会不会教的老师。我相信你会成为老师的得力助手,也会成为同学们心目中的英雄好汉的,要对自己有信心。"张飞听了我的话后不好意思地坐下了。我一一认识了孩子们,了解了他们的名字,博得了阵阵掌声。下课了,我问他们:"我们能成为朋友吗？"他们高兴地回答:"能。"

　　课后,我布置了一个作业:写给新班主任的话。其中张飞写道:我满以为我会被你批评,可你不但没批评我,还鼓励我。因为我的不听话,老是挨批评,读了快六年书,从未有老师这样对我,我一定要争气,不辜负你。曹羽写道:老师,我们班基本上是一年换一个班主任,每一个班主任第一节课都是宣读班规或者警告我们,你的第一节课让我们感到轻松愉快,给我们留下了好印象。我在班上因为各方面都不优秀,也不属于表现特差的学生,有老师教了我一年都还叫错我的名字,我很多时候都感到自卑,觉得自己是一只丑小鸭,可你还未给我们上过一天课,就能叫出我的名字,老师,我真感动……

　　读着孩子们的话,我眼睛湿润了。我想,我也许跨出了改造这个班级的成功的第一步,但还任重道远。

　　接过一个班级,就意味着与几十个孩子的教育和发展建立起了紧密的联系,每个负责的班主任都会感受到一份沉甸甸的责任。那么,班主任工作的征程该从哪里起步？成功的第一步该如何跨出？

　　李老师在他的第一节课里,没有宣布宏伟的计划,没有宣读繁琐的班规,没有宣示自己的威严,而是从记住学生的名字入手,从了解、熟悉学生的特征、爱好起步,从建立良好的师生关系着眼,取得了良好的"亮相"效果。这给我们带来的启示就是:走向学生,认识学生,理解学生,是班主任教育和发展学生的前提。

俄国教育家乌申斯基曾说过:"如果教育家希望从一切方面去教育人,那么就必须首先从一切方面去了解人。"①

小学生的世界色彩斑斓、独特而又神奇。从发展和教育的前景看,这是一片希望的绿洲。

让我们走进那片绿茵地。

一、寻找路径,走向小学生

每一个志愿在班级建设过程中发展学生同时又提升自己的班主任,都有走进学生的愿望,但并非每个人都能得偿所愿。有的班主任尽管非常愿意与学生交往,但学生往往"退避三舍","心门""紧锁";有的班主任尽管与小学生朝夕相处,但学生的"镜像"在他心目中始终是模糊不清的。于是,有的班主任退缩了,不再做种种努力,所谓的教育工作只能"隔靴搔痒","徘徊"在学生的"心门"之外;还有的班主任找上了各种"借口",什么"现在的学生实在难以理解"啦,什么"'三年一代沟',与学生距离太远"啦,等等,不一而足。

从一定意义上说,因为儿童处在不断的发展变化之中,身心激荡起伏,动态生成,复杂异常。相对成人,儿童的身心特征更难以让我们拿捏准确,把握到位。法国作家维克多·雨果说过,世界上最大的是海洋,比海洋更大的是天空,比天空更大的是人的心灵。作为小学班主任,面对博大的儿童心灵世界,要想走进心灵深处,探索心灵奥秘,如果不巧妙选择方法,精心寻找"路径",愿望永远不可能变成实际的效果,我们所做的工作永远称不上是真正的教育。

李吉林,是一位从中国大地上走出来的教育家,尽管她已经拥有中国教育学会副会长、情境教育创始人、中央教科所兼职研究员等许多头衔,但她依然像50年前一样,生活在江边小城,工作在那所她18岁时就走进的小学里。她与儿童相知甚深,没有什么距离和隔阂,更谈不上有什么"代沟"。读了下面她的一段自述,也许我们可以得到启发,找到走进学生心灵深处的"路径"。

---

① 张焕庭.西方资产阶级教育论著选[M].北京:人民教育出版社,1964.492

我，长大的儿童[①]

李吉林

上了小学的孙女儿对我说："奶奶，我发现您像个小孩子，我喜欢和您玩。"听罢孙女的话，我是何等的惊喜！因为儿童说我像儿童，大概我是真的有点像儿童了。这对当小学老师的我来说，我认定是一种赞誉。其实，在我的内心，自我评价便是：长大的儿童。

……

眼下，我已是年过花甲的人了，不要说是儿童，就是青年、中年，我都沾不到边了，岁月已经无情地把我推到了老人的行列。但是，我感觉到我的心仍然是年轻的，真正领悟到什么叫"赤子之心"。我总感到世界还是那样的美好，一切都是那么新鲜，仿佛是第一次看到。

我仍然像孩子一样，怀着强烈的求知欲望，什么都想知道，什么都想学。《学习的革命》，"建构主义"的丛书，科学精神与人文主义结合的新论，有关课程的书、脑科学的书，我都想学。即使中国"神舟号"上天了，3号，4号，什么时候载人，我都关心。美国"哥伦比亚号"为什么会失事，俄罗斯"太平号"又怎能准确地在预定地点解体、降落。世界这么大，新知识像浪潮向我涌来，我永远只能抓一点芝麻，大西瓜是搬不动了。但能抓一点芝麻，总比两手空空要好得多。我十分警惕老人的封闭，封闭就停滞，停滞就萎缩。只要像孩子那样憧憬着未来，敞开自己的心怀，便能不断地呼吸到新的空气，吮吸新的营养，而这一切都是教孩子所必需的。

我仍然像儿童一样，常常睁大眼睛看着这多彩的世界，用儿童的心灵去感受，去体验，心里想着许多问题。外出坐在车上常常从田边驶过，看着田野里开着黄花的向日葵，看着同样开着黄花的丝瓜花、南瓜花、西瓜花、黄瓜花，又想到麦子、稻子成熟了，都是金黄色的，这是为什么呢？多少回没有想出答案。有一次似乎顿悟了，啊，莫非它们都是太阳的孩子！太阳用金色的阳光给人类和世界万物带来温暖和光明，又用它的金色哺育了瓜果谷黍，奉献给人类。

当我站在高处看到大树时，我都希望能意外发现一只鸟窝，那里一定会有鸟妈妈和它孵出来的孩子，说不定还有几枚可爱的鸟蛋。我家院子里有一棵大槐树，仿佛小鸟知道我这个老小孩的心思，去年居然造访我

[①] 李吉林.我，长大的儿童[J].人民教育.2003(17)

家，两只小鸟不停地飞来飞去，衔着树枝枯草在枝叶间搭窝造房。我像孩子那样兴奋极了，不断地提醒小孙子蹑手蹑脚地从树下轻轻过去，千万别惊动小鸟，让它们在这小小的庭院里安家落户。啊！我们的家，不就成了小鸟的家了吗！小鸟是令人羡慕的，它们都有一对翅膀，蝴蝶、蜜蜂也让孩子想入非非，我甚至在心里说："花蝴蝶，小蜜蜂，你们能把翅膀借给孩子吗？"我总是天真地做着孩子的美梦。

夏天又来了，我仍然像往年一样，从街上买回两只蝈蝈，听着蝈蝈的歌声，挑逗起蝉的鸣叫，哈，它们对歌了，它们都是夏日的"歌手"，倘若没有它们，夏天似乎寂寞多了。冬天了，我总是像孩子一样巴望着下雪，倘若早晨起来看到屋上一片白，我会情不自禁地大声报告家人："下雪了！"马上赶到学校，雪战早已经开始，真希望孩子的雪团扔在我的脸上、我的身上，让银白色的粉末沾着我的眉毛，沾在我紫红的棉袄上，那该多带劲儿！于是，我想到雪花是"冬爷爷"给孩子带来的礼物。我围着一条白色的围巾走进教室，我成了"冬爷爷"，装着粗声粗气的嗓子，向孩子们问好，孩子们也向"冬爷爷"问好。一堂观察说话课，在充满童话色彩的师生对话中别有情趣地进行着。

我常常就是这样，像孩子般怀着一颗好奇心去设计教学，童心帮助我想出许多好办法，那是最受孩子欢迎的好办法，它让我不止一次地获得成功，享受到当语文老师，从事小学教育的快乐。教学《捞铁牛》，我想孩子一定要知道怀丙究竟是怎么捞起铁牛的？我就和孩子们在沙坑里做起了"实验"。一个个圆圆的脑袋聚在一起，其中也有我，这时我显然不像老师，而是孩子王，是他们的伙伴，津津有味地操作，看着浮力把埋在沙里的"铁牛"捞起来。教学《鱼和潜水艇》，孩子对仿生学一定感兴趣，人类的进一步发展也少不了仿生学。我找来大大小小的十几只瓶子，专心致志地模拟潜水艇和潜水艇中的"柜子"，大瓶子，小瓶子，装进水，又倒掉；这一组沉下去，浮不起来；那一组浮起来又沉不下去，几十次地调试，我不厌其烦做得津津有味。哈！终于成功了！这一种劲头或者是一种痴情，我自己也觉得和我的年龄十分不相称。

儿童的眼睛，儿童的情感，儿童的心理，构筑了我的内心世界。是的，正是儿童，是童心，给了我智慧。我想说：爱会产生智慧，爱与智慧改变人生。

我爱儿童，一辈子爱。如今我已不是儿童，但胜似儿童，我只不过是个长大的儿童。我多么喜欢自己永远像儿童！

（一）主动走向学生

班主任了解学生，不外乎两种情形：一是"姜太公钓鱼，愿者上钩"，坐等学生走向自己。这种情形在传统教育中，比较普遍，因为教育资源是稀有资源，因为教师是坐在"经坛"上的"布道者"，因此，学生在教师面前或"程门立雪"，或亦步亦趋，或"前呼后拥"，理所应当。二是"山不过来，我就过去"，班主任主动走向学生。这种情形对班主任的要求较高。就目前来说，心甘情愿主动走向学生的班主任还比较少，不少班主任总觉得学生走向教师是理所当然的，否则似乎就"有辱斯文"，"颜面不再"。

李吉林老师的可贵之处就在于，她根本就没有考虑过谁该主动的问题，在她的头脑中，教师与学生之间是没有界限的，因为她也是个"儿童"，她与学生的交往就是"儿童"与儿童的交往，因此，她与学生的心都不设防，都对对方开放。李老师可以"随心所欲"地进入学生心田，学生的所思所想、学生的言行举止、学生的身心变化，她都能尽收眼底，随时把握。

《古兰经》中有这样一则经典故事：一天，有人找到一位会移山大法的大师，央其当众表演一下。大师在一座山的对面坐了一会儿，就起身跑到山的另一面，然后就表演完毕，众人大惑不解。大师道：这世上根本就没有移山大法，唯一能够移动山的方法就是：山不过来，我就过去。换一个角度体会一下谁该主动的问题，答案不言自明。市场经济条件下的服务行业，如果做不到主动热情，微笑服务，无异于自绝生路。随着精英教育向大众教育的转变，教育已成为教师向学生和学生家长提供的一种服务，面对享受服务的"上帝"，教师热情一点，主动一些，应该是非常正常的事情。何况，从提高效率的角度来看，也应如此，老师与学生之间有一种无形的距离，这种距离对老师来说，只是一张"纸"，对学生来说，可能就是"坚冰"，老师不去主动"捅破那层纸"，却期冀同学"破除坚冰"、"突出重围"，这本身就是舍易求难。其实，老师只需向学生"跨"一小步，学生就会大踏步地向老师"奔"来，给学生点"阳光"，学生就会"灿烂"，何乐而不为？

李吉林老师说："我感觉到我的心仍然是年轻的"；"我仍然像孩子一样，怀着强烈的求知欲望，什么都想知道，什么都想学"；"我仍然像儿童一样，常常睁大眼睛看着这多彩的世界，用儿童的心灵去感受，去体验，心里想着许多问题"。这说明李老师的精神世界与学生是融通的，她走向的不仅仅是学生，更重要的是她走向了学生生活。因此，班主任主动走向学生,不应该仅仅是身体的移动,更应是精神的迁徙。

(二) 蹲下身子交流

蹲下身子,有利于班主任缩短与孩子的交往距离。曾偶然听到过这样一个故事:某年元宵节,母亲领着2岁的儿子去看花灯。无数的花灯美不胜收,人人引颈相望,可是喧闹声中,母亲听到孩子的呜咽声,连忙蹲下身子察看状况。结果发现,孩子的眼前,晃动着黑压压的一片屁股,花灯美景,一丝也看不到。母亲忙将孩子高高抱起,这下,孩子笑了。看完故事,不少人可能会付诸一笑。但是,我们不妨设想这样一个情境,把自己放进去进行体验:某一天,因为一个特殊的机缘,你与身高2米26的姚明近距离面对面交谈,悬殊的身高形成了空间上的垂直距离,你得始终费力地抬头看他,却又看不到他的眼神,看不清他的面部表情,你可能会不由自主地感到费力,感到扑面而来的压力,产生莫名的紧张感。在孩子的心目中,我们班主任大多都是高大、强势、须仰视的"姚明"式的"明星人物",如果班主任不蹲下身子,我们的学生岂不是每天都置身于费力、压力和紧张之中?了解学生就会成为一句空谈。

蹲下身子,有利于班主任深入到学生的内心世界。经常蹲下身子,就能与学生面对面地平视、对视,从而捕捉到学生的微妙心理,洞察学生的动态变化;经常蹲下身子,就会自然而然地用儿童的思维来思考,用儿童的情感来体验,不由自主地成为一个"长大的儿童",用儿童的视角观察、研读儿童,以"自己人"的身份深入孩子的内心,从而获得对小学生的准确感知。

蹲下身子,有利于班主任校准对学生的认知判断。有一位著名的节目主持人,在一个谈话节目中,设置了这样一个情景:一架飞机满载乘客,飞行途中没油了,可飞机上只有一个降落伞。他问参与做节目的孩子,你看这伞给谁用?孩子几乎不假思索地回答:"给我自己用。"这时,台下一片骚动,很多观众想:多么自私的孩子啊!可是主持人没有急于下定义,而是蹲下身子,耐心地问孩子:"为什么呢?"孩子满脸泪水,清晰地说道:"我要跳下去,找到油后,回来救飞机上所有的人。"这位主持人是一个善于倾听者,由于他的细腻,让大家听到了一个幼小躯体里高尚灵魂的独白,也让那些当初急于评判孩子的人感到惭愧。孩子的思维、情感是异于成人的,班主任不应该作拔苗助长似的牵引,不应该急于把孩子引向成人的世界,不应该用成人的标准去"修剪"我们的儿童,否则,我们永远不可能真正、全面地认识我们的孩子。

蹲下身子,不是自我"矮化",而是人格升华,不是"迁就"儿童,而是为了了解儿童,发展儿童,不是故作姿态,而是真情流露。以李吉林老师的学识、成就和地位,许多成年人也只有仰视的份,但是,她的学生却没有仰视她,而是无拘无束地在她面前展示多彩的童年、裸露的心灵。李吉林老师敢于、善于蹲下身子,充当儿童生活的参与者、倾听者、引领者,这种风范,值得我们班主任好好学习。

(三) 掌握几种技术

1. 查档

对于起始班的班主任来说,学生的档案主要是学生报名入学时家长填的家庭基本情况表以及孩子在幼儿园时身体发育、交往学习、行为习惯等的情况记载。通过查阅家庭基本情况表,班主任可以了解到学生的姓名、出生年月、性别、民族、爱好特长、住址、家庭构成及其家长的职业、文化程度、联系方式等基本情况。虽然这张表所反映的内容非常有限,但对班主任开展新班工作却非常重要。有经验的班主任总是在入学前就开始认真研究这张表——记住学生的姓名,通过照片熟悉学生的相貌特征,把握每个学生的一两项特殊情况。这样,当学生入学报名时,班主任就可通过叫出学生的姓名、说出其某方面的特殊情况等,创造与学生良好沟通的氛围,消除学生的陌生感,缩短与学生的心理距离。同时,可以把学生放到特有的家庭背景、社区背景、文化背景中去认识,做好相应的教育准备工作。通过查阅孩子在幼儿园时身体发育、交往学习、行为习惯等的情况记载,班主任可以了解学生身体、心理、行为方面的发展情况和所受教育情况,以便做好幼小衔接和针对性的教育工作。

对于中途接班的班主任来说,学生的档案还包括每个学期的鉴定,原班主任记录的班级日志,学生的作业本等,这些都直接或间接地反映了学生某些方面的表现。

除了查阅现有档案资料外,班主任还应确立档案意识,积极为学生建立成长档案,积累资料,作为日后教育的依据。

2. 访问

访问的对象有学生的家长、同学、现在和过去的老师等,其中主要是学生家长。访问的目的主要是了解学生在班主任视野之外的生活环境,以及学生在这些环境中的表现。同时,通过访问,对家庭、社区施加影响,协调多方面的教育力量,使学校、家庭、社会形成教育合力。访问的方式可以是面对面,也可以是电话、网络等。访问应分为常规访问和重点访问。常规访问应在每个学期初做出计划，按计划执行，争取访到每一个学生家庭。重点访问主要是针对那些问题较突出或急需安排家校衔接事宜的学生。除了在计划中多安排访问的次数外，应根据学生的表现随时访问。访问时一定要做好记录，一是方便以后查找，二是便于通过比较，看到学生的变化。

有必要说明的是，现在不少班主任的家访步入了误区，表现出这样几个倾向：一是有事才家访，缺乏常规访问，致使学生、家长一遇家访就意识到事态严重，莫名紧张；二是过于倚重电话、网络访问，缺乏面对面交流，访问难以深入，人情也显得淡漠；三是访问变被访，动辄通知家长来校，心不诚，脚不勤；四是访问即"告状"，即"训斥"，颐指气使，捎带家长一起训，致使家长视家访为畏途，或羞愧难言，或敢怒不敢言。班主任要力求把家访视为教育的手段而非发泄的工具，把家长视为合作的伙伴而非教育的对象。

3. 交谈

与学生面对面地交谈，是班主任走进学生心灵世界的最主要的途径。为此，班主任应养成与学生交谈的习惯，不要等到学生出了问题，才去找他们谈话。交谈可以是一对一的个别谈话，也可以同时找三五个同学一起谈；话题也不必太集中，场合也不必太正式，既要以倾听为主，又要适时引出话题，谈得越随意，越能真实地反映学生的思想实际。

用交谈的方式了解学生，其目的性虽然不是很强，但利于将其他渠道了解到的情况进一步综合化、形象化。

4. 观察

观察学生是班主任研究学生的基本功。用好这一方法的关键有两点，一是要明确观察目标，否则，面对学生的种种表现，我们会无所适从。在一段时间内，目标可以定两到三个，不宜太多，等有了一定的结果时，再做进一步的调整。二是要勤于记录。只有将学生点点滴滴的表现积累起来，才能从"偶然"中发现"必然"。记录既要有量的表述，如坐标曲线或量化表，也应有具体的个案。

5. 问卷

针对某些特殊的问题，编制问卷让学生回答，通过分析答卷的情况，了解学生对这一问题的看法。使用这一方法时应注意，问卷的编制一定要以心理科学为依据，以保证学生的回答真实有效。

23

二、把握特征,认识小学生

从心理学的角度来划分,小学生所处的阶段属童年期或学龄初期,年龄大约在6～12岁之间。

(一) 意义非凡的过渡时期

在儿童的发展过程中,人们较多关注少年期和青年期的意义,这是因为少年和青年期的儿童处在"暴风骤雨"的矛盾旋涡之中,波动性大,两极性强。而小学儿童的身心发展比较平稳,很少表现出突变和激荡,但若因此忽视它的发展意义则是错误的。这种发展虽然是渐变的,但它既有量的积累,也有质的转变。在小学低年级学生"背着书包上学堂"的时候,他们的一只脚还逗留在幼儿期的童车里,但仅仅五六年时间,他们就迈出了童年期的小车,跨上了青春期的快速列车。我国著名的儿童心理学家朱智贤教授认为,学龄初期是儿童发展过程中的一个重大转折时期。

1. 学习与游戏的分化

对于幼儿来说,游戏是他们的精神食粮,游戏就是学习,学习就是游戏。如果从幼儿的活动中去掉游戏,就不可能期待幼儿的心理有健康的发育。游戏在小学生的生活中远没有消失,特别是低年级学生对游戏还有浓厚的兴趣,这对于他们的心理发展仍起着重要的作用。这种作用表现在:游戏能锻炼、培养和提高小学生的认识能力,加深学生对客观世界的认识;游戏能培养小学生的组织纪律性和集体主义精神;游戏能增强学生的体力等等。

但是,小学生的游戏与幼儿的游戏有很大的不同,这些不同是:幼儿对游戏过程本身感兴趣,而小学生则往往对游戏的结果感兴趣;幼儿主要是玩有规则的运动性游戏,而小学生则喜欢进行有组织的竞赛性游戏。小学生对有规则的智力游戏有更浓厚的兴趣,小学生的游戏比幼儿的更加广泛,更加复杂。

进入小学后,正规的有系统的学习逐步成为儿童的主导活动。学习和游戏是不同的,主要表现在以下方面:

社会性。学习是在教师的指导下有目的、有系统、有计划地掌握科学文化知识和技能,并培养行为规范的活动过程,这是一种社会义务。因为这是社会物质和文化生活延续和发展所必需的,而游戏则不具备这种社会性。

目的性。游戏的目的包含在游戏活动的本身中。学习则不是这样，在学习中，教师首先要教育学生明确学习目的，端正学习态度，并在学习过程中随时检查学习目的的实现情况。

组织性。对游戏虽说也要指导，但在学习活动中，这种指导的组织性要求很高，也很复杂。如，为达到教学目的和提高教学质量，教师要有计划地组织学生进行感知、想象、思维和记忆等活动。

强制性。学习活动与游戏最大的不同，在于学习带有严格的强制性。一般来讲，游戏可以根据自己的爱好参加或不参加，而学习就不是这样，学习是社会向学生提出的要求，是学生必须做到的，不但自己感兴趣的内容要学，不感兴趣的内容也要学，这是一种严格的社会义务。

学习和游戏的分化，是儿童心理发展的一个重大转折。

2. 由口头语言和具体形象思维向书面语言和抽象逻辑思维过渡

幼儿也能掌握书面语言，但主要还是口头语言；幼儿也能初步进行逻辑思维，但占主要地位的还是形象思维，这样就限制了幼儿掌握人类知识经验的深度和广度。

孩子进入小学后，学习成为他们的主导活动，而学习的主要任务是掌握读、写、算这些最基本的知识和技能，因此，书面语言成了儿童学习的主要对象和手段。儿童在识字、阅读、作文、数学等学科中，掌握了书面语言，扩大了知识范围，这就为进一步掌握人类知识经验打下了基础。同时，学习不仅要求儿童掌握知识，还要用获得的知识去思考和解决问题，并关注思考和解决问题的过程，这就促使抽象逻辑思维逐步发展起来；同时也促使有意注意、有意想象和意义记忆等心理过程的发展。

尽管对小学生来说，书面语言和抽象逻辑思维的发展是初步的，但却是一个全新意义的良好开端，它标志着儿童开始迈上了认识世界和改造世界的人生征途的快车道。

3. 从"自我中心"到集体观念的产生

在幼儿的世界里，只有"自我"而没有他人。尽管他们意识到父母的存在，但那主要是出于保护和撒娇的需要；尽管他们身边也有同伴，但完全可以置之不管，而沉浸在自己的世界里自言自语；尽管他们也交朋友，但却以是否靠近自己，是否为自己做过事而作为择友标准；尽管他们也参加集体生活，但却不能很清楚地意识到自己与集体的关系。总之，幼儿还没有从"自我"的圈子里走出来，他们无法真正认识自我，意识不到集体生活的目的要求,意识不到自己在集体中的地位和任务。

进入小学后,小学生的行动就要受到约束,在家里要按一定的时间睡眠、起床和学习,自己被当做了"大人"看待,以前的许多"特权"由于上学的原因不复存在;"学习"也不像以前那样就是"玩",而是作为一项"工作"来要求;在学校要按时上课,不能迟到,课堂上要端坐静听,作业要认真完成;与同学发生矛盾还得自我检讨;做得好,就能得到老师、同学、家长的表扬和奖励,否则就会受到批评、指责。在这些过程中,小学生逐步认识到世界并不是围绕自己运转的,做"小学生"与做"小朋友"大不一样。于是他们开始撇开"自我中心"的主观视野,渐渐学会自我要求,自我分析,并从他人和集体的角度来"设计"自己。

小学生的这种关于集体生活的意识,标志着儿童迈出了走向社会"大家庭"、投身集体"熔炉"的可贵一步。

4. 开始步入青春期

仿佛是一眨眼的工夫,小学生已到了五六年级,背包已经显得小了,服装、鞋帽的尺码一改再改,身体急剧发育,个长高了,脸长大了,体型向大人迫近,出现了第二性征。特别是一部分女孩子,有了初潮,性成熟的速度很快。在心理上还没有做好充分准备的情况下,他们就被置于青春期的入口处了。

低年级同学在他们眼里是小孩子,因而,当大人称他们是小孩时,就显得特别反感;标志着小孩子特征的红领巾,他们戴起来也不再感到自豪了。伴随着身体的急剧变化,他们的心理出现了许多难以描述的体验,新奇、苦恼、羞耻,还有不便启齿的欲望。通过对自己的外部形态的观察与内部出现变化的体验,他们得出一个结论:我不是孩子,我已经长大了。于是责任感、使命感便油然而生。

虽然他们远没有成熟,但这种"成人感"的出现,是儿童脱离幼稚、走向成熟的关键一步,它在儿童的发展过程中具有重要意义。

(二)稳中有变的身体发育

小学生在幼儿期生长发育的基础上,进入了小学年龄期这个新的生长发育阶段。这时,身体结构出现了诸多特点,功能也在不断地分化、增强。

1. 新陈代谢旺盛

人体同体外环境之间的物质和能量的交换,以及体内物质和能量的转变过程,叫新陈代谢。新陈代谢是人体自我更新和建造的过程。

整个儿童时期,新陈代谢都比成人要旺盛得多。新陈代谢包括同化作用和异化作用两个方面。人体将从外界摄取的营养物质,变为自己身体的一部分,并且贮存了能量,这种变化叫同化作用。与此同时,构成身体的一部分物质不断地氧化分解,释放出能量,并且将分解的产物排出体外,这种变化叫异化作用。小学年龄段的儿童,同化作用大大强于异化作用。因此,他们要从外界摄取更多的营养物质,为身体发育奠定物质基础。

2. 体格发育,快速增长

小学生的体格发育基本上是平稳的,身高一般每年增长4～5厘米,体重每年增长2～3千克。10岁以后,随着青春期的渐次到来,他们进入快速增长阶段,身高每年可增长6～8厘米,体重可增长3～6千克,甚至更多些。有关部门曾对我国汉族小学生的身高、体重进行调查,结果见表1、表2。

表1 身高(单位:厘米)

年龄(岁)		7	8	9	10	11	12
男	城	124.84	129.03	135.01	139.89	144.48	150.21
	乡	121.08	124.80	129.78	134.83	139.26	144.70
女	城	122.94	128.41	133.67	140.27	147.75	152.76
	乡	119.78	124.00	129.32	134.79	140.93	146.82

表2 体重(单位:千克)

年龄(岁)		7	8	9	10	11	12
男	城	23.35	25.29	28.66	31.45	34.41	38.11
	乡	21.70	23.35	25.85	28.64	31.21	35.14
女	城	21.98	24.52	26.99	30.69	35.72	40.50
	乡	21.02	22.74	25.25	28.32	32.51	37.37

3. 骨骼逐渐骨化,肌肉力量尚弱

小学生的各种骨骼正在骨化,但尚未完成。这时,骨骼的可塑性很大,不正确的运动姿势或长期不正确的坐、站、走的姿势,容易引起骨骼变形。小学年龄阶段,肌肉虽然在逐渐发育,但主要是纵向生长,肌纤维比较细,力量也较弱。因此,不宜做长时间的静力运动,写字、画图的时间也不宜太长。

4. 乳牙脱落,恒牙萌出

小学年龄期,学生的乳牙逐个脱落,恒牙相继萌出,咀嚼力量大大加强,这有利于食物的消化吸收。但这时是龋齿(蛀牙)的频发时期,因此要特别注意保护牙齿。

5. 心率减慢,呼吸力量增强

心率由新生儿时的140次/分,下降到学龄前90次/分左右,而小学生的心率约为80次/分～85次/分。学生在小学六年期间,肺活量有明显的增加,抵抗力不断增强,呼吸道疾病大大减少。

6. 脑细胞分化基本完成

大脑的重量,6岁时已达成人的90%,12岁时接近成人水平。(见表3)脑细胞体积增大,树突和轴突分支逐渐发育完全,细胞功能的分化基本完成。分析、抑制能力有所加强,但兴奋性不能持久。因此,同一性质活动的时间要短些,以便使相应部位的脑细胞及时得到休息。

表3　大脑重量逐年增加

年龄(岁)	新生儿	1	2～3	6～7	9～10	11～12	13～14	成人
重量(克)	390	780	1050	1280	1330	1380	近1400	1400

7. 生殖器官开始发育

在10岁以前,生殖器官的发育非常缓慢,几乎处于停滞状态。到了小学年龄期的后期(女生约早两年),生殖器官开始迅速发育。(见表4)

表4　小学阶级中后期性征发育情况

年龄(岁)	女	男
8～9岁	子宫发育,骨盆开始变宽,臀部开始变圆,皮脂腺分泌增多	尚无变化
10～11岁	乳头、乳房开始发育,阴毛出现	睾丸开始增大
12岁	阴道粘膜出现变化,乳头、乳晕突出,内外生殖器增大	喉结开始增大,前列腺开始活动

总之,小学生身体的各方面尚处在发育过程中,各种组织、器官都比较娇嫩,尚未成熟。因此,组织他们参加各种活动,都要注意量力而行。

(三)多姿多彩的精神成长

儿童的心理发展是有阶段性的,前后相连的阶段是有规律地更替的,在前一阶段内准备了向后一阶段的过渡。在童年期这段时间内,小学生总会表现出与其年龄相对应的相对稳定的、一般的、典型的心理特征。同时,小学作为儿童步入社会的第一个"驿站",留给小学生的心理体验是异常丰富的。把握小学生多姿多彩的精神世界,既可使我们唤醒童年的记忆,召回童心,重温快乐,又可使我们找到一把探寻未来世界的金钥匙。

袁凯是个聪明伶俐的男孩,在一年级时学习还比较认真,成绩在班上名列前茅。但到了二三年级,他上课没以往专心了,作业也马马虎虎,考试时一些不该出错的地方也老是出问题,学习成绩开始下降,言谈中流露出不爱学习的情绪。妈妈对此很着急,经常对他讲道理,从明确学习目的讲到端正学习态度,从个人的前途谈到祖国的未来,从家庭的幸福谈到现代化建设,费了不少口舌,他却瞪着眼睛直摇头。有时他也下决心认真学习,可总是不能坚持,气得妈妈直掉眼泪。

其实,妈妈用不着掉眼泪,袁凯的表现带有这一年龄阶段孩子典型的特征:感知笼统,注意不稳定,抽象逻辑思维水平不高,情感脆弱,意志薄弱,兴趣多变,动机比较直接、短近等等。

1. 趋于完成的认知结构

小学生的认识是从感知开始的。他们的感知还比较笼统,不够精确,常把字母"p"与"q"、"d"与"b",数字"6"和"9",汉字"休"与"体"等相混同。他们不能把握事物的主要特征和各部分之间的联系,只能抓住个别细节。在画"葫芦和苹果"时,葫芦不像葫芦,苹果不像苹果,甚至把苹果画得比葫芦还要大,感知的有意性和目的性正在发展。小学生在感知的选择性上,从兴趣出发向目的出发发展;在感知的持久性上,由短暂向持久发展;时间知觉和觉察物品大小、远近、平面、立体、静止、运动的空间知觉也在发展。

小学生的注意往往是由外界事物的新颖刺激而引起的无意注意占优势,有意注意则随着年级增长而增长。但总体上讲,注意不稳定、不持久,很容易分散。注意范围比较小,常有用手指指着书读的现象。注意的分配能力差,常常顾此失彼,很难同时从事多种活动。生动、具体、形象以及感兴趣的事物,容易引起他们的注意。

小学生的记忆力不断发展。从记忆的目的看,随着年级的增高,学习目的的逐步明确,有意记忆逐渐取代无意记忆占主导地位;从记忆的方法看,低年级学生更多采用机械记忆的方法,随着知识的增长,理解能力的提高,中高年级学生多采用先理解后记忆的方法,意义记忆逐渐占主导地位;从记忆的内容看,低年级小学生具体形象记忆占主导地位,但随着年龄的增长和知识的不断丰富,抽象逻辑记忆逐渐发展起来。

小学生处在以具体形象思维为主要形式向用语言、概念进行思维的抽象逻辑思维过渡的时期。具体表现在整个小学阶段,学生的抽象逻辑思维在逐步发展,但仍带有很大的具体性;自觉性在提高,但不自觉的成分仍较大。据我国心理科学工作者研究,实现思维形式"飞跃"或"质变"的关键时期,应在9岁到11岁之间。

小学生想象发展的一般趋势是:由没有目的的无意想象向有目的的、需要努力进行的有意想象发展;由根据别人介绍的材料进行想象的再造想象向自己作出新的形象的创造想象发展;由远离现实、脱离实际的想象发展到更富于现实性的想象。

总之,小学生的认识是一个由具体向抽象、由低级向高级发展的过程,到小学阶段终了时,智力结构趋于完成,但仍有待完善。

2. 走向深刻的情感表现

小学生的情绪容易激动而不容易稳定,但由弱变强的趋势很明显,稳定性在不断增长。初入学的小学生情感比较脆弱,破涕为笑,转怒为喜,为一件小事痛哭不止的现象是常见的,到中高年级则很少看到这种现象。情感逐渐从易变走向稳定,逐渐能控制自己的情感;逐渐从外露向自控发展,情感的外部表现逐步减少。

学习成为小学生的主导活动,伴随学习内容的丰富,生活范围的扩大,小学生情感的内容也丰富和扩大了。例如,少先队和班集体的荣誉感、同学间的友谊、学习成功的愉快和失败的痛苦等情感都在不断发展。

不但情感的内容丰富了,而且也更加深刻了。初入学的儿童在情感上还带有许多学龄前儿童的情感特点,如怕打针,怕黑暗,为得到糖果、玩具而高兴。以后逐步发展到怕学习不好受到老师和家长的批评,怕违反纪律给班集体荣誉带来损害,为得到好分数受到班主任表扬而高兴。

中高年级学生的道德情感也逐步发展起来。这时候他们的爱和恨不光停留在表面上,而是显得更加深刻。学习了英雄的光辉事迹后,开始用英雄的标准要求自己,指导自己的行动。爱国主义、集体主义情感都有了一定的发展。

3. 有所提高的意志力量

小学生高级神经活动的过程是兴奋强于抑制，在行为上的表现是容易冲动，自制能力比较差，特别是低年级的小学生容易兴奋，容易激动，不善于控制自己的行动。在课堂上，他们也知道要端坐静听，注意力要集中，不随便说话，不做小动作，但决心下了不久，他们就管不住自己的行为了。在课外，他们动不动就和同学吵架，甚至动手打人。随着年级的增高，他们的自制力也在逐渐增强。

他们很容易受外界的暗示，不加选择地模仿他人的行为，而不考虑这种行为是否正确、适当。如看了电影后，往往喜欢模仿电影中反面人物的动作、语言。这和他们知识缺乏、社会经验不足、是非观念差有关系。高年级学生的自觉性得到发展，明显比低年级学生强。

他们精力充沛，乐于参加各种活动，但不能较长时间地支配活动，做事往往虎头蛇尾，有始无终。这说明小学生的毅力不足，而高年级学生的坚持性有了较大的发展。

有些小学生还比较任性、执拗、固执己见。这种不良倾向在当今独生子女身上，表现得非常明显，家庭的不良教育和影响是造成这种现象的主要原因。

4. 潜力无限的个性特征

从我国心理学工作者所作的调查材料来看，随着年级的增高，小学生的需要由低层次向高层次发展，有的高层次的需要已越出了学龄初期的范围，可见小学生的内心需要是和正确的引导分不开的。小学儿童动机的发展有一个过程，总的来说，趋势是从直接的、较短近的、较狭隘的动机逐步走向间接的、更为自觉的、具有原则性的、远大的动机。小学生的直接兴趣占优势，随着抽象思维的发展和知识经验的增长，他们产生了对活动结果的间接兴趣。从内容和社会价值看，小学生的兴趣倾向往往"泥沙俱下"、"良莠不辨"、"兼收并蓄"，高尚、积极的兴趣要靠成人着力引导。从广度来看，小学生的兴趣逐渐扩展，但往往缺乏中心兴趣。从稳定性来看，小学生的兴趣往往不够稳定，"朝三暮四"、"朝令夕改"。到高年级，这种情况大为改观，有的小学生的兴趣已达到相当稳定、持久甚至可以保留一生的程度；同时，信念的种子也开始在小学生的心田里萌芽。

从小学生的能力水平来看，他们尽管存在诸多差异，但绝大多数都属正常儿童。他们在学习读、写、算的过程中，不断发展了心理活动的随意性和自觉性，独立学习的能力得到了迅速发展。从调查研究中可以看出，小学低中年级是性格发展相对稳定的时期;到了高年级,尤其是毕业班,小学生处在诸多因素促成的性格发展骤变期。这一时期的学生求知欲快速发展,情绪的强度、持久性迅速增长,对人对事敏感,但是自制力相对下降,不善于自我宽解,其性格处于某种矛盾和不平衡中。小学儿童的性格,男女生之间也略有差别。总的来说,男孩的外倾性、活动性和倔强性高于女孩;女孩的情绪性、内倾性高于男孩。

我国现代儿童的性格特征具有和过去显著不同的特点,其中突出的有:普遍具有广泛的兴趣爱好,思想开放,主动性、自主性强,社交活跃等。此外,我国小学生普遍遵守学校纪律,关心集体,能够团结合作,富有同情心,都不喜欢恶作剧,不喜欢伤害他人,反对欺侮弱小。这反映了我国学校道德教育对儿童性格形成的积极影响。

随着时间的推移和社会的发展,当代小学生的身心特点发生了许多变化。绝大多数的小学生是独生子女,这是人类生命史上从未有过的事情,也是中国教育史乃至世界教育史上从未有过的事情。相对以往,当代小学生身上呈现出众多优点,如勇于接受新事物、平等意识增强、拥有自信心态、富有时代意识;但也出现了让人担忧的倾向,如不少学生任性、自私、依赖性强、自理能力差、娇气、骄横、不合群等。

需要强调的是,以上描述的是小学生整体的、抽象的、共性的特征,往往用平均值、用大多数、用基本上等方式描述儿童。这当然也是有必要的。但事实上,教育过程中,班主任面对的不是"整体的人",不是"抽象的人",不是"共性的人",而恰恰是一个个"具体个人"。早在上个世纪七十年代初,以提出"终身教育"理论闻名于世并被载入教育学发展史册的法国教育家保尔·郎格朗,在《终身教育引论》一书中就曾尖锐指出,"现代的人是抽象化的、牺牲的,各种因素都可以分割人,破坏人的统一性"[1];他指责教育中对某一方面的强调和把这一方面"专横地孤立起来","用数量代替质量",导致"个人才华的枯萎"[2];他大声疾呼,"教育的真正对象是全面的人,是处在各种环境中的人,是担负着各种责任的人,简言之,是具体的人"[3],是具有"作为一种物质的、理智的、有感性的、有性别的、社会的、精神的存在的各个方面和各种范围。这些成分都不能也不应当孤

---

[1] [法]保尔·郎格朗,周南照、陈树清译.终身教育引论[M].北京:中国翻译出版公司,1985.87

[2] 同上

[3] 同上

立起来,他们之间是相互依靠的"①。因此,把握了小学生的整体特征,只是为了解一个个具体的小学生提供了基本的背景资料,班主任必须确立"具体个人"意识,把每个学生都视为独特的不可替代的个体,从"抽象"到"具体",从"类"到"个体",才能真正把握小学生的特征。

三、更新观念,理解小学生

武汉市教育局日前决定,"六一"儿童节为小学生"无作业日";江西省教育厅日前发出通知,所有义务教育阶段的学校在孩子们过节这天不许布置任何形式的作业,让孩子真正过一个快乐、轻松的节日。②

看了这则报道,也许我们会产生复杂的体验。教育行政部门以行政命令的方式要求学校在"六一"节这天不能给孩子们布置作业,其良苦用心着实令人感动。但感动之余也心酸不已:"六一"本来就应该是一个快乐、轻松的节日,现在却要依靠行政命令才可以实现,这是怎样一种悲哀!个中情由或许有很多很多,但最重要的原因,可能在于各方社会人士、行政部门领导、学校老师和班主任以及家长的心中并没有确立一个科学的"儿童观"。

所谓儿童观,是成人如何看待和对待儿童的观点的总和,它涉及到儿童的能力与特点、地位与权利、儿童期的意义、儿童生长发展的形式和成因、教育同儿童发展之间的关系等诸多问题,带有应然和价值判断的色彩。

(一)儿童观演变的脉络、类型

所谓儿童观,是成人如何看待和对待儿童的观点的总和,它涉及到儿童的能力与特点、地位与权利、儿童期的意义、儿童生长发展的形式和成因、教育同儿童发展之间的关系等诸多问题,带有应然和价值判断的色彩。根据南京师范大学刘晓东教授对儿童观的历史演变的梳理,我们可以知道,人们对儿童的认识和看法遵循着一种"逻辑的和历史的一致性"③,即人们对儿童的认识和人类主体的认识水平是相一致的,并且不同的儿童观是不同的时代精神的产物,带着那个时代的痕迹。

---

① [法]保尔·郎格朗,周南照、陈树清译.终身教育引论[M].北京:中国翻译出版公司,1985.88
② 武汉:"六一"为"无作业日"[N]. 山西晚报,2005-5-29
③ 刘晓东.儿童教育新论[M].南京:江苏教育出版社,1998.2~35

在人类社会漫长的发展过程中，人们对儿童的认识不尽相同，主要有以下几种看法：

1. 儿童是"小大人"

持有这种观点的人认为，儿童是"缩小"的大人，儿童是小大人，儿童和大人没有什么区别，即使有的话，那也只是身高和体重的不同而已。用成人的标准去要求儿童，儿童被期待像成人一样去行动，充当童工，充当童农，充当童商等，使之过快、过早地生长发育。儿童的特点、儿童期的意义则被完全忽视。

2. 儿童是"白板"

"白板"是空白的板或擦过的黑板。持有这种观点的人认为，儿童刚生下来的时候，其心灵就像一块白板，成人可以任意塑造成各种各样的东西；就像是一张白纸，洁白无瑕，成人可以在上面画最新最美的图画；就像是一个空容器，成人可以任意填塞，把各种知识经验灌输进去，而不考虑儿童的需要。儿童的发展仅仅是周围环境的产生，是消极被动地接受外界刺激的结果，这种观点完全忽视了儿童的主观能动性。

3. 儿童是"有罪的"

持有这种观点的人认为，儿童一生下来，就充满罪恶，是有罪的"羔羊"，卑贱无知，成人应该对他们严加管制、约束，使儿童能不断地进行赎罪。儿童体内的各种毒素，是儿童犯罪的根源，容易导致儿童的错误行为，而严酷的纪律则会减轻、甚至消除儿童的这种行为，可以责骂、鞭打儿童，对儿童施行体罚是应该的，"三天不打，上房揭瓦"。这种观点下的儿童承受了各种肉体的、精神的折磨，遭受成人的轻视，任何带有创新乃至尝试意识的行为都会受到指责，人格被严重摧残。

4. 儿童是"花草树木"

文艺复兴运动对人权的倡导，使人们从全新的角度来审视儿童，在儿童观上有了一个大的飞跃，人们开始把儿童看作是一个有独立存在价值的实体，儿童有自己的权利、思想、情感、需要。这种观点提出，不应用成人的标准去看儿童，儿童应该像个"儿童"，要倍加珍惜童年的生活；要尊重儿童具有的纯洁美好、独立平等的自然本性。儿童的生长发展是按自然法则运行的，教育者的作用就像是"园丁"，活动室就像是儿童逐步成熟的"花园"，每个儿童的成熟都有内部的时间表，在恰当的时间学习特别的任务，而不能强迫儿童去学习。儿童的成熟过程至少和儿童的经验一样重要。

5. 儿童是"私有财产"

持有这种观点的人认为,儿童是父母婚姻的结晶,产生于母体,归父母所有,是父母的隶属品。父母可以左右儿童的命运,控制儿童的生活,决定儿童的一切事情,要求儿童学习许多并不感兴趣的课程,把儿童培养成为他们认为是理想的人,压服儿童,让儿童唯命是从。儿童特别是男童被认为是家庭的希望、传宗接代的工具,开始重视儿童、关心儿童,但儿童仍然被视为家庭和家族的附属品,父母的私有财产,没有独立自主的人格和地位,儿童与其抚养人之间的关系只是一种依附关系。例如,"老子打儿子"被认为是天经地义的,是家庭的私事,别人无权干涉。

6. 儿童是"未来的资源"

持有这种观点的人认为,儿童是国家最宝贵的财富,是国家潜力最大的资源、未来的兵源和劳动力。对儿童进行教育,就是对未来进行最有价值的投资,这种投资,利国利民。多投资,才能高产出。

7. 儿童是"有能力的主体"

人类的童年期长于动物的童年期,这为儿童以后的发展奠定了良好的基础。儿童在体力、智力、情感、社会性、道德等许多方面,都不同于成人,他们是正在发展中的人。不能因为儿童弱小、需要保护,就轻视他们,使他们被动发展。儿童是有能力的、积极主动的权利主体,应有主动发展自己潜能的机会,在出生、成长、发育的过程中,成为自主的行动者,能表达自己的主张和意见,充分行使自己的权利。

上述儿童观既有时代的烙印,有些又并存于同一个时代,既有非理性、不科学的一面,也有较为合理科学的因素,实事求是地进行分析,批判性地加以继承和借鉴,将有利于正确地认识、理解儿童。

(二)儿童观确立的最高原则

班主任的儿童观,不是他人告诉的,而是自主建构的。由于各自的生活经验不一,理解倾向不一,建构途径不一,因此每个班主任的儿童观有些差异是正常的,不应该强求一律。但不管形成怎样的儿童观,核心内涵、最高原则是应该确立的,那就是:儿童至上。这不仅源于儿童发展的需要,也有着法理的依据。

世界儿童问题首脑会议于1990年9月30日通过的《儿童的生存、保护和发展世界宣言》和《90年代执行儿童的生存、保护和发展世界宣言之行动计划》两个纲领性文件中,多次重申"儿童至上"的原则,即在资源分配时,儿童的基本需求应该得到高度优先重视的原则,倡导"一切为了儿童"的新道德观,即儿童应该是人类一切成就的第一个受益者,也应该是人类失败的最末一个蒙难者。

儿童的生存、保护和发展世界宣言

我们会聚在"世界儿童问题首脑会议",旨在作出共同的承诺并向全世界紧急呼吁:使每一位儿童享有更美好的未来。

世界上的儿童是天真、脆弱且需要依靠的。他们还好奇、主动且充满希望。儿童时代应该是欢乐祥和的时代,是游戏、学习和成长的时代。他们的未来应在和谐与合作中形成,他们应在拓宽视野和获得新经验的过程中不断成熟。

但是对大多数儿童来说,童年的现实与此却大相径庭。

挑　　战

每一天,世界上无数的儿童面临着妨碍他们成长和发展的危险。他们受尽苦难:因战争和暴力而伤亡;因种族歧视、种族隔离、侵略、外国占领及吞并而受害;因被迫放弃家园和落脚点而成为难民和流离失所的儿童;因受忽视、残暴和剥削而受害或成为残疾人。

每一天,千百万儿童因贫穷和经济危机而受苦受难,即受难于饥饿和无家可归,受难于传染病和文盲状况,受难于环境的恶化。他们还受难于因外债问题所带来的严重影响,并因许多发展中国家尤其是最不发达国家缺乏持续的和可持续增长而受难。

每一天,4万名儿童死于因营养不良和疾病(包括艾滋病),死于缺乏干净水和不充分的卫生条件,死于毒品问题带来的影响。

这些就是我们作为政治领导人所必须应付的挑战机会。

我们各国团结一起,有手段和知识来保护儿童的生命并极大地减轻他们的苦难,来促进儿童的潜能的充分发展并使他们意识到自己的需要、权利和机会。《儿童权利公约》提供了使尊重儿童的权利和福利在全世界成为现实的新机会。

近年来国际政治气候的改善有助于推进这项任务。通过国际合作和团结,现在应有可能在许多领域取得具体的进展,如恢复经济的增长和发展,保护环境,防止致命和致残的疾病的传播,实现更多的社会正义和经济公平。当前的各种裁军行动还意味着,可以将大量的资源用于非军事目的。在这些资源予以重新分配时,改善儿童的福利必须是一个非常优先的项目。

任　务

　　增进儿童的健康和营养状况是一项首要责任,而且这也是一项目前可以找到解决办法的任务。因为现在已能够预防导致儿童死亡的原因,所以每天可以挽救成千上万男女儿童的生命。儿童和婴儿死亡率在世界许多地方高得令人难以接受,但通过已知的且易于获得的办法,可以大大降低这一死亡率。

　　应该对残疾儿童以及其他处境极为困难的儿童予以更多的关心、照顾和支持。

　　普遍加强妇女的作用并确保她们的平等权利,这将有利于全世界的儿童。而且必须从一开始就给女童以平等的对待和机会。

　　目前,有1亿以上的儿童未能接受基础学校教育,其中2/3是女童。提供全民基础教育和扫盲,是为世界儿童的发展可以作出的最重要的贡献。

　　每年有50万母亲死于与分娩有关的各种原因。必须尽可能以各种方式来促进母亲的安全,必须重视负责任地规划家庭规模和生育的间隔期。家庭作为儿童成长和福利的基本群体和自然环境,应该给予所有必要的保护和资助。

　　必须通过家庭和其他有助于儿童福利的照看人员,让所有儿童在一种安全的保护性环境中,有机会去发现自己的特性并认识自己的价值。必须让儿童为在自由社会中负责任地生活做好准备,并从他们的童年起,就开始鼓励他们参与其社会的文化生活。

　　经济条件将继续极大地影响着儿童的命运,尤其是发展中国家儿童的命运。为了所有儿童的未来,确保或恢复所有国家持续的和可持续经济增长与发展,并继续迫切地关注尽早、广泛且持久地解决负债的发展中国家所面临的外债问题,乃当务之急。

　　这些任务要求所有国家通过国家行动和国际合作,作出持久的一致努力。

承　诺

　　儿童的福利需要有最高级别的政治行动。我们决定采取这种行动。
　　我们在此庄严承诺:最优先地重视儿童的权利、儿童的生存以及儿童的保护和发展；这还将保证所有社会的福利。

我们同意将在国际合作以及我们各自的国家中一致行动。我们现在承诺要遵循如下的10点方案，以保护儿童的权利和改善他们的生活：

(1) 我们将努力促进尽可能最早地批准并实施《儿童权利公约》。应该在世界范围发起鼓励传播有关儿童权利的信息的各种计划，并考虑到不同国家各自独特的文化和社会价值。

(2) 我们将不断努力推动国家行动和国际行动，以便在所有国家和所有民族中增强儿童的健康，促进产前保健，并降低婴儿和儿童死亡率。我们将促进在所有社区为所有儿童提供干净的水质和普遍的卫生环境。

(3) 我们将努力采取消除饥饿、营养不良和饥荒的措施，并采取因而使千百万儿童在这个能养活其所有公民的世界上都免受悲惨苦难的措施，使儿童得到最大程度的成长和发展。

(4) 我们将努力加强妇女的作用和地位，促进负责任地规划家庭规模和生育间隔期以及母乳喂养和母亲的安全。

(5) 我们将努力尊重家庭在抚养儿童方面的作用，并支持父母亲、其他照看人员以及社区从儿童的早期到青春期，就对他们予以养育和照料。

(6) 我们将努力制定各种方案：减少文盲和为所有儿童，不论他们的背景和性别，提供教育机会；使儿童做好准备以参与生产性就业和终身学习的机会，即通过职业培训；使儿童能在一种支持性的、培育性的文化和社会环境中长大成人。

(7) 我们将努力改善生活在极为困难环境中的千百万儿童的境况——种族隔离和外国占领的受害者；孤儿、街头流浪儿和移民工人的孩子；流离失所的儿童以及自然灾害和人为灾害的受害者；残疾儿童和受虐待的儿童以及社会处境不利的儿童和受剥削的儿童。必须帮助难民儿童找到新的生活落脚点。我们将努力给童工以特别的保护并取缔非法使用童工。我们将竭尽全力，确保不使儿童成为毒品灾祸的受害者。

(8) 我们将努力谨慎地保护儿童免受战争之难，并采取一切措施防止进一步的武装冲突，以便让世界各地的儿童拥有一个和平与安全的未来。我们将在教育儿童的过程中促进和平、理解和对话的价值。儿童及其家庭的基本需要，即使在战争年代以及在充满暴力的地方也必须受到保护。我们建议，为了儿童的利益，应该在战争和暴力仍然发生的地方规定休战时期和特别的救济通道。

(9) 我们将努力采取保护各个层次的环境的措施，以使儿童可以享有一个更安全更健康的未来。

(10)我们将努力在全球范围向贫穷宣战,这会对儿童福利产生即刻的益处。发展中国家,尤其是最不发达国家的儿童的脆弱性及其特殊的需要理应受到优先重视。但是,儿童的成长和发展,需要在所有国家通过国家行动和国际合作得到推动。这就需要将更多的合适资源转移到发展中国家,改进贸易条款,进一步促进贸易自由并采取减免债务的措施。这还意味着特别是在发展中国家促进世界经济增长的结构性调整,同时确保人口中最易受伤害的人群的福利,尤其是儿童的福利。

以后的步骤

世界儿童问题首脑会议向我们提出了采取行动的挑战。我们同意接受这一挑战。

在所寻求的合作伙伴中,我们特别倾向于儿童本人。我们呼吁他们参与这一努力。

在促进儿童福利的普遍努力中,我们还寻求联合国系统以及其他国际组织和区域性组织的支持。我们要求非政府组织更多地参与,以补充这一领域中各国的努力和国际的联合行动。

我们决定通过并实施一项《行动计划》,以作为更具体的国家和国际任务的一种纲领。我们呼吁我们所有的同僚批准这一《行动计划》作为我们国家行动中的优先项目,我们准备提供资源以履行这些承诺。

我们这样做不仅是为了当前的一代人,而且为了后世各代。使每一位儿童享有更美好的未来,是一项最崇高的任务。

1990年9月30日,纽约

(三)儿童观建构的几个关键词

1. 尊重

尊重儿童[①]

——一线教师访英见闻

在这里没多久,我就深刻体会到英国的教师是非常尊重孩子的,这里

[①] 张慧莉.尊重儿童[EB/OL]. http://www.tetee.com/child/article.asp? articleid=3838

可以举几个例子和大家分享。

有个女孩叫Sara,她总是喜欢把衣物都脱光,十月的英国天气已经蛮冷了,我穿着外套也感觉冷,可是她照样在院子里光着身体蹦蹦跑跑,也没有他人阻止或嘲笑她。我问她的老师,她说她不喜欢穿衣服,她感觉这样舒服那就让她这样,为什么要因为穿不穿衣服的问题而"fighting"呢?我想这样尊重孩子也算是个极端的例子吧!

在Fortune Park儿童中心的操场上,有一圈高高低低的木桩。老师们曾经想拆除它,可是最终还是保留到现在。是什么促使他们改变了初衷呢?在一次活动中,老师请孩子记录下在儿童中心里自己最喜欢和不喜欢的地方。经过交流和讨论,大家发现,这圈木桩居然有很多人喜欢。因此,大家就决定留下它了。

从这两个例子我们不难发现,老师们非常尊重孩子并且在尝试更多地了解孩子。鼓励孩子按照他们自己的意愿进行各种活动,我想富有个性和创造力的孩子就是在这样的环境中成长起来的吧!

倘若这两个事例发生在中国,答案会怎样?很有可能的情形是:女孩被视为不正常,她及她的家人备感压力;木桩早被拆除,压根儿就没有人会想到去征求一下孩子的意见。

在我们的现实生活中,由于受传统儿童观的影响,成人往往会自觉或不自觉地更多地关注孩子的生理、安全、归属与爱的需要;轻视甚至无视孩子希望得到尊重、认可与自信、自尊的迫切要求,人为地为孩子人格的和谐发展设置障碍。有些班主任一说到尊重儿童,就联系到不体罚、不辱骂儿童上,其实这是尊重儿童的最低层次。尊重儿童体现在方方面面,诸如尊重儿童的人格和自由,尊重儿童的生活和想象,尊重儿童的权利和隐私,尊重儿童的独特和多样,尊重儿童的试误和困顿等等。不会尊重,就没有教育,更谈不上教育的成功。

2. 等待

儿童的成长可分为三方面:植物性的成长,主要表现为肉身的发育;动物性的成长,即本能和无意识的成长;人独有的精神(意识)生命的成长,主要靠文化熏陶来完成。其中,前两者是后者的根。而儿童主要完成的是植物性和动物性成长的任务。但是,这两种成长是内在的、自发产生的,不需要人为的干涉。正如蚕结蛹成蛾,从外表上看,蛹是静止休眠的,其实它的内在正在发生着生命的变化。儿童其实也正处于"理性的睡眠期"(卢梭语),他们的内心中,正逐渐地完成他的动物性成长。蚕在成蛹的时候,暂时不需要外力的介入,只需要等待就能看到生命的奇迹了。同样的,儿童教育也要学会等待。

但是,现在的教育却一味强调外部信息的学习,常常粗暴地去干涉儿童内在的自然成长过程,迫不及待地要儿童成才。一度沸沸扬扬的"少儿读经运动"和图书市场上叫嚣的"不要输在起跑线上"的口号,都有违儿童身心发展的规律。

卢梭在《爱弥尔》中这样写道:"大自然希望儿童在长大以前就要像儿童的样子。如果我们打乱了这个次序,我们就会造成一些早熟的果实,它们长得既不丰满,也不甜美,而且很快就会腐烂,我们将造成一些年纪轻轻的博士和老态龙钟的儿童。"面对儿童的成长,大人应该有耐心,不要太功利化,学会等待,等待儿童完成内在成长,不去打扰其破茧的过程,这同样也是一种教育的智慧。苏联教育家苏霍姆林斯基当年要招收一批6岁的孩子,对他们进行10年的教育。而一个孩子的母亲说:"小孩子还来得及去坐教室,先让孩子去过一过他的日子吧,不忙上学。"这朴素的话,却道出了深刻的思想,引起了苏霍姆林斯基的深思。还未完成内在成长的儿童有他们自己的世界,蓝天、草地、池塘皆是儿童的乐园。而严谨规范的学校生活对儿童来说,是一个异己的世界。儿童脱离了自己的生活,就像鱼离开了自然水域而进入了鱼缸,牛离开了草地而进入了牛棚。于是,苏霍姆林斯基尊重儿童天性,创办了一年的"蓝天下的学校",看晚霞、摘葡萄等都是他的课堂内容。他那一年的学前教育,充分满足了那些6岁儿童的成长需求。

"好雨知时节,当春乃发生。"班主任应当了解儿童发展的状况和时机,及时促进儿童的当下发展。好的儿童教育应该成为一种守候和陪伴儿童成长的教育。

3. 唤醒

等待,并不是无所作为,而是有所为有所不为。对儿童的教育不能强制灌输,拔苗助长,而应"随风潜入夜,润物细无声",不露痕迹,重在唤醒。

据说,苏格拉底小时候,有一次看他父亲雕刻狮子,便问道:"怎样才能成为一个好的雕塑师?"父亲说:"以这只石狮子来说吧,我并不是在雕刻它,我只是在唤醒它。""唤醒?"小苏格拉底不解地问。"对,狮子本来沉睡在石块中,我只是将它从石头监牢里解救出来而已。"苏格拉底从父亲的话中得到启发,日后便成为一位唤醒人们心灵的大师。

德国教育家第斯多惠说过:"教育的本质不在于传授本领,而在于激励、唤醒和鼓舞。"教育就是一种心灵的唤醒。儿童的成长是其心灵中真、善、美的种子不断生长,自主发展的过程,任何人也无法替代他们。班主任的教育应该是用一个灵魂唤醒另一个灵魂的工程,是对学生学习、创造潜能的唤醒,是对学生自信心和奋进精神的唤醒,更是对学生尊严、人格的唤醒,做人力量的唤醒。"唤醒未被知晓或沉睡中的能力。"这是我们教育追求的理想境界。

专 题 小 结

本专题主要讨论了三个问题:

1. 如何寻找路径,走向小学生。
2. 如何把握特征,认识小学生。
3. 如何更新观念,理解小学生。

基本要点是:

走向学生,认识学生,理解学生,这是班主任教育和发展学生的前提。走向学生的关键是要选择好路径,班主任要有"山不过来我过去"的意识,主动走向学生,蹲下身子交流,并掌握多种了解和研究学生的技术;小学儿童处于意义非凡的过渡时期,其身体发育和精神成长呈现出诸多特点,从整体上了解小学生的年龄特征,只是为了解一个个具体的小学生提供了基本的背景资料,班主任必须确立"具体个人"意识,把每个学生都视为独特的不可替代的个体,从"抽象"到"具体",从"类"到"个体",才能真正认识小学生;孩子的思维、情感是异于成人的,我们应该确立儿童至上的原则,学会尊重,学会等待,学会唤醒,建构符合时代要义和学生特质的儿童观。

拓 展 学 习

1. 李镇西先生在《教有所思》一书中有这样一句话:"人不可能永远处于儿童时代,但他却可以永远拥有一颗童心。"你觉得小学班主任拥有一颗童心的价值体现在哪些方面?

2. 苏霍姆林斯基的《给教师的一百条建议》中,第一条就是:"没有也不可能有抽象的学生。"请你谈谈对这句话的理解。

3. 现在小学里出现了越来越多的"少年老成族",你觉得原因何在?作为班主任,应作怎样的观念上的建构?

4. 与一小学生建立长期联系,进行观察、研究,撰写一份个案分析报告。

专题二 班级价值与类型

问题情境：新班级与旧班级[①]

前几天，我们学校刚刚分了班，我因此成天闷闷不乐。分到新班级后，我经常在一个角落里呆呆地望着蓝天，脑海中浮现以前的快乐日子。我有时会突然对天空大喊一声，弄得同学莫名其妙，而白云依旧飘着，似乎在嘲笑我。我总是一个人孤独地待在某个角落，以前的一些同学会经过我现在的班级，她们向我打招呼，而我努力堆起一副笑脸，却怎么也制造不了以前那种随和的气氛了。往前，同学向我打招呼，我总会说几句让人听了捧腹大笑的幽默话语，但是现在，我却怎么也想不起该说什么，我的幽默感仿佛就这样消失了。这时候，老同学会尴尬地朝我笑笑，而我，也无精打采地冲她们笑笑。

有时候，我也会和现在的同学们闹闹笑话，但是我们缺少了一种感觉。这种感觉，用语言无法形容，它似乎是岁月创造出来的，四年同窗，让我们之间有了一种默契。以我对他们的了解，他们只说上半句，我就能接出下半句，这时，大家会心地一笑，这种感觉，就像有人在我的心中放了个小暖炉。好不容易，我和新同学们有了轻松的话题，我比较能够与他们融合了。我兴冲冲地跟好友说起我在现在班级发生的事情，她说："看来你在那班过得挺不错嘛。"我愣了，挺不错？我毫不犹豫地说："如果真是这样，我就不会找这些小事来哄自己开心了。"这句没经过思考就冲口而出的话语，似乎提醒了我。我真的很快乐吗？不，我只是没事找事哄自己开心罢了。我好像被一个棒子重重地在头顶打了一下，变得比以前更消沉了。

身旁的不少同学已经在新班级找到了新的朋友，而我却原地踏步，依然是一个人蹲在角落低低地唱《孤独不苦》。也有不少同学要跟我交朋

[①] 云若柳. 新班级与旧班级[EB/OL]
　http://cache.baidu.com

友,但都被我一口回绝了。我固执地认为在新班级交新朋友是对以前班级的不忠。我对老师安排的一切事情也都马虎地任务了事。老师找过我,问我上课为什么不举手发言。我没有告诉老师真正的原因——其实这是因为我失去了以前的竞争对手。以前上课时,我们争先恐后地举手发言,为的是压倒对方,但是分了班,我觉得我举手似乎也没有多大意义。我的学习成绩开始下降。

后来,以前的同学听闻我成绩下降的消息,找到了我。分班这件事已经过去了半年,他们也都习惯了新班级的学习生活。他们劝我,1班已成了过去,我要重新振作起来,在5班建立威信。我只是茫然呆在那里。一个同学着急地说:"你不是想成为作家吗?如果你想实现你的梦想,那你就好好学习!以前在1班,你是个积极分子,现在,你把5班当做另一个1班,努力一点,你就当做为你的父母,为你的同学,为你的梦想!"一语点醒梦中人,我意识到自己太消沉了,我不能让父母、同学失望,更不能让自己失望!我的态度有了180度大转变,我决定像以前那样稳步健飞。

在我们习惯的看法中,班级无非就是一个把学生"聚拢"起来安排学习的"组织",并没有多少质的区别,分班、换班只不过是一个"随机"安排的"常规工作"。但是,上面案例中,"我"被分到一个新班级后,状态发生了明显变化,"好像被一个棒子重重地在头顶打了一下","总是一个人孤独地待在某个角落",过了半年时间才慢慢调整过来。从这个案例中,我们能否"读"出一些什么来?

至少我们会产生两点直观的想法:一是班级之所以存在,绝非仅仅满足教师教学、学生学习的需要,其价值应该是多方面的;二是班级与班级是不一样的,应该有类型的区分。那么,班级到底是个什么组织?它是什么时候产生的?为什么而产生?班级的存在究竟有什么价值?班级与班级有什么不同?可以作哪些类型的区分?一大串的问题可能会在你的脑海里产生。

其实,班级对你并不陌生,从小学到大学,我们经历了很多的班级,接触了很多的班主任,许多难忘的情景依然历历在目。用心反思过去的经历,许多熟视无睹的现象可能会重新"集结"和"凸显",尤其是如果你想为以后成为一个优秀班主任作些"储备"工作,上述问题还真的难以"绕开",必须解决。

本专题的学习,有助于你获得一些"储备",尝试着来解决这些疑问。

一、班级及其产生

迄今为止,人类教育史上出现过两次伟大的飞跃。这两次飞跃对人类教育发展的影响可说是至深至巨。第一次飞跃是学校教育形制的形成和发展。学校教育的产生,标志着教育从原始自发状态转变到文明社会加以组织和调节的自觉状态。学校成为培养人的专门场地,教育成为有目的、有计划地培养人的专门活动。简言之,教育的专门化,使新生一代可以突破时空的限制,在历代文明累积和承继的基础上,推动人类文明不断前移。第二次飞跃是班级教育形制的出现和形成(也即班级授课制)。班级授课制的出现和形成,"在教育史上具有划时代的意义","它使学校的教育功能更为扩大和有力"。[①] 它标志着学校教育职能向社会的渗透和扩大,同时也意味着教育本质和教育目的在学校教育活动方式和组织形态上向班级的凝聚和强化。教育教学的直接活动、直接任务和直接责任下移到了班级。班级由此成为教育世界中最丰富而又最活跃的小社会,学校教育的实体,培养人的基地。因此,从某种意义上可以说,班级是缩小的学校,学校是放大了的班级。[②]

(一)班级的萌芽和产生

在古代,人类社会的生产基本上都是处在小农经济和手工业的生产方式之下,人们对教学的需求并不迫切,生产经验的传授大都通过言传身教、口耳相传、直接模仿而习得。尽管中外各国都出现了早期的学校,但这些学校的特点都是以个别教学的方式进行的,即所谓个别教学制。这种教学组织形式,一般没有固定的学制,没有学期与学年的划分,也没有班级的设置。在造纸术发明之前,典籍都很笨重,数量亦十分稀少。如我国的甲骨文典册、竹木简策,古埃及的纸草文献,古巴比伦和腓尼基的泥版文书等,所以,学生上课一般也没有统一的教材,没有固定的教学程式和考查校核标准。学生的年龄和文化程度也参差不齐。学生入学有先有后,结业有早有迟,且流动性大。受教育者是一个结构松散的群体,没有统一的组织。因此,教师虽然教十几个甚至几十个学生,但不可能对学生有统一的教学进度和教学要求,教学主要是通过谈话、问答、讨论和示范等个别方式进行的。由此可见,古代的个别教学是一种效率低、效果差的

---

① 白铭钦.班级管理论[M].天津:天津教育出版社,2000.2
② 袁真全.班主任概论[M].济南:山东教育出版社,1992.2

教学组织形式,是人类社会不发达的自然经济和小生产管理方式在教育方面的反映。

古代罗马在氏族公社初期,采用的教育形制是巴特里制(又称家长制)①,这是一种原始的个别教育形制,按照这种教育形式,婴儿呱呱落地之后,决定他生死予夺的是他的父亲,那么教育的责任也在于他的父亲,这种教育形制集家长、教师于一身的特征正是当时社会生产力水平的体现。公元前335年,希腊学者亚里士多德在雅典创设的利森制(即讲学制),其师徒式的授受方式,尽管优于巴特里制,但依旧是变形的家长制,未能走出个别教育的禁苑。其后,诞生于中世纪欧洲经院的座堂制,依然是一种个别教育的教育形制,这种教育方式与我国传统的学塾十分相似,虽然已有固定的教室(座堂),但仍然缺少"班"的本质属性。

在我国古代,无论春秋时期的私学,还是汉代以后的私塾,都是对集中一处的学生逐个进行教学。孔门私学就是最典型的个别教学制。就学级而论,我国古代教学名著《学记》里记载有大学实行九年制,始有古代年级制的萌芽。② 宋代实行了三舍法,元、明、清实行六斋法,包含有按成绩分班的因素,不论是三舍还是六斋,基本分为上、中、下三等学业阶段,按考察成绩依次升级。③ 宋代在学制改革中实行学分制,明代国子监又实行了积分制,一年内积八分为及格,赐予出身,准予毕业,不及格者仍坐堂肄业,即留级重读。中国古代虽然已经存在按班组形式来组织教学活动的因素,但尚未形成独立的专门化的教学社会组织。

随着社会生产的发展和科学技术的进步,个别教学已无法适应社会对人才的需求,资本主义机器大生产和商品经济的发展,要求扩大教学规模,增加教学内容,加快教学速度,提高教学效率。个别教学制不能适应新形势的要求,便逐步被淘汰,终被班级授课制所取代。

班级教学最早产生于16世纪的西欧。西欧一些国家的学校,首先有了年级的划分和学制的规定,出现了班级授课制的萌芽。1538年,教育家斯图谟在德国的斯特拉斯堡创办了文科中学,设有九个年级,并进行了班级教学的尝试。其后,耶稣会办的学校也实行班级教学。据说,率先使用"班级"一词的是文艺复兴时期的著名教育家埃拉斯莫斯,不过人们比

---

① 魏国良.学校班级教育概论[M].上海:华东师大出版社,1999.2~4
② 孙培青.中国教育史[M].上海:华东师大出版社,1992.165
③ 喻本伐、熊贤君.中国教育发展史[M].武汉:华中师大出版社,1991.235

较一致地认为17世纪捷克教育家夸美纽斯是"班级授课制"的真正奠基者。

夸美纽斯在1632年发表的《大教学论》一书中,对班级教学的实践作了总结和归纳,并对班级教学的特点、功能、应用等问题,第一次从理论上作了概括性的阐述和论证,从而奠定了班级教学的理论基础。其中,他阐述了班级教育形制的基本特征:(1)学年。夸美纽斯第一次确立了"学年"的概念。他把一年分为四个学季,每学季上课放假均有定时;每学年秋季(9月1日)招生,学生同时入学,同时升级,同时毕业。(2)学级。依照感觉论思想,他规定儿童在校度过六年,其学科教学的顺序是语法班、物理班、数学班、伦理学班、辩证法班、修辞学班。这反映了他对学龄儿童心智发展水平的阶段性特点有了较为明确的认识。(3)学班。夸美纽斯在《泛智学校》中说:"分班制度通过把学生按年龄和成绩分成班组,在学校中建立起关于人员的制度。……班不外是把成绩相同的学生结合为一个整体,以便更容易地带领学习内容相同,对学习同样勤勉的学生奔向同一目标。"[①]他建议采用固定的教师,在固定的时间,向固定班级的学生,用固定的教材组织教学。(4)学舍。关于学舍,他也提出了具体的要求,他认为:"每班有一个教室,以免妨碍其他班次。"[②]教室要宽敞,光线要明亮,卫生要清洁,布置要精当。至此,他已注意到教室环境对人的陶冶作用。

其后,著名教育家赫尔巴特、裴斯泰洛齐、第斯多惠和乌申斯基等,都对班级授课制的进一步完善和发展,作出了宝贵的贡献。

(二) 班级的基本特点

班级是按照班级授课制的培养目标和教育规范组织起来的,以共同学习活动和直接性人际交往为特征的社会心理共同体。由于它是依照班级授课制的要求组织起来的,因此具有以下特点:

一是班级具有明确的目的性。班级的所有活动都具有明确的目的。组建班级的目的在于通过教师有目的、有计划地组织学生进行学习,使一定数量的学生在一定的修业年限内在各方面达到一定的标准和要求。班级的目的是学校培养目标的具体化,它既要符合社会的需要和学校的培养目标,又要符合班级学生的特点。

---

① 任钟印.夸美纽斯教育论著选[M].北京:人民教育出版社,1990.245
② [捷]夸美纽斯,傅任敢译.大教学论[M].北京:人民教育出版社,1984.230

二是班级组成的限定性。构成一个班级的成员在年龄和文化程度上是具有限定性的,即其生理、心理发展水平是大致相近的,其知识起点水平也大致相同,这是班级不同于其他群体的一个主要特点,也是班级授课的一个重要前提。每一个班级有固定的学生人数,在接受某一类型教育的过程中,除特殊原因外,一个班的学生人数是相对稳定的。一个班级的组成时间有规定的年限,通常是从某一阶段教育任务的开始到完成。

三是班级教学内容的统一性。在学校教育中,一个班级内的教学内容是统一的,具体体现在国家教育主管部门制订的课程标准和编制的教科书之中,这使学校的教育和教学工作都能有计划、有组织地进行。

四是班级具有严格的组织纪律性。班级一般都有一系列规范化的规章制度和严格的组织纪律,这是保证班级教育、教学活动顺利进行的重要条件,要求班级所有成员都要严格遵守。

五是班级是静态和动态的统一。我国学校教学组织在纵向上实行年级制,在横向上实行班级制,在某一个年级阶段,要求班级的学生人数、科任教师集体都要保持相对稳定,这样班级表现出静态性;而一个班级内的师生随着课程的变化、进步快慢的不同,又要出现相应的变换,班级又表现出一定的动态性。

综上所述,班级作为学校教育、教学的基本单位,它不同于一般群体,不是由学生自发地组成的,而是由学校根据有关规定和学生的生理、心理发展水平统一编制的。班级和教学班是既有区别又有联系的两个概念。一般情况下,一个班级就是一个教学班。但有时为完成某种教学任务也采取把同一年级的两个或两个以上班级放在一个教室里进行授课的形式,这种形式叫单式教学班;若把不同年级两个或两个以上的班安排在同一个教室里,由同一名教师进行授课,这种形式叫复式教学班。[1]

(三)小学班级的特殊性

小学班级具有班级组织的一般特点,但同时,由于小学的培养对象、教育目标和任务具有特殊性,因而小学班级又有自己的组织特点。

1. 小学班级是儿童走向社会的第一个正式组织

小学班级是根据我国学校制度的规定,为实现一定的教育目标,按照学生的年龄和发展水平建立起来的。这种组织的建立,目的是为满足少

---

[1] 张爱华.班主任工作艺术[M].石家庄:河北教育出版社,2001.3~4

"课",以教师的系统讲授为主而兼用其他方法,能保证教师发挥主导作用。(4)固定的班级人数和统一的时间单位,有利于学校合理安排各科教学的内容和进度并加强教学管理,从而赢得教学的高速度。(5)在班集体中学习,学生彼此之间由于共同目的和共同活动集结在一起,可以互相观摩、启发、切磋、砥砺;学生可与教师及同学进行多向交流,互相影响,从而增加信息来源或教育影响源。(6)它在实现教学任务上比较全面,从而有利于学生多方面的发展。它不仅能比较全面地保证学生获得系统的知识、技能和技巧,同时也能保证对学生经常的思想政治影响,启发学生思维、想象能力及学习热情等。因而,班级授课制一经产生,便在世界各地迅速推广,且绵延不绝,成为基本的教学组织形式。

但班级授课制的局限性也很明显,具体表现在:(1)教学活动多由教师做主,学生学习的主动性和独立性受到一定程度的限制。(2)学生主要接受现成的知识成果,其探索性、创造性不易发挥。(3)学生动手机会较少,教学的实践性不强,不利于培养学生的实际操作能力。(4)它的时间、内容和进程都固定化、形式化,不能够容纳和适应更多的教学内容和方法。(5)它以"课"为活动单元,而"课"又有时间限制,因而往往将某些完整的教学内容和教学活动人为地分割以适应"课"的要求。(6)它强调的是统一,齐步走,难以照顾学生的个别差异。(7)它缺乏真正的集体性。教师虽然向许多学生同样施教,而每个学生各以自己独特的方式去掌握,每个学生分别地对教师负责,独自完成自己的学习任务,学生与学生之间没有分工合作,无必然的依存关系。

正因为班级授课制有以上的优越性,它才能被人们普遍接受,至今在世界范围内仍然是学校教学的基本组织形式,它才能经历一个多世纪的怀疑、非难甚至猛烈抨击而仍然站得住脚;也正是因为班级授课制有以上局限性,人们才屡屡对它提出批评并寻求新的教学组织形式。19世纪末20世纪初,美国学校在实用主义教学理论指导下,出现了以课题为中心的"设计教学法"和实验室作业的"道尔顿制",取消班级和班级授课制,但实验未能成功。现在人们往往用分组教学、个别教学、现场教学等方式作为班级教学的辅助形式,并着力推进小班化进程,既发挥班级授课制的优势,又弥补班级授课制的缺陷。

因此,也许我们可以在班级人数规模、教学组织形式方面作一些调整,但要取消班级,时机尚远远没有成熟,班级作为教学基本单位的价值定位,在普及教育的今天和未来很长一段时间内,是很难撼动的。

(二)班级：管理的基层组织

假如班级不承担作为教学单位的功能,班级是否就没有存在的必要了呢?答案是否定的。其缘由在于:

1. 保障社会的有序运行

从整个社会的运行来看,少儿照管是社会稳定与和谐的一个重要因素,随着家庭对少儿照管功能的不断弱化,随着犯罪低龄化和少儿化趋势的出现,以及围绕孩子出现的拐卖、绑架、诈骗犯罪的大量事实,照管少儿成了学校向社会提供的最有形的服务。正如美国哈里·布雷弗曼在《劳动与垄断资本》中说的:"美国的社会如果没有它的庞大的'教育'结构是很难想象的,而且事实上如人们近年来已看到的,即使某一部门学校关闭几个星期,就足以在发生这种事情的城市造成一场社会危机。"[①]在美国,国家把照管儿童列为学校的第一功能,就足以证明这一点。作为学校,要发挥好照管学生的这一功能,就必须把学生划分为若干组成部分,归并到一定的建制当中去,加强管理的针对性和有效性,班级这个建制恰恰符合这一需求。

2. 进行角色的提前预演

社会是有角色分工的,负责任的学校应该为每个学生"预订"一个适合学生实际的"位置"。但这种"预订"不应是盲目的,更不应该交由学生到社会上去随机"抓阄"或"摸着石头过河"般地把各种角色都"尝试"一遍,而应有目标的计划性和措施的针对性。一个班级也如同一个"小社会",有各种各样的角色,从类型上来说,有基本型角色(如班级成员)、权力型角色(如班干部)、技能型角色(如小记者)、服务型角色(如门窗管理员)等,组织学生进行这些角色锻炼的过程,实际上就是引导学生进行角色选择和预演、谋划未来社会"位置"的过程。另外,社会的正常运行需要管理精英,也需要有服从管理的普通群众,不然就会陷入各自"占山为王"的无政府状态。从班级的组织形态和成员分工来看,它呈现出与其他各类组织相同的"金字塔"型"官僚"体系。班级干部虽是一种虚拟的官职,但在班级中却发挥着重要力量,它的形成也为学生社会地位的确立发挥着强大的影响力。班干部一般都是班级的佼佼者,进行着管理、组织、协调的训练,相应能力能得到有效提高,这就决定了他们以后一旦融入社会,就会比较容易成为社会的栋梁。班干部的班级角色和以后他们所担

---

① 陈桂生.教育原理[M].上海:华东师范大学出版社,1996.267

任的社会角色有着千丝万缕的联系。班干部机制在一定程度上担负着社会对学生的选择功能。

3. 满足儿童的归属心理

从学生个体的心理需求来看，人都有对于组织的归属心理，特别是家庭成员减少，家庭的组织功能减弱，使得小学生对于家庭外的组织的归属需求尤为迫切，在这一方面，班级承担着重要的职能。

因此，班级并非仅为教学而存在，它还是管理的基层组织。

（三）**班级：发展的共同平台**

从个别教学到班级教学，不仅意味着原本分散教学的对象，现在组织到了一起，而且学校教育活动产生了质的变化。班级并不只是许多个体的简单集合，它一旦建立就作为一种教育影响因素而存在。这就是说，很多学生在一起听课，并不简单地只是一个教师同时对许多学生发生了影响，而是教师的影响必须通过班级环境对学生发生作用，班级本身也成了影响学生发展的因素。同时，班级也是学生集体和教师集体发展的有效载体。班级作为一种教育组织而存在了。

首先，班级是学生素质发展的舞台。学生的发展表现在多个方面，最本质的在于其社会化和个性化。班级对于学生的社会化功能主要表现在：学生通过在班级里学习和掌握系统的文化科学知识、技能，提高认识世界和改造世界的能力；学生通过班级的共同活动及生活中的各种关系，学习和内化社会规范，积累社会生活经验，学习做人之道；学生通过班级中规范化的组织机构，扮演各种社会角色，培养公民意识，为做一个合格公民奠定基础。班级对于学生的个性化功能主要表现在：丰富多彩的集体生活和集体活动，培养了学生不同的兴趣、特长、爱好，形成和发展了学生各具特色的能力；性质和内容各异的集体活动和人际交往，也塑造着学生的性格，形成各具特色的个性品质；同学之间互相比较和评价，促进学生自我意识的发展，形成学生的独特个性。

其次，班级是学生集体发展的载体。如同一个和谐城市的建设，需要一个个和谐社区、和谐部门、和谐家庭作支撑一样，学校的发展有赖于一个个学生集体的发展。把几十个学生组合成一个班级，并非就自然地形成了一个学生集体，集体形成的标志往往体现在有共同奋斗目标，有严明组织纪律，有凝聚人心氛围，有教育系列活动等。从松散的学生群体发展到凝聚的学生"精神共同体"，班级是有效的载体。

再次，班级也是教师和班主任专业成长的土壤。作为班主任，以班级为单位实施教学和进行管理,必然要根据班级特点和学生实际有针对性地开展工作。班主任的主要职责是引导、帮助、促进学生的成长,而儿童的特点是可塑性大,模仿性强,故而,"为人师表"是社会对班主任的基本要求,也是班主任的基本素养。班级建设的实践要求班主任的思想道德品质应该高于、先于、优于学生,他的言行举止应该成为学生的楷模。班级建设的过程,也是班主任加强自身道德修养,形成专业伦理的过程;学生的首要任务是学习,班主任作为人类文化的传播者和延续者,所掌握的知识不能只局限于所教的学科,还要有广博的科学文化知识和教育科学知识,因此,班级教学与管理的过程,实际上是班主任拓展自己各方面知识的过程;班主任不同于科任教师的是要对班级进行建设与管理,要组织开展丰富多彩的班级活动,要深入到每个学生的心灵深处,因此,班主任必须具备多方面的能力。如深入了解和研究学生的能力,创建班集体的能力,做好个别学生工作的能力,组织开展多种活动的能力,灵活、机智的教育应变能力和交往协调能力以及熟练地运用网络开展德育工作的能力等。班级建设的过程,是班主任的专业能力不断攀升的过程。总之,进行班级建设的过程,是班主任一步步成长为专业人士的过程,班级是班主任专业成长的土壤。

我们认为,班级存在的这三个价值中,第一、二个价值是班级服务于教学、管理的工具价值,第三个价值则是班级服务于自身的主体价值。他们既相互依存,密不可分,又随着时代发展此消彼长,各有走向。

随着人们对班级授课制这种教学组织形式的认识的进一步深化,也随着信息网络技术的发展和教育理念的不断更新,班级作为教学基本单位的价值有日渐衰微的迹象和趋势,主要原因有二:

一是班级授课制的"痼疾"与个性化教育的要求格格不入。班级授课制因应了资本主义机器化大工业生产的需要,其特性本身带有"大规模生产"的印迹。学校就好比一个教育工厂,班级就好像一个个进行着"批量"生产的"车间",孩子则成了一个个等待"加工"和"组装"的"标准元件"。统一的教学,统一的教材,统一的进度,统一的要求,使得每个学生的存在变得不再重要,学生独特的生命都被"削足适履",有限的个性化教育服务成了"次要的补充"。[①] 因此,非针对性、去个性化成了班级授课制自身难以"疗治"的"痼疾"。这样的"痼疾"在把学生当成"手段"和"工具"的年代

---

① 石中英.生命化教育[M].北京:教育科学出版社,2007

自然会被"忽略"和"掩盖"。"以人为本"的时代理念的倡导,必然引发教育领域一系列观念的更新。比如,过去我们把一对几十、一对几百的班级教学视为提高效率的最佳选择,而今,个性化教育的推崇反而让我们觉得班级教学成了效率低下的"温床";过去我们视野中的学生是整体的、抽象的、共性的"类",其年龄特征成了实施划一灌输,抗拒个性教育的"盾牌",而今,我们要确立"具体个人"意识,珍视学生的独特性,促进每个学生的个性发展;过去我们把"齐步走"、"向中看齐"视为"集体主义教育"的"成果"和必然,而今,我们觉得学生个人的完满、充分发展是教育教学的最大效率所在。从本质上说,教育是一项源于生命,根据生命,关注生命,提升生命的事业。生命是独特的,教育也应是独特的。班级授课制自身难以"疗治"的"痼疾",使得它在应对个性化教育要求方面显得格格不入,"先天不足"。

二是发展的多向度和多渠道使得班级教学失去了"垄断"的"优势"。传统的教学,以知识为中心,以教师为中心,以课堂为中心,学生发展的目标向度比较单一,而班级授课制在层层推进知识教学方面具有独特的优势,同时,学生获取知识的渠道也比较单一,这就使得班级在知识目标达成方面具有了"垄断"的意味。社会的发展对人的全面性和独特性要求越来越高,学生的发展呈现多向度的趋势,除了知识的积累,过程、方法、情感、态度、价值观等都成了学生发展的向度,而且是比知识更为重要的发展向度,如此一来,班级在推进知识教学方面的优势便显得不再突出。另外,知识的普及、信息网络技术的推广,使得知识不再"稀有"和"独享",而是铺天盖地,无处不在,教师通过班级传播知识不再是学生获得知识的"唯一途径",班级的"垄断"地位已经摇摇欲坠。

因为以上的原因,人们屡屡对班级、班级授课制提出批评并寻求新的教学组织形式。19世纪末20世纪初,美国学校在实用主义教学理论指导下,出现了以课题为中心的"设计教学法"和实验室作业的"道尔顿制",试图取消班级和班级授课制。近年来,分组教学、个别教学、现场教学等方式日益受到重视,小班化的进程也方兴未艾。种种迹象表明,班级作为教学基本单位的价值正日渐衰微。甚至有网络学家这样说:未来的教育将是这样一幅情景:要学习知识吗?请回家去;要玩吗?请到学校去。[①]这对我们重新审视班级存在的价值不无启迪。

---

① 邱华国.以长尾理论料想未来教学[N].中国教育报,2007-5-14(6)

班级首先是作为教学的基本单位而存在的,因此,这个价值应该是班级的本源价值。班级作为管理的基层组织,其价值在现代社会显得越发重要,不断得到加强,成了班级的本体价值。班级作为发展的共同平台,其价值正在凸显,应是班级的本真价值。

三、班级类型区分

假如你走进一所小学,观察这个学校的几十个班级,你会发现,不同的班级有不同的特征,可谓是千姿百态,绝无雷同;如果再细细考察,你会进一步发现,这些班级的发展目标、运行机制、管理模式、建设路径及表现出的倾向性都千差万别,各其特色。这说明班级有各种各样的类型。

造成班级之间各具个性的原因是多方面的,有班级组建时间长短、节奏快慢的因素,有社区、学校环境交互影响的因素,有学生各方面特征制约的因素,更重要的是,班主任的理念、喜好、性格、带班风格等对班级类型的形成起着至关重要的作用。当然,不同的班主任,本身就是不同班级类型的一道"风景"。

班主任的五个层次[①]

班主任工作的重要性是不言而喻的。然而,班主任的专业化问题一直以来却不受重视,班主任基本上是想当就当的。南京市教育局今年八月率先提出,以后全市的班主任须培训之后方能上岗。相信在教师专业化发展越来越受重视的今天,南京的做法应当是一个趋势。班主任工作纷繁复杂,除了一些常规之外,不同的班主任都有不同的带班风格。我认为,从理念上来说,班主任工作有以下五个层次:

第一个层次,叫做"凭个人好恶管理班级"。我称之为"艺术家式"管理。艺术家比较随心所欲、率性而为,班主任也便是这种气质。教师心里高兴,学生做什么都是好的,教师心里不高兴,就把气往学生身上发,多年的陈芝麻烂谷子都翻出来。工作积极性上来了,班级工作十分认真,工作积极性没有了,便百事不管,任尔东南西北风。喜欢哪个学生,不喜欢哪个学生,全凭个人好恶,并且喜怒形于色,毫不掩藏,藏也藏不住。这样的班主任治理班级,有可能一段时间情绪很好,班级治理得不错,但是人生不如意事总比如意事多,时间长了,这个班级的工作会陷入混乱。一部分

[①] 万玮. 班主任的五个层次[J]. 江西教育, 2006(7)

对班级管理没有任何经验仓促上马的教师也属此列,班级管理没有思路,没有规划,脑子里面空白一片,一切都是骑驴看样本,走着瞧。

总结:管理班级要有思路,不能做艺术家式的性情中人,走到哪算到哪。

第二个层次,叫做"从头管到脚"。我称之为"总理式"管理。说"总理式"是好听的,不好听的叫"管家式"。班主任工作的确繁琐,但是这种类型的班主任能够在这种繁琐中体会到乐趣,他乐于处理这些繁琐的事,并且把它当成班主任工作的全部。比较典型的又有两种风格,一种称之为"严",学生见了,怕死;一种称之为"烦",学生见了,烦死。有严到极致的老师号称任何学生到他这里"一熨斗烫平",学生的棱角、个性全部抹。而那种烦到极致的老师可以把学生叫到办公室里教育,他说学生听,说一两个钟头话不带重样的,学生没有办法,只好缴械投降。这种管理以班级不出事为目标,虽然从结果上来看暂时不会出什么大事,但是问题并不是被解决了,而是被掩盖了。一旦换了一个班主任,学生发觉新班主任不如前面那个严或者烦,问题便会铺天盖地地涌现出来。

总结:班主任不能做"管家婆",用"管"的思想解决不了根本问题。

第三个层次,叫做"称兄道弟,平等待生"。我称之为"朋友式"管理。一些年轻的班主任往往会采用这种方式。他很尊重学生,注重发扬学生的个性,学生的缺点他不会直接批评,而是用鼓励的口吻指出来。他和学生的距离很近,师生关系可以很融洽,学生甚至可以亲昵地称呼教师的绰号。学生愿意跟他交心,有些话对其他人包括家长都不讲,但是有可能会对这个老师讲,师生都把自己真实的一面向对方展现出来。需要说明的是,相当多的不做班主任的年轻教师和学生也是这种关系。但是,这种班主任管理方式通常都是以失败而告终,原因是学生常常为别的教师所不容,或者为校纪校规所不容。班主任的愿望很美好,但是往往对真实世界的残酷性认识不足,到头来自己也会受到伤害,遭受痛苦。最终发现,他对学生的影响力几近于零,对自己也产生怀疑。

总结:管理是一门学问,一个好的朋友可不一定是好的管理者。

第四个层次,叫做"放手让学生自主管理"。我称之为"辅导员式"。大学里面每一个班级通常都会配备一个辅导员,但是绝大多数的辅导员对学生的管理都很宽泛的,基本上以学生自主管理为主。许多重点中学的班主任也是这种方式,倒不是他的班主任理念有多先进,而是学生素质太高了,能力太强了,教师也想偷偷懒,因此干脆把班级大小事务都交给班委处理了。教师偷懒成功,学生干部的能力也得到了锻炼。另一种情况是,班主任还有其他事务,无暇管理学生,迫不得已,只能大力培养班干部。比如特级教师魏书生,常年在外讲学,有时一两个月不回学校,但是没有关系,学生会把班级治理得井井有条,魏书生美其名曰"班级管理自动化"。从技术的角度说,魏书生是极其成功的,并不是所有的班主任都有这个能力。在一些地方,让学生自主管理,班主任实际上放任自流,导致的结果很可能是,学生管理不好学生,班级一盘散沙,群龙无首,缺乏凝聚力,最终乱成一锅粥。

总结:"学生为本"是一句口号,分寸把握很重要。

第五个层次,叫做"教师带领学生共同奋斗"。我称之为"领导式"。班主任不是班级的管理者,而是领导者。在管理学里,最高明的管理是领导。以前有句话叫做"打江山容易保江山难",因为打江山是领导,大家共同对付外患,保江山就变成管理,为内忧所困。还有一句话叫做"人无远虑,必有近忧",所以领导比单纯的管理更有效。领导式的班主任不是班级的局外人,而是班级的一名重要成员。师生为了同一个目标,共同奋斗,教师参与整个奋斗的过程。在此过程中,学生的潜能和特长都得到了发挥,而教师作为领导者,其作用不可或缺。他讲民主,平等待人,善于吸取学生的建议,他充分发挥自身的优势,为班级的发展指明方向。他需要懂得民主教育的真谛,他能够巧妙地区分教师角色与学生角色的不同,教师不是权威,与学生关系融洽却受到学生尊重;学生思维活跃,能自由发表观点但是更懂得尊重别人的意见;教师受学生爱戴,但学生有判断能力而不是对教师个人崇拜。

总结:教师带领学生为一个目标而奋斗比整天忙着处理班级里"一波未平一波又起"的问题要高明得多。

这五个层次的划分不是以效果为依据,而是根据教育理念的不同从低到高而区分的。如果单从效果来看,第二个层次的班主任可能做得最好,他可以保证班级不出事嘛,但是从学生的一生发展来看,从对所有学生的发展来看,第二个层次的班主任管理显然是不行的。在现实生活中,每一个班主任可能是几个层次的混合。因为班主任的思想认识是千变万化、各不相同。每一个层次的教师都有可能在这一层次里取得成功,也有可能失败。

具体来说,第一个层次的教师不适合做班主任,他首先得提高自己的个人修养。五个层次中最保险不容易出差错的是第二个层次,也很容易学,简单容易上手,其他的班主任类型都相对不太好操作。第三个层次的班主任在失败之后很容易退回到第二个层次,然后在第二个层次"终老"。能在第四个层次取得成功已经是相当不易了,有时候,运气好的话,碰到一个能力强的有号召力的班长,也许会轻易取得成功,但是,如果选班干部如同矮子当中选将军也够让班主任头疼的。至于第五个层次,我听说过"和学生共同成长"的口号,也看到越来越多的教师开始和学生一起写"成长随笔",但是真正德才兼备有领导能力、并且领悟到管理班级真谛的班主任,还是非常非常的少。

既然班级有各种各样的类型,我们的班主任就得有意识地了解班级大致可分为哪些类型,在此基础上,才能自觉地根据各种因素选择、设计、建设适合自身的班级类型。

(一) 阶段的区分

1. 松散群体

班主任刚接手一个新班,首先考虑和进行的工作是如何将一群天真幼稚的儿童组织起来。一个班级几十个孩子,来自不同的家庭和幼儿园,情况各异。同学之间的关系常常是由一些偶然因素决定的,如同桌、同住一个社区或一个村组等,这种关系还不是集体的关系。这时,每个小学生都有各自不同的愿望,小干部是班主任临时指定的,一切要求均由班主任提出,并督促全班学生去做。学习、生活环境的变更,同学之间、师生之间的互不熟悉,需要孩子们适应、摸索、尝试,在此基础上建立情感联系,加强彼此了解。

有经验的班主任,这时会一方面抓紧时间全面了解学生,寻找、选择积极分子并加以培养,另一方面建章立制,向全班学生提出明确、切实可行的要求,让积极分子响应与支持,同时指导学生开展各种丰富多彩的活动,增加小学生交往频率,促进相互了解,逐步提高班级的吸引力,为下一步工作打好基础。这一阶段是小学班主任最繁忙的时期,通常称之为松散群体阶段。

2. 联合群体

经过数周的了解之后,哪些学生可以成为班干部,哪些学生是班级中的积极分子,班主任已心中有数。同时,经过前一阶段开展的活动,学生之间在交往中开始熟悉,产生感情,各种人际关系也初步形成,崭露头角的积极分子在同学中具有了一定的威信与友谊。这时,班级骨干力量已较明显,班干部人选可以确定了。在班主任的指导下,通过民主选举评议,将一些有号召力而又热心为集体服务的学生选入班委会,班集体核心初步形成。班级的凝聚力较前一阶段增强,正确的舆论逐渐占上风,但班级的奋斗目标与行为规范尚未完全变成小学生的自觉行为动机,教育要求仍多是外因在起作用,班级的教育能力处于初级阶段。

　　这个阶段,班主任应一方面加强对班干部的教育、指导,使他们逐渐懂得自己是集体的代表,有权、有责任约束全班同学维护集体利益,遵守班上的各项规章制度,以身作则,努力成为同学的榜样,给他们提建议、教方法,逐步从直接插手指挥班级活动状态中解脱出来,由班干部自己来组织开展班级工作。另一方面要继续发展积极分子,帮助班干部把这些人团结到班委会周围,以扩大班级的骨干力量。这一阶段,班委会在同学中威信逐步提高,各种教育功能开始发挥,班委会能有效地协助班主任开展工作,通常称之为联合群体阶段。

　　3. 班集体

　　班级从联合群体发展为班集体,是一个质的飞跃过程。其主要标志有:班委会的干部能各司其职,各负其责,主动积极地开展各种活动,已成为坚强有力的、团结和谐的、能独立开展工作的领导核心;全班已成为一个组织制度健全的有机整体,班集体目标与每个学生的奋斗目标逐步整合一致,集体观念基本树立,班集体的正确舆论与集体荣誉感已基本形成,集体已成为教育主体;班级丰富多彩的活动具有很大的吸引力,学生愿意积极承担集体工作,认真参加班级各项活动,争当积极分子的人越来越多,整个班级洋溢着一种平等、和谐、上进、合作的心理气氛,优良班风正逐步形成。

　　这个阶段,班主任要提出更高层次的班级奋斗目标,抓紧培养、提高班干部的素质,扩大积极分子队伍,提高各项活动的质量,充分发展小学生的个性特长。我们把这个阶段称为班集体形成和发展阶段。

　　从松散群体到联合群体,从联合群体到班集体,是班级形成和发展一般都要经历的三个阶段,也体现了班级发展层次的三种水平。需要说明的是:班级的发展是不同步的,有些班级组建不久,就呈现欣欣向荣、蒸蒸日上之势,快速进入班级发展的高深层次,相反,有些班级运行多年,却反复、徘徊,止步不前,深陷浅表层次难以自拔;班级的发展是不同向的,有些班级从低到高稳步推进,正向发展,相反,有些班级发展到一定阶段,会出现"高原现象",甚至会因为种种原因从高到低,逆向倒退。一般不等于特殊,或然不等于必然。

（二）主体的区分

记得第一年参加工作,当上了班主任,心里又激动,又紧张,谨记着"严厉"两个字,在学生面前整天一本正经的样子。在班级里,我一身兼许多的职责:"保姆",负责看管学生;"警察",负责维持班级秩序;"监工",负责监督学生的学习。这么多的"职务",使我整天忙得不可开交,筋疲力尽,即使从鸡叫做到鬼叫,但班级的情况却总是不尽如人意。一次看到文章中介绍特级教师魏书生的教书,令我感到惊讶:他担任实验中学校长与书记兼任两个班的班主任,承担两个班的语文教学,一年平均外出开会达4个月之久,却从不请人代上一节语文课,一学期教材他用30多课时就讲完了,他不批作业,不改作文。但他的学生的升学成绩却能比重点中学平均高7.8分……曾经有学生问魏书生:"您还能做我们的班主任吗?"魏书生说:"为什么不能?"学生说:"我们看您太累了!""那我就请副班主任来管嘛!"学生问:"副班主任在哪?"魏书生说:"就在每位同学的脑子里!"谈话中,魏书生除巧妙地向学生传达了对学生的信任外,还向学生传递了这样一个信息,这就是:在班级中,不是老师管理学生,而应该有自我管理意识,培养自我管理能力。[1]

案例中,"我"担任着"保姆"、"警察"、"监工"等多种角色,是班级管理的核心主体,而魏书生老师"一年平均外出开会达4个月之久",班级工作井井有条,学生成了班级管理的核心主体。依据管理班级的核心主体,可区分出三种班级类型。

1. 班主任直接管理

在我国小学,这种管理模式较为常见。班级目标和制度往往由班主任直接提出,班级干部往往按班主任的意志指定或"选举产生",管理流程

---

[1] 芮春霞.
http://cache.baidu.com/c? m=9d78d513d9d431de4f9c91697d11c017184381132ba7d70209a78449e3732d41501693ac56240773a0d27d1716df494b9b8721024614 56b68cc9f85dadb0855b299f51316768835612a20edfcc5155c237e151fede6df0bb8025e2adc5a2af4352ba4475789787894d7610dd1bf50340e9b1e83f011850e4e26a23b91b6028ec3e5db244eee0456d0681e1dd2b46c03dd0161697b255e76d44c944e15e0c2433f30df31f50524cb70a6684322a05e4e85aed2e&p=8a77ca1ace904eaa08e294754d56&user=baidu

也往往由班主任直接掌控,事无巨细,台前幕后,班主任集大小权力及事务于一身。其优点往往在于:政令统一,标准一致,便于统筹全局;指挥方便,命令容易贯彻执行,有利于形成班级集体意志;有利于集中力量开展活动,组织化程度较高。其缺点往往有:不利于发展个性,顾及不到事物的特殊性;管理容易僵化,缺少弹性和灵活性;班主任往往精力不济,容易出现管理"真空";学生容易产生依赖思想,积极性和责任心难以培育。

相对来说,在班级发展的初级阶段,这种管理模式比较适用。

2. 学生自我管理

这是班级管理较为理想但又较难达成的一种模式。班主任对班级而言,是非直接控制系统,班干部和全体学生才是管理的主体。其优点在于:学生独立自主工作,主体意识得到增强,积极性得到调动;有利于培养出一批中坚力量,学生个性特长发展空间较大;能够因地制宜,快速反应。其缺点在于:权力过度分散,容易导致政令不一;学生可能各行其是,优先考虑局部利益,对集体产生离心力,集体形象受损;协同效果往往被抵消,集中性的活动难以开展。

进行这种模式的管理,必须有一个前提,即健康舆论已在班集体中成为主导,班委会在工作实践中积累了一定的经验,团结一致,走向成熟,班长领导能力较强,富有号召力,否则,班级可能会四分五裂,成为一盘散沙。

3. 师生共同管理

这是许多学校领导和班主任着力倡导、追求的一种管理模式。其基本特征为:班级管理的主体由班主任和全体学生共同担任,班级干部发挥重要作用;班主任"扶""放"结合,抓大放小,班级大事参与决策,具体事务交由班委会处理;班主任与全体学生共同商定班级的目标与规章,共同推进班级的发展。其优点在于:在高度集权与高度分权之间寻找"平衡点",扬长避短;班主任既能把握大局与方向,又不陷入日常事务当中;学生的积极性有效调动,班级、学生、班主任共同发展。其缺点在于:集权与分权之间的"平衡点"难以找准,避免不了忽左忽右,产生"钟摆现象";有些事情处于"临界"状态,容易导致责任主体不明,职责不清,相互推诿、观望的现象。

以谁作为班级管理的核心主体,受到多方面因素的制约,有班主任方面的原因,如管理理念、工作精力等,有学生方面的原因,如年级高低、学生干部能力等,有班级方面的原因,如组建时间、班级舆论等,不能一概而论。脱离了具体情况,很难评判以上三种类型的优劣,每一种类型都有成功的范例。总体而言,管理中的"一统就死,一放就乱"的现象比比皆是,过度集权和过度分权都是利少弊多,寻求平衡,共同发展,应是大势所趋。

(三) 内涵的区分

曾听到一位学校领导在评价不同班级时有这样的表述:"一班学风特别好,走进他们的教室就能感受到一种浓浓的学习氛围;二班特别和谐,做什么事大家的心都往一起想,像一个家一样;三班的孩子好像特别懂事,工作能力强,许多事情都不要班主任操心。"这说明,不同的班级有不同的内涵。

班级内涵是什么?是班主任和全体学生着力追求的精神品质,是班级学生情绪、性格融合过程中生成的一种群体心理,是班级成员为人做事过程中自然折射出的文化习性。俄国著名教育家马卡连柯认为,教育工作的基本对象是集体,而教育工作的主要方式是集体教育,为此,必须"建立合理的集体,建立集体对个人的合理的影响"。一个富有内涵的班级,能内生出独特的教育资源,焕发出巨大的教育力量。

依据不同的内涵,从倡导的角度而言,学校里主要有这样几种班级类型:

1. 学习型班级

我们认为,一个班级要被认可为学习型班级,至少应该具有以下鲜明特征:班级以好学、乐学、善学作为共同愿景,成为不可分割的学习共同体;学习成为班级每位学生成长与发展的自觉行为和内在要求,成为学生活动的核心内容,成为学生生活、生存的一种基本状态,同时,班主任本身也是一个热爱学习并有所造诣的知识分子;班级成员共享学习资源,共闯学习难关,共创学习成就,并动态地组织灵活多样的学习小群体;在学校同轨班级中,学习风气好,学习成绩突出,有浓郁的书香氛围,获得大家高度好评。

2. 和谐型班级

随着"以人为本"理念的倡导,和谐组织创建的推行,建设和谐型班级成为许多学校、班主任的目标追求。所谓和谐型班级,其主要特征有:民主管理,民主教学,班主任和任课教师尊重学生感受,倾听学生意愿,并有民主化的制度保障;人际和谐,团队协作,同学与同学之间、同学与老师之间、小组与小组之间,相互尊重,互帮互助,有良好的集体舆论和舒畅的心理气氛;班级、家庭、社会良性互动,互为促进;班级成员有归属感,有主人翁意识,获得健康、和谐发展。

3. 自主型班级

自主型班级的创建,是许多希望从繁重事务中解脱出来的班主任所期盼的。其主要特征有:班级干部能力强,能自主制订活动规划并有效实施,能够处理日常事务;学生主体意识浓,都是班级小主人,能够互相协作共同完成各项任务;分工、合作,职责明确,有一整套的班级运行机制,如班级干部的竞选、组阁机制、按章办事的约束机制、相互制衡的监督机制、注重竞争的考评机制等;班级运行秩序良好,学生个性、特长得到较充分发展。

4. 开放型班级

新课程改革理念的落实,需要改变原有的班级建设和管理模式,从封闭走向开放。开放型班级的主要特征有:配合开放式教学,着眼学生知识与技能、过程与方法、情感态度与价值观的多维目标的建构;注重班级内外教育资源的整合,特别重视社会教育资源的吸纳与利用,有家长委员会、校外辅导员和校外教育基地;联系实际,贴近生活,立足实践,放眼社会,经常开展富有教育意义的班级活动;班级积极进取,充满活力,学生关心"班事、国事、天下事",胸怀大志,视野开阔,创新意识和实践能力较强。

以上从三个角度对班级类型作了大致的区分,这种区分是相对的。考察一个班级属于何种类型,应把其置于具体学校的具体场景之中,才有说服力和针对性。况且,一个班级往往是"立体"的,"多面"的,兼有多种类型特征,不应随意草率地定性和"贴标签"。但是,我们觉得,关于班级的类型,如下的认识是应该形成的:教育是一个生态系统,没有足够的多样性,就没有可持续发展的蓬勃生机,班级类型的多样化,应是班级建设的目标追求和价值所在;一个班级兼有各种类型的全部良性特征,是不太可能的,有所不为才能有所为,走特色建设、品牌建设之路才是正道;不应简单评判班级类型的优劣,没有最好,只有更好,建设适合自身实际的班级类型,才能迎来班级发展的勃勃生机。

专 题 小 结

本专题主要讨论了三个问题:

1. 班级及其产生
2. 班级存在价值
3. 班级类型区分

基本要点是：

现代学校的班级是与班级授课制的建立联系在一起的。班级是学校的基层教育组织，是按照班级授课制的培养目标和教育规范组织起来的，以共同学习活动和直接性人际交往为特征的社会心理共同体。从个别教学到班级教学，不仅意味着原本分散教学的对象组织到了一起，而且学校教育活动也发生了质的变化。班级存在的价值主要体现在三个方面：其一，班级是班级授课制的产物，班级授课制是教学的组织形式，因此，班级首先是作为教学的基本单位而存在的。其二，学校、社会、家庭的正常运行以及儿童的心理归属决定了班级这一"组织建制"存在的必要，因此，班级是作为管理的基层组织而存在的。其三，学生个人、学生集体以及教师的发展，需要赖以生长和支撑的载体和土壤，班级适逢其需，因此，班级是作为发展的共同平台而存在的。这三个价值相互依存，此消彼长，发展走向各有不同。从发展阶段、管理主体、内涵建设等角度区分，班级可分为不同的类型，了解类型及其特征，有助于我们对班级建设进行规划和定位。

拓 展 学 习

1. 有人说，班级是缩小的学校，学校是放大了的班级。请结合自身体验，谈谈对这句话的思考。

2. 随着班级在学生知识学习方面"垄断"地位的"丧失"，有人开始质疑班级的存在价值，甚至提议取消班级建制。请就"小学班级建制取消以后"这一话题展开想象、思考，在班级或小组展开讨论、交流。

3. 班级与班级是不一样的，回忆自己所经历的班级，观察附近小学班级的发展实际，尝试对这些班级进行类型区分，并就以后自己领导班级的发展类型进行初步构想。

专题三 班级设计与运行

问题情景：按下葫芦浮起瓢

刚办完报到手续，教导主任就跑过来对我说，要准备当"主任"了，刚当老师就当班主任？！心里既高兴又担心。高兴的是可以有自己的班了，可以把自己的一些教育上的想法付诸实践了，自己也是个"主任"了。在一般学生的眼里，最使人畏惧的是班主任，在班主任的课上表现得最乖。在一般老师的眼里，班主任的一句话顶任课老师一百句。但是在脑海里面担心还是占了大部分。我担心自己管不住学生，不知道怎样才能带着他们"飞来飞去"？我担心我压不住课堂，担心自己辜负学校和家长的重托，担心看到家长们不信任的目光……也许我最大的担心是来自不相信自己吧。

好心的张老师对我说："小姑娘，开始一定要对学生狠一点，凶一点，不要一开始就给他们笑脸，压住他们，以后管理班级就容易了。"

善意的王老师提醒我说："小李，当一名班主任首先要有爱心，教育没有爱就如同池塘里没有水，所以班主任首先要学会爱孩子。"

真正开始工作，才发现班主任工作真是千头万绪，"上面千条线，下面一根针"，学校所有的工作，事无巨细，都要通过班主任来贯彻，来实施。张老师的"狠"和王老师的"爱"都用上了，很多问题还是难以解决。往往是这件事情还没有做完，另一件事情又来了，按下葫芦浮起瓢，整天跟在学生们后面收拾乱摊子。一天下来，筋疲力尽，焦头烂额，疲惫不堪，那些美好的想法不知什么时候早跑到"爪哇国"去了。

班主任接手一个新班，尤其是新任班主任，面临千头万绪的事务，有一些忙乱是正常的，但像李老师那样，"整天跟在学生们后面收拾乱摊子"，"一天下来，筋疲力尽，焦头烂额，疲惫不堪"，甚至把原来许多"美好的想法"都抛到"爪哇国"去了，其工作状态、管理绩效难言正常。应该说，发生在李老师身上的这种现象，带有一定的普遍性，值得我们反思。

事有轻重缓急,矛盾有主次之分,"胡子眉毛一把抓",不分主次,疲于应付,是做不好工作的。接手新班,面对大量事务,班主任首先要冷静下来,做一个设计者、谋划者,要思考把班级引向何处,为学生设计怎样的发展蓝图,班主任自身专业发展如何定位,班级组建阶段重点抓好哪些工作,组建基本完成后如何保证有序运行等等。只有这样,班级组建工作才能忙而不乱,有条不紊,运行工作才能平稳有序,高效推进。

一、班级设计

假如你接手一个新班级,要做的第一件大事是什么?尽快认识所有的学生?尽快建立班委会?尽快整顿好班级秩序?尽快在学生面前树立起权威?这些工作是需要做的,但不是"第一件大事"。班主任要做的第一件大事就是对新接手的班级进行总体设计。

凡事预则立,不预则废。一位优秀班主任用诗意的语言写道:"班级设计不是平面化的一纸蓝图,而是在师生心中矗立的一座大厦;班级设计不是工匠孤芳自赏的作品,而是师生共同创作的智慧结晶;班级设计不是独角戏的舞台,而是群星荟萃的天地。班级是我和学生们组成的家,精心设计好这个家是我和学生们的重要职责,是我要做的第一件大事。"

什么是班级设计?从前面这段诗意的描述中,我们可以解读相关内涵:班级设计不是"平面"的,而是"立体"的,包括学生、班级、班主任等诸方面的要素;班级设计不能"一言堂",而要"群英会",充分发挥班主任和全体学生的主体力量;班级设计不应流于"纸上功夫",而要"矗立"于"师生心中",成为全体师生的一致追求;班级设计不能唱"独角戏",而要做到"群星荟萃",致力于班主任和所有学生的共同发展。

(一)学生成长设计

1. 让学生怀揣希望上路

人生就是一种旅行。当社会和家庭把学生一段非常重要的人生旅程托付给学校、托付给教师、托付给班主任的时候,我们应该考虑这样一个问题:让孩子怀揣着什么东西上路?

先从一个不少人都听说过的故事说起:

在美国纽约,一位名叫亚瑟尔的年轻警察在一次追捕行动中,被歹徒射中右眼和左腿膝盖。三个月后从医院出来的他由原来的高大魁梧、双目炯炯有神的英俊小伙,变成了一个又跛又瞎的残疾人。当记者问他:

"您以后将如何面对所遭受的厄运时?"这位警察说:"我只知道歹徒现在还没有被抓获,我要亲自抓住他。"之后,他不顾任何人的劝阻,历尽千辛万苦参与了抓捕那个歹徒的行动。九年后,在他的积极参与下,那个歹徒终于被绳之以法。令人遗憾的是,不久后亚瑟尔在卧室割腕自杀了。在他的遗书中,人们弄清了他自杀的原因:"这些年来,让我活下去的信念,就是抓住那个凶手……现在,凶手被判刑了,我生存的信念也随之消失了。面对自己的伤残,我从来没有这样绝望过……"

"人是生活在希望之中的。"亚瑟尔现象再一次对这一观点进行了证明。原苏联著名教育家马卡连柯说:"培养人就是培养他对前途的希望。"亚瑟尔现象的发人深思和马卡连柯的谆谆教诲,不能不使人感到班主任在给学生人生希望方面所肩负的责任之重大。

解读当今的教育生活,应该说,大多数班主任都希望让自己的学生怀揣希望上路,但真正能够培养出学生"对前途的希望"的班主任,为数不多。因为,不少的班主任,要么用过于"狭隘"、"短视"、"功利"的升学目标"取代"学生的人生目标,要么用对于小学生尚嫌"空洞"、"缥缈"、"遥远"的理想教育来激励学生,难以在学生心目中构筑起未来的"愿景"。我们认为,要培养学生"对前途的希望",应在"做人"和"发展"这两个关键词上下功夫。

耶稣曾对门徒说:"天国就在孩子们中间。"每一个学生都有自己的潜质,每一个孩子都憧憬美好的明天。学生的心灵世界,是一片如花的海洋,是一块神奇的土地。面对"天国"般的儿童世界,班主任不能"俯视",不能"擅入",更不能"践踏",只能"敬畏",只能"尊重",只能"看护";不应"塑造",不应"改变",不应"授予",只应"激活",只应"唤醒",只应"释放",精心呵护他们心中原本就有的希望种子,让他们生根、开花、结果,在此基础上生成新的希望。

因此,想方设法让学生怀揣希望上路,是压倒一切的教育任务,是班主任的神圣使命,既是学生成长设计的出发点与归宿,也是学生成长设计的应有之义。

2. 为学生指点发展范式

每一个学生都是"具体的个人",具有独特的个性。针对每个孩子的不同特点,引导他们确立不同的发展目标和路径,是学生成长设计的主要内容。

首先,要为学生树立明确的发展标杆。有一所学校用教代会文件的形式颁发了《学生发展性评价方案》,其中,为学生提供的发展标杆非常明确、具体,有全面发展型的奖项评选:学校之星、三好学生;有专项榜样型的奖项评选:优秀学生干部;有特长特色型的奖项评选:礼貌之星、诚信之星、勤劳之星、遵纪之星、公德之星、学科之星、实践之星、科技之星、体育之星、艺术之星、进步之星、服务之星、文学之星、活动之星、爱心之星。仅特长特色型的奖项,就设置了15项,且各班级可根据学生实际自定"星"号名称,在班级交流通过后,上报年级组核查,年级组长把事迹材料报教导处确认。学生根据自身发展情况自主申报,不强求一律,鼓励学生多样化发展,"星"号荣誉获得者的数量不作限制,由各班级通过交流和讨论决定。这样的目标预设,明确具体,不泛泛要求,每一个学生都能找到优势的项目,都能播下希望的种子,都能确立发展的目标,都能增强进步的信心。

其次,要为学生指点个性化的发展路径。多元智能理论告诉我们,由于遗传与环境因素的差异,每个人在各种智能上的发展程度有所不同,而且也会以不同的方法来进行统合或糅和,大部分的人都只能在一两种智能上表现出优越的能力。教育生活中,学生的发展范式各有不同,粗线条地划分,有品德善良型,有成绩突出型(其中又有门门优秀和单科突进之分),有能力突出型(其中又有综合能力、单项能力、"怪才"之分),有全面发展型。班主任要根据学生的实际,引导他们设计适合自身的发展范式并有效实施,才能最大限度地促进他们的发展。

3. 让档案伴随学生成长

成长档案,可以规划学生的发展方向,可以记录学生的校园生活,可以展示学生的最佳成果,可以体现学生的成长轨迹。它不仅是一种成长记录和评价方式,还是一种学习工具和激励手段,成为学生感受成长、体验成功的途径。试想,一个学生在几年以后,翻看自己的成长档案,比较自己入学时和毕业时的书写质量情况,他会体验到日积月累的书写训练是多么重要;查阅自己的获奖证书和发表的作品,他会感受到自己的力量,从而悦纳、相信自己,充满信心地面向未来;回味教师在作业本、素质发展报告书上批阅、评点的点点滴滴,他会以感恩的心铭记,以回报的心努力。成长档案这种巨大的教育力量,是任何说教、规约等评价方式难以比拟的。其原因在于:它很好地体现了过程性,重视了学生的体验,在学生的心灵与行动之间、认知与情感之间,建立了连接。因此,成长档案设计也是学生成长设计的重要内容。

成长档案以展示学生学习最佳成果、描述学生学习与发展过程,以及对学生的发展水平进行评估等为重点。班主任可以根据实际给学生提供一些参考目录,也可让学生自己讨论决定成长档案袋中应放置哪些相关材料。

江苏省海门市东洲小学"学生成长档案袋"目录①

1. 基本情况。姓名、性别、籍贯、出生年月、班级、过程性的身高、体重、视力记载、家庭住址、家庭组成、家长资料(包括工作单位、职务、兴趣爱好、身体、经济、婚姻状况)、教师的变动及简介等。

2. 学初计划。学生对学好各门功课、发展自己的个性所作的设想,量化与模糊要相结合,要特别重视个性化课程的学习。教师与家长都要作好指导,考虑到学生的最近发展区,帮助学生制订出切实可行的学初计划。低年级学生的学初计划可用录音等形式。

3. 各种成绩。这一项可先按学科分类,然后再按比赛的级别分类,级别包括班级比赛、学校比赛、市级以上比赛。要充分重视班级内部的比赛。比赛的内容如运动会、征文、奥数、演讲、小制作、小发明、绘画、书法、舞蹈、武术、音乐等,以及在各种报刊上发表的习作。

4. 进步足迹。能体现出学生成长过程的有关资料均可放入。如学生的画、字、小制作、小发明、照片、小报、优秀作业、优秀作文、社会调查报告、自己设计的语文开放题、数学开放题、获奖证书复印件、期末试卷、古诗词的背诵记载、课外阅读进展情况、对照"十二条习惯"的自我小结、队活动设计方案、东东研究院活动记载、雏鹰假日小队活动记载、兴趣小组活动记载等。放入的时间不限,放入资料的件数不限。对于立体作品或过大作品,可通过拍照收存。

5. 评价。对学生的评价须是纪实性的,具体而明确的,勉励性的,对具有特别不良行为的学生的评价可适当地使用严厉的语气。对低年级学生的评价可用贴星或发"你真棒"的形式。要重视学生兴趣、情感、态度、习惯等方面,关注学生的个性。总之,对学生评价的方法多种多样,欢迎有创意评价。

---

① 黄正平.专业化视野下的小学班主任[M].长春:东北师范大学出版社,2006.61

（二）班级发展设计

班级发展设计的内容众多，涉及到方方面面，有宏观层面的设计，如班级发展类型设计；有中观层面的设计，如班级阶段目标设计；有微观层面的设计，如班名班徽设计。有些内容将在后面的专题中具体阐述，这里仅从宏观层面简要描述。

1. 班级发展类型设计

把自己所带的班级建设成一个怎样的组织，这是一个自觉的班主任首先要叩问自己的问题。现实中的不少班主任，疏于对班级建设进行规划，盲目行动，被动应付，走到哪儿是哪儿，往往过了几年，班级还是老样子，难以发展。

班级发展类型设计，是目标设计，对班级的长远发展进行规划；是内涵设计，追求适合班级实际的内在品质；是个性设计，构思一种特有的班级品牌。

在上一专题，我们依据不同的内涵，把班级大致区为学习型班级、和谐型班级、自主型班级、开放型班级等几种类型。到底把班级建设成哪种类型，没有统一的模式，没有硬性的规定，而应一看价值取向，二看班级实际，三看学生特征。

首先是价值取向。不同的班主任，有不同的教育理念、个性倾向和对于班级的理解，其对班级建设的类型选择会有不同的取向。就以对班级这一组织的理解而言，如果班主任更多地把班级看成是一种学习组织，他往往就倾向于建设一个学习型班级；如果班主任更多地把班级看成是一种社会组织，他往往就倾向于建设一个开放型班级；如果班主任更多地把班级看成是一种生活组织，他往往就倾向于建设一个和谐型班级。

其次是班级实际。不同的班级，生长的土壤是不一样的，地处城市还是农村，沿海还是内地，重点学校还是"薄弱"学校，班级建设的类型设计应有所区别；不同的班级，所处阶段和发展基础是不一样的，处于起始年级还是临近毕业，班风凝聚还是涣散，对班级发展类型的设计也会产生制约。相对而言，起始年级的班级，风气涣散的班级，更需增强其凝聚力和归属感，较为适合建设成为和谐型班级；临近毕业的班级，学风良好的班级，较为适合建设成为学习型班级或自主型班级。

再次是学生实际。一个班级，如果绝大多数学生的学习基础、学习习惯良好，建设成为学习型班级就相对容易；同理，一个班级如果大多数学生品行良好，自觉自主，又有几个素质高、能力强的"领军人物"，往自主型班级的方向引领就相对合理。

2. 班级发展策略设计

班级发展的"愿景"形成后,就必须在发展路径和策略上进行配套设计。阶段目标的厘定、组织形态的构建、管理模式的选择、教育资源的整合、班级文化的营造、主题活动的开展等,都要紧紧围绕拟定的班级发展类型来设计。这些内容将在本书相关的专题中具体阐述。

下面是一个小学班级品牌创建的设计方案,兼有班级发展类型设计和策略设计的内容,值得我们借鉴。

青岛平安路第二小学班级品牌创建设计方案[1]

班　级	四(3)班	班主任	陈琦
品牌名称	彩虹心桥	创建时间	2007.3
班级品牌内　涵	心与心需要交流,本班以"搭建彩虹桥,沟通你我他"为目标,在老师、同学、家长之间,建立起交流的空间,以爱沟通心灵,产生碰撞,擦出信任、和谐、共同进步的火花,促进孩子的发展。		
班级品牌创建目标	1. 造就以爱育人、和谐相处的良好氛围,增强老师对学生的感召力,提高班级教育的整体效益。 　　2. 搞好学生群体与个体心理辅导,培养学生健康向上的心态,增强社会适应能力和抗挫折能力。 　　3. 结合"后进生"、"行为偏差生"的帮教转化工作,加强心理疏导与教育,把心理健康教育与"后进生"转化工作有机结合,提高转化率。		
班级品牌实施计划	1. 给学生一个交流的空间,召开主题班会,使学生理解班级品牌的内涵,建立"彩虹信箱",初步构建学生、家长、任课教师之间的沟通之桥。从学生的来信中发现问题,主动谈心,和学生真情沟通,激发自信,激励上进。 　　2. 根据学校的主题系列活动,引导学生爱同学、爱班级;结合班级实际设立爱心联系本,记录好人好事,定期表扬,鼓励全体学生乐于助人,并逐步形成拾金不昧、尊老爱幼的班级风气。 　　3. 深入到学生当中,了解一下学生之间的活动、交往情况,引导学生之间互相团结,答应同学的事情一定要做到,增强学生之间的信任。教育教学工作中,尊重每个学生的人格,用慈爱、真情去感化他们,启迪问题学生的心灵,培养问题学生的自尊心、自信心,用激励性的语言进行客观的评价。		

[1] http://pinganerxiaosisan.blog.163.com/blog/static/495690792007910329 56156/

续 表

班　级	四(3)班	班 主 任	陈琦
品牌名称	彩虹心桥	创建时间	2007.3
班级品牌实施计划	4. 每周自查一次。学生回顾一周自己各方面的表现，肯定自己的优点；找出自己进步的地方；教师根据他最大的闪光点及长处，用赏识的语言激励他们，使他们感受到成功的喜悦。 5. 小组比赛。以小组为单位，在作业、课堂表现、卫生、纪律等各方面进行比赛，分数在前两名的为"彩虹小组"，促使每个孩子全面发展！采用多种方式表扬学生，如激励性的话语、对学生竖起大拇指等，通过老师的表扬或鼓励，让学生体会到成功的快乐。 6. 班级是个温暖的大家庭，开展团结互助活动，有利于培养学生的责任感和主人翁意识。本学期，我们采取一帮一、结对子活动，建立优等生和后进生之间的交流之桥。优秀同学与后进同学结成对子，讲解错题、抽背课文、指导作文、督促学习、思想开导……对于进步明显的、热心帮助的同学及时进行表扬，实行双方加分奖励。 7. 为了树立孩子们的自信心，鼓励孩子们提高自我，挑战自我，实行"彩虹表扬信"制度。这一举措重在肯定学生的点滴进步。孩子们在不经意间，因为自己优异的表现，能够很意外地得到老师给予的表扬信。这里说到的"意外"，其间包含着老师对学生在校表现的细致观察，从细处着眼，关注每一个孩子。		
班级品牌预期成果展　　示	每周，以奖励介质展示一周中表现突出的爱心小组、个人，为学生提供榜样参考。 每月，利用班、队会总结近期师生、生生、学生与家长之间沟通情况。落实"沟通之桥"是否畅通，并用板报、爱心榜等宣传阵地展示学生对老师、对同学、对家长的爱，使学生在爱的鼓舞中更进一步。 学期末，以主题队会的形式，总结每位学生在小组、班级、学校、家庭中的表现。根据学生的实际能力及特点把握评价尺度；尤其是在表扬学生时，可给予不同方式，多方位、多层次、多角度，能够让表扬也成为教育教学活动开展的有效手段。并根据"彩虹小组"的评比结果和"彩虹表扬信"的数量评选出本学期的"彩虹之星"。		
班级寄语	搭建彩虹桥，沟通你我他		

（三）班主任专业发展设计

在引导学生发展、促进班级发展的同时，班主任也在实现自身的专业成长。班主任的专业发展，不可能一蹴而就，一步到位，而是一个循序渐进、日积月累的过程。作为过程来展开，就需要设计和规划，因此，班主任专业发展设计是班级设计的重要内容。

1. 角色形象设计

班主任的角色形象问题,实际上是一个涉及班主任工作性质与特点、地位与作用的问题。目前,代表性的表述有这么几种:

"中小学班主任是中小学教师队伍的重要组成部分,是班级工作的组织者、班集体建设的指导者、中小学生健康成长的引领者,是中小学思想道德教育的骨干,是沟通家长和社区的桥梁,是实施素质教育的重要力量。"[1]

班主任是学生健康成长的守护者,是班级群体组织的领导者,是学校教育计划的贯彻者,是各种教育力量的协调者。[2]

从班主任与班级的关系看,班主任是班集体的组织者、教育者和管理者;从班主任与学生的关系看,班主任是学生健康成长的引路人;从班主任与学校教育的关系看,班主任是学校管理的中坚力量;从班主任与各方面教育力量的关系看,班主任是协调者。[3]

班主任是全面关心学生发展的主任教师,是学生的主要精神关怀者,是学生发展的"重要他人"。[4]

以上的表述源于文件和著作,都是从应然的角度、倡导的角度来规划和设计的,理论色彩也较浓。在具体的工作实践中,班主任不可能也不应该简单照搬,机械套用,而应结合班级、学生、自身实际,进行个人化、情境化的设计。如刘慧玲老师从实践感悟出发,提炼出了关于班主任角色形象的"个人理论":一个标志性的形象、一个严厉的尊长、一个永恒的宽恕者、一个特别的朋友。[5]

我们认为,班主任进行角色形象设计,要注意两点:

一是由单一化向多样化发展。教育生活中,班主任身处不同的环境,面临不同的任务,所在不同的地位,交往不同的对象,对某一事物不同的理解,以及年龄、性别、知识素养的不同,担当的角色应是多样化的和有区别的。道理很简单,面对学校领导、家长、学生等不同对象,班主任不可能只扮演一种角色;在教室里开班会,班主任担当的自然是教育者、领导者

---

[1] 教育部:《关于进一步加强中小学班主任工作的意见》
[2] 田恒平. 班主任理论与实务[M]. 北京:首都师大出版社,2007. 62~65
[3] 黄正平. 专业化视野中的小学班主任[M]. 长春:东北师范大学出版社,2006. 8
[4] 黄正平. 班主任专业化论纲[M]. 南京:南京大学出版社,2008. 19~29
[5] 刘慧玲. 撑起学生头顶的一片蓝天[EB/OL]. http://blog.sina.com.cn/s/blog_50ff6b2a01008ghv.html

的角色,可是到了操场上与学生一起打球,担当学生伙伴的角色才更为合理。如果担当角色过于单一或是固化,班主任就无法完成基本工作任务,更谈不上促进班级、学生和自身的同步发展。因此,班主任要根据环境、任务、需要等因素,丰富自己的角色类型,提高自己的角色能力。

二是设定主基调。《三国演义》第六十回中,刘备说过这么一段话:"今与吾水火相敌者,曹操也。操以急,吾以宽;操以暴,吾以仁;操以谲,吾以忠。每与操相反,事乃可成。若以小利而失信义于天下,吾不忍也。"从中我们可以解读出这样的内涵:人在扮演的各种角色中,总是透着一种基调,也即人总是以稳定的角色形象立足于世的,轻易不会改变。比如我们常说班主任对待学生要严爱结合,教育生活中,有的班主任给人的印象是爱,有的班主任给人的印象是严,这就是角色形象的基调所引发的。班主任应根据自身特点为自己扮演的各种角色设定一个主基调。

2. 发展范式设计

由于班主任的个性、理念、素质结构和水平千差万别,班主任的专业发展范式也呈现出多样化。任小艾把现实教育生活中的班主任,分为保姆型、警察型、放任型、民主型等类别;有人分析优秀班主任的治班模式,总结出了魏书生的"道家无为而治式",李镇西的"儒家以德而治式",万玮的"法家斗智斗勇式";也有人认为,班主任的专业发展范式有人格范导型、学科专家型、学习指导型、教育引领型、经营管理型等;还有人把班主任分为仁爱型、管理型、智慧型等等。

班主任进行专业发展范式的设计,必须根据各方面实际情况,发扬自身专长,但不故步自封,学习众家之长,但不盲目效仿,合理定位,积极探索,才能找到一条适合自己的专业发展之路。

3. 素质拓展设计

每扮演一种角色,就意味着要遵守一套角色规范,具备一系列工作能力。班主任要扮演多种角色,当然需要在素质拓展方面作出努力。许多文件和著作中,都提到了班主任应具备的素养或是应培训的内容。如:

"根据中小学班主任工作的实际需要,培训内容主要包括班主任工作基本规范、学生心理健康教育指导、班级活动设计与组织、班级管理、未成年人思想道德教育、相关教育政策法规等相关专题。"[1]

"班主任专业素养包括专业情意、专业知识和专业技能。其中,专业

---

[1] 教育部办公厅《关于启动实施全国中小学班主任培训计划的通知》,2006-8-31

情意是前提,专业知识是基础,专业技能是关键,三者构成班主任专业化不可缺一的整体。"①

素质拓展是无止境的,班主任应该在各方面加强修养,不断完善自己的素质结构,不断提高自己的素养水平。但在具体的教育生活中,班主任扮演的角色形象不同,选定的发展范式不同,素质拓展的设计也应因人而异。

对于新任班主任而言,最需要解决的可能是,尽快了解、掌握班主任工作基本规范,尽量积累、提炼自身的教育实践能力;对于有了数年带班经历的班主任而言,最需要拓展的可能是,增强班主任工作的艺术性,提升自己的教育反思能力;对于实践经验丰富的班主任而言,最需要提高的可能是,梳理理念,形成风格,丰富自己的教育研究能力。

二、班级组建

我们看到,有些班级运行不久,就呈现欣欣向荣、蒸蒸日上之势,快速进入班级发展的高深层次;相反,有些班级运行多时,却反复、徘徊,止步不前,深陷浅表层次难以自拔。应该说,"万事开头难",接手一个新班的时候,班主任面临的情况相差不大,几十个学生只是构成了一个松散的群体,一切都处于无序和磨合之中,为何发展的态势迥异?

俗话说,"良好的开始就等于成功了一半",起始工作的成效,往往制约甚至决定全程工作的成败。班主任如能在班级组建阶段找准工作"切入口",果断出手,加强建设,就能使班级建设站在一个较高的起点和平台之上。

(一) 精心准备,做好"第一"

心理学中有很多心理效应,充分正确使用这些效应可以收到良好的教育效果。对于新接手班级的班主任来说,"第一印象效应"显得特别重要。一位心理学家曾做过这样一个实验:他让两个学生都做对30道题中的一半,但是让学生A做对的题目尽量出现在前15题,而让学生B做对的题目尽量出现在后15道题,然后让一些被试对两个学生进行评价:两相比较,谁更聪明一些?结果发现,多数被试都认为学生A更聪明。作为班主任,有许多在学生面前亮相的第一次,做好"第一次"的工作,至关重要。

---

① 黄正平. 专业化视野中的小学班主任[M]. 长春:东北师范大学出版社,2006.35

1. 刻意收拾自己形象——让学生喜欢你[①]

学生对老师的直观评价首先来源于教师的外在形象。一个仪表堂堂，风度翩翩的教师总是能赢得学生的青睐；相反一个拉里邋遢、不修边幅的教师，即使是学富五车，也很难博得学生的垂青。教师的仪表在于端庄，从外在形象能看出他的内在气度。人的审美首先体现在视觉上，仪表能表现出一个人的性格与修养，得体的仪表会让学生对教师"一见钟情"，良好的第一面也奠定了相互了解的基础。

2. 精心设计初次讲话——让学生认识你

教师的知识储备、语言表达能力及其思维往往是通过言语传递的。第一次讲话至关重要。教师可以向学生介绍自己，拉近师生间的距离；可以向学生谈自己的治班思路，达成师生的共鸣；可以向学生表明自己的工作态度，取得学生的信任。无论是诙谐幽默的语言，还是深情并茂的陈述，都是教师个人才智的一次展演，关系到学生对教师个人能力的认可与接受程度。

3. 有意记住学生名字——让学生佩服你

每一位学生都渴望得到教师的关注。教师能在最短的时间内记住学生的姓名，会让学生感到惊讶，学生会认为教师时刻惦记着他们，从而对教师产生由衷的好感。为此，你可要事先备备课，把学生的名字好好地看一遍哟，现在很多学生的名字很奇特，很生僻，很有文化，你最好先查查字典，把每一个学生的名字的发音弄准，否则会闹出笑话的。

4. 用心了解学生特长——让学生感激你

每一位学生都有与众不同之处，他们期盼着自己的特长能发挥出来，更期盼得到赏识，班主任可以通过第一次作业"介绍我自己"，了解学生的基本情况，有效发挥部分学生的特长，让他参与到班级管理中。让学生感受到教师对他们特长的肯定，从而心情愉悦地从事班级服务工作。

5. 潜心制定班级公约——让学生欣赏你

"没有规矩，不成方圆。"开学第一周，是一个新集体行为的养成阶段，教师要对学生进行入学常规教育，让学生知道哪些是自己该做的，哪些是不该做的。作为班级管理，教师首先要引导学生确定班训，这是班级的奋斗目标，是全体成员的努力方向。其次要制定班级公约，作为一种制度来

[①] 陈伦志. http://blog.cersp.com/userlog4/72909/

约束班级成员的行为。在小学阶段,班级公约的制定最好是由教师提思路,班委成员组织,学生来集体拟定。班级公约要有民主性、科学性、激励性。对违反公约的学生要有相应的惩戒措施。

6. 坚持做事言行一致——让学生信任你

开学初,师生间还在互相了解阶段,此时,教师言行举止一定要有分寸。要做到言必行,行必果。要求学生按时到校,教师要守时检查,对学生承诺做到的,一定要做到,这是树立教师威信的阶段。学生将来能否去按照教师的管理思路去落实,很大程度上取决于师生早期认识的可信度。

(二)健全组织,培养骨干

具有完善的内部组织机构和良好的组织形态,是一个集体的重要标志,也是一个集体得以发展的重要前提。班级组建之初,班主任的一项重要任务就是,健全班级组织机构,形成班集体核心,引导班集体内各种组织健康发展。

1. 组织形态的构建

李老师和江老师都是优秀班主任。李老师注重打造精英团队,每届都是挑选考试成绩优秀、学有所长、安分守己、人缘颇好的学生担任班干部。平时耐心教他们怎样开展工作,处理日常事务,还推荐他们阅读《少先队活动》,让他们吸取别人的宝贵经验。此外,每人发一本记事本,记录班中发生的事及他们处理的方法。每星期开一次班干部会议,让大家互相交流、探讨,共同学习优秀干部的新方法、新点子,使他们都具有判断错误与处理问题的能力。这些班干部后来不仅成为班级骨干,而且也成为学校活动的骨干。

江老师本着"个个学有所长,人人全面发展"的育人原则进行了班级组织的多元构建。对于富有个性特长的中等学生甚至问题学生也大胆聘用并培养。每学期班委会进行扩大选举,设常务班长一人,全面负责班级内部管理和对外联络。其他班委成员,如宣传委员、生活委员等,负责条块工作。另外实行值日班长工作制,由全班同学轮流担任,负责一天的班级日常管理,如组织一天的学习文体活动,记载当日的出勤情况、维护自习课和课间的纪律等;负责编辑《班级日报》,对发现的好人好事加以表扬,对违规行为进行登报批评;撰写工作心得,使班务管理透明化。取消学习委员制,拓展科代表的工作平台,由科代表分解学习委员的职责,负责处理、应对本学科学习方面的一切事务。同时根据班级日常工作的性质和劳动量,创建语、数、外等学科学习合作组,配合科代表检查、监督作业的完成和上交;设立"室内环保服务站"和"室外环保服务站",负责日常室内外的卫生清扫、保持;成立"车辆管理别动队",负责每天自行车的摆放、监督上锁等工作;组建"文明言行宣传组",负责班级学生文明言行的宣传和"文明学生"的评选事宜;成立"特别监察组",应对突发事件和学校安排的临时劳动性事务等等,将各种工作分配到个人,奖勤罚懒,天天检查反馈,将精细化管理落到实处。此外,江老师还鼓励学生根据兴趣爱好和个性特点自由组合各种俱乐部,如天鹅舞蹈组、精灵演唱组、真情传送组、明星足球队、七彩绘画组、阳光演讲组等。

两年后,江老师班上呈现出团结向上又朝气蓬勃的氛围,学生的个性得以充分张扬,兴趣得以全面发展,各种荣誉接踵而来,许多学生在省、市、区各类才艺大赛中崭露头角。而李老师的班级虽然整体文明守纪、勤奋好学,却没那么多多才多艺的学生,每次活动总那几张老面孔出场,其余同学只埋头学习,综合能力没能得到很好的发展。[①]

传统的班级组织形态往往呈现出管理层级多、管理人员少、组织类型单一的特点。这种组织形态的好处在于内部等级显明,组织结构清晰、稳定,人员分工明确,便于命令与任务的逐级下达与落实,便于对班级进行管理和控制,能够保持群体生活的有序性。但是,其弊端更多,且显而易见。以上案例中,李老师把班级打造成一个"精英组织",大多数学生沦为"陪衬角色",得不到锻炼和发展的机会;江老师把班级打造成一个"多元团队",有效促进了全体学生的健康发展。

良好的班级组织形态,应该是面向全体学生的,应该是指向发展的。因此,我们觉得,班主任在构建班级组织形态时,应力求体现以下思路:

一是组织的扁平化。班级组织不需要复杂而严密的管理机构,可以简化机构的层级,精简机构的类型,使之扁平化、简单化。扁平化的组织形式一方面能够明确组织成员的责任,简化组织管理的程序,使组织运行更具效率,群体生活更有活力;另一方面,扁平化的组织形式压缩了金字塔的塔尖与塔底之间的层级距离,同时拉近了群体领导者与普通学生之间的心理距离,使群体内部更团结,群体生活更融洽。

[①] 黄正平. 班集体问题诊断与建设方略[M]. 教育科学出版社,2007.7.52~53

二是角色的流动化。固定的角色定位容易使学生产生心理疲劳,逐渐失去进取心和责任心,失去参与和改善班级生活的热情。组织内部的角色流动能够激发学生的责任心,催生学生的新鲜感,使群体生活保持生机和活力。而且,更重要的是,每个角色对学生的要求都是不一样的,角色流动可以激发学生的潜能。

三是类型的多元化。班级正式组织的种类和数量往往是固定的,通常有班队组织、学习小组、宿舍群体等,这些群体承担了班级教育和管理的主要职能,但是同时也限定了学生群体生活的基本空间,使学生的正式群体生活显得比较单调乏味。正因为如此,在很多班级里,无论在丰富性还是在吸引力上,正式群体都比不过非正式群体,其主导性的教育作用大打折扣。针对这一现实,在班级教育和管理中,班主任可以突破惯有的思维和做法,根据学生的实际情况,主动建构不同类型的正式组织,积极发挥非正式组织的正面效应,拓展学生组织生活的空间,增加学生组织生活的选择性,从而使学生的组织生活显得丰富多彩。

2. 班级干部的培养

班干部是班级的核心,是班主任的得力助手。因此,班主任要十分重视班干部的选拔和培养,充分发挥他们在班级中的作用,带动全班同学不断前进,促进班级建设不断深入。

班干部的产生有多种方式:一是任命制。即由班主任推荐和任命。这种形式在班级刚刚组建时比较多见。班主任要摸清本班学生总的情况和每个学生的具体情况,并加以分析,选拔那些德、智、体等方面全面发展、在同学中有一定的威信、具有一定工作能力的学生担任班干部。如果班主任接的是一年级新班,可通过各种渠道进行了解,临时指定有一定工作能力而又热心班上活动的学生为过渡班干部,在实践中加以考验和锻炼,经过一段时间后再进行民主选举,选拔出班干部。二是选举制。即通过学生提名和投票民主选举产生。选举形式可根据学生的年龄特点采取多种多样的方式,比如中低年级学生可采用"投豆豆"活动,看谁背后碗中的豆多,谁就当选。高年级学生可举行候选人竞选演讲,鼓励学生自荐,同学投票选举,获选票多者当选,选出新班委后,举行就职宣誓等活动,为学生施展才华创设公平竞争的平台,有助于培养学生的竞争意识、民主意识和公民意识。三是轮换制。即根据一定的规则,班级干部轮流担任。这种形式的优点在于使更多的学生有锻炼才干的机会,也能培养班干部能上能下的优良作风,增强服务意识。这种制度一般宜结合选举制选出班级干部,实行"短期改选制"或"轮流执政制"。

班干部一经产生,班主任就要对其进行严格要求,悉心指导,做到培养和使用相结合。要加强对班干部的教育引导,让他们树立为同学、班级服务的意识,精诚团结,密切配合;要在集体活动中培养班干部的工作热情,让他们学会设计、组织班级活动,逐步增强工作能力;要引导班干部合理支配时间,处理好学习与工作的关系,全面发展,身先士卒。总之,对班干部既要交给任务,又要教给方法;既要大胆使用,又要小心扶持;既要热情鼓励,又要严格要求;既要在培养中使用,又要在使用中培养。

(三) 建章立制,形成规范

俗话说,没有规矩不成方圆。班级制度是保证班级有序运行的前提条件,是班级组建的重要内容。何谓制度?制度是人们在行为中共同遵守的办事规程或行动准则。班级制度具有客观性,在班级范围内具有普遍的约束力和强制性。从制度存在的形式来看,制度包括正式制度和非正式制度。前者主要指与社会生活直接相关的、各种正式的成文制度,而后者则指各种不成文的、非正式的习俗、惯例等潜规则。

制度管理往往显得比较刚性,但在现代社会,人们更注重管理的有效性,注重把管理的中心从物转向人,更多地探讨人的需要、价值观、创造性、个性、才能等。如何处理好刚性的制度管理和柔性的人文关怀之间的关系,许多班主任往往拿捏不准,处置失当。

我们认为,制度建设与人性化管理本身并不存在矛盾。前者是后者存在的前提条件,后者则是对前者的一种有效补充。班级建设应将刚性管理与柔性管理有机结合起来,做到刚柔相济,往往能带来事半功倍的效果。

事实上,在班级管理中所发生的一些问题,并非是制度和人性化管理出现了矛盾,而是管理者或被管理者不能很好地掌握和理解所造成的。任何人性化的管理绝对不能以违反或放弃制度为代价,否则就有违管理的初衷。而制度也只有在人性化的管理中,才能不断完善和健全。因此,班主任如果着眼于"人"的内在发展需求,把"人"当做教育的目的本身,辩证处理制度管理与人性化管理的关系,班级制度就一定能建设好。

1. 重激励、轻约束的价值取向

班主任制定班级管理制度时,一般会有两种情况:一是控制型,强调制度的约束力。其特征是制订各种形式的量化考核细则、综合考评条例等,并利用规章制度对学生进行有效的控制。这种控制型规章制度好比一个班级的法律,具有很强的约束力。结果是对班上所有学生进行"量化管理",把富有艺术性的班级管理具体化为以分数定量的机械划分,班主任的工作变成机械操作,用统一的指令即可解决学生的问题。这样的制度会导致在班级中出现一种管理主义的倾向,制度权威的维持变成一种目的。在这种氛围里,班主任只关心如何矫正学生表现出来的形形色色的错误行为与利己意识,学生干部只从事监视活动,行使着警察的职能,在监视下被动遵守各种规章的学生,其主体意识被压抑,缺少主动发展动力和能力。因此,这种类型的班级制度对学生的长远发展显然不利。二是人文型,强调制度的激励机制。规章条文中多设激励条文,少设惩治条文,对学生量化考核多加分少扣分,学生犯错往往用人性化惩罚,如罚上台表演节目、罚写说明书等。相对于控制型制度,人文型制度以人为本,尊重、理解和信任学生,给学生以更多的关怀。这种管理制度的用语不会是冷冰冰的,更多的是充满"人情味"的启发、诱导与激励。在这种制度氛围里,班主任在积极人性观的指引下,尊重学生的个性,以生为本,民主管理。学生由"监督对象"成为教育管理的主体,其民主意识、主体性、自我教育能力和健康人格能有效形成。

要体现重激励、轻约束的价值取向,班级的管理制度就必须具备针对性和引导作用,不泛泛而谈,指明学生的奋斗方向,引导学生共同努力;要由班主任和学生共同制定,制度的基础在于共同的"约定",否则它始终只是一种外在于学生的"束缚","有的时候学生自己共同所立之法,比学校所立的更加易行,这种法律的力量也更加深入人心。……自己共同所立之法,从始到终,心目中都有他在,平日一举一动,都为大家自立的法律所影响。所以自己所立之法,大于他人所立之法;大家共同所立之法的力量,大于一人独断的法"①;班级制度表述语言要做到用语规范,意义明确,符合小学生的理解能力,尽量使用人性化的表述语言,避免出现"严禁"、"不"等词语,代之以"请"、"需要"等更具人情味的词语,使学生易于接受。

2. 重实用、轻繁琐的内容设定

制度内容要根据实际需要来制定,具有层次性。所谓层次性,即对处在不同发展阶段的班级和学生提出不同层次的要求,使之切合班级学生的身心特征,符合班级发展的客观规律。班级组建阶段,班级还是一个松

---

① 江苏省教育名篇[M].北京:教育科学出版社,2005.19

散的群体,此时秩序最重要,可在纪律制度、卫生制度等方面提出一些底线要求。班级正常运行阶段,班级骨干力量已较明显,哪些学生可以成为班干部,哪些学生是班级中的积极分子,班主任已心中有数,此时,可以开始建立班级岗位责任制度,建立监督、评价、奖惩制度。班级发展到高级阶段,可以根据班级发展范式制定一些个性化的制度。如果在班级组建之初就不切实际地提出高要求,制度则会成为一纸空文。

制度内容的设定要考虑全面性,但更要注重简约、实用。过于繁琐的条文,过于周密的控制,会使班级"笼罩"在"密不透风"的制度"桎梏"中,不仅使学生发展、班级发展缺乏应有的张力,还会造成学生的无所适从,最终流于形式。

下面是某小学班级在进校、升旗、两操、课堂、作业、课外活动、生活等十个方面提出的制度要求:

一、进校:穿戴整洁重仪表,备齐用品准时到;
　　　　进校说声老师好,相互问候有礼貌。
二、升旗:升旗仪式要搞好,热爱祖国第一条;
　　　　齐唱国歌感情深,肃立致敬要做到。
三、两操:出操集队快静齐,动作规范做好操;
　　　　每天眼操做两次,持之以恒视力保。
四、上课:铃声一响教室静,专心听讲勤思考;
　　　　举手发言敢提问,尊敬师长听教导。
五、课间:课间休息不吵闹,文明整洁要做到;
　　　　勤俭节约爱公物,遵循公德很重要。
六、学习:各门功课要学好,遵守纪律最重要;
　　　　预习复习要自觉,环环扣紧才生效。
七、作业:审清题意独立做,格式规范不抄袭;
　　　　本子整洁字端正,保质保量按时交。
八、活动:科技文体热情高,体魄健壮素质好;
　　　　思想觉悟要提高,班队活动少不了。
九、生活:爱惜粮食要记牢,节约水电不浪费;
　　　　服从管理加自理,遵守纪律觉悟高。
十、离校:值日卫生勤打扫,按时离校关门窗;
　　　　横穿马路站看行,安全法规要记牢。

以上十项制度共 40 个条规,全面简洁,通俗易懂,琅琅上口,好记可行。

3. 重宽容、轻惩戒的执行策略

制度产生后,必须确定良好的执行策略。制定制度的目的是为了教育学生,而不是为了惩罚学生,因此,应该采取重宽容、轻惩戒的执行策略。

首先,针对不同学生,依据因材施教的原则,实施"有限宽恕制"。"有限宽恕制"是班主任基于对学生的理解、尊重和信任,在一定限度内,给予违纪学生宽恕的制度。许多教育家、心理学家在对大量的班级学生行为观察中,发现了一个有趣的现象,那就是典型班级管理中的 80∶15∶5 比例:80%的学生很少违反规则,15%的学生会周期性地违反规则,5%的学生是长期的规则违反者,有时甚至会与这些规则作对。实施"有限宽恕制",就应对三类学生予以区别对待,对于一贯表现良好,偶尔违反纪律的学生,其轻微的违纪行为,如偶尔迟到一次,早操旷缺一次,班主任给予宽恕,不予追究,视同没有违反纪律。实践中这些学生无须班主任提醒,其违纪行为都可以自行矫正。对于周期性和习惯性违反纪律的学生,班主任可与这类学生订立协约,采用系统脱敏法,在约定限度内违纪,教师给予宽恕,超出约定范围的违纪行为则进行处理。如:对于常常迟到的学生,约定允许其在第一周内可以迟到三次,每次不得超过五分钟,第三周开始每周允许迟到三次改为两次,第五周开始每周允许迟到两次改为一次,第六周以后取消。在实施的过程中应注意以下问题:第一,班主任要做好其他同学的解释工作,以免让学生感觉到不公平;第二,为避免其他学生受到影响,此制度实施的范围和违纪的限度必须严格限制;第三,学生违纪免责的行为,违纪的限度,限度递减的时间,必须明确,一经约定不得修改。

其次,教师要以身作则,体现爱的教育。要将班级制度执行好,必须让学生懂得彼此尊重。教师若要学生尊重别人,则自己一定须先尊重学生,尊重每一个学生发展的需要,尊重每一个学生的选择。当学生有侵犯别人的行为发生时,老师一定要加以制止、规劝,但老师给学生的榜样才是最重要的。苏霍姆林斯基为惩罚一个小男孩的好动,将男孩的一只手与他衣服的口袋绑在一起,让他体验手失去自由的痛苦。然而这一天,苏霍姆林斯基也把自己的手和口袋绑了起来,陪伴着男孩。男孩经过这一次惩罚，认识了自己的错误，改正了缺点。其实，学生并不怕惩罚，而是畏惧侮辱，两者的区别在于实施惩罚者心中是否有爱，是否让被惩罚者感觉到了爱。在爱的前提下，以不伤害学生自尊心为基点的惩罚是科学的。

第三，教师要引导学生参与制度的执行。班级制度是师生共同制定的，因此，学生不仅是班级制度的制定者，更是班级制度的执行者，发挥学生的管理主体作用，能有效提升制度的效能。

三、班级运行

一部汽车组装完毕，进入上路运行阶段，要经过加油、预热、启动、挂挡、定向、上路等一系列环节。同样，班级组建完成后，也会面临如何有序运行和发展的诸多问题。

（一）汇聚人心

俗话说：人心齐，泰山移。一个班级的成员如能心往一处想，劲往一处使，班级运行就有了良好的基础。

要汇聚人心，班主任首先要加强学生团队意识的培养。一名专家给一群小学生出了一道智力测试题：在一个罐头瓶里，放进六个乒乓球，每个球用细绳系着，要求在最短的时间里，从瓶里全部取出。几个小组的同学，各人都想在第一时间里从瓶里取出，结果在瓶口形成堵塞，谁也出不去！只有一个小组成功做到了，他们采用的办法是六个人形成一种配合，依次从瓶口牵出乒乓球来。这道测试题考的就是团队有无相互协作精神，就是我们常说的团队意识。

团队意识体现在三个方面：第一，在团队与成员之间的关系上，成员对团队有强烈归属感，成员把团队当成"家"，把自己的前途与团队的命运系在一起，愿意服从团队，愿意奉行团队利益优先的原则，愿意为团队的利益与目标奋斗，愿意与团队结成牢固的命运共同体，共存共荣；第二，在团队成员之间的关系上，成员之间相互协作，利益共享，相互宽容，彼此信任；第三，在成员对团队事务的态度上，表现为成员对团队事务的全心投入。团队充分调动成员的积极性、主动性、创造性，让成员参与管理、决策，成员在处理团队事务时尽职尽责，充满活力，洋溢热情。

刚入学的小学生，心目中还没有团队、集体这个概念，更谈不上有什么团队意识，不能像对成人那样讲定义和深奥的道理，应引导他们知道自己是哪个学校、哪个班级、哪个小组的学生，让他们知道自己不仅是以个人存在,而且存在于集体中,集体就得有纪律、有荣誉,每个人都要尽自己一份力,为集体争光添彩。要通过形象的事例和生动的实践,引导学生形成"班兴我荣,班衰我耻"的班级意识,以及"我为大家,大家为我"的合作习惯。

要汇聚人心,班主任还要不断增强班级的凝聚功能。一个班级,如能让学生感到魅力非凡,难以割舍,则说明其有了凝聚功能。增强班级的凝聚功能,可从以下几个关键方面去努力:一是营造爱的氛围。没有人不愿意生活在一个充满爱的温情家园里,班主任的怜爱,老师的垂爱,同学的友爱,集体的关爱,会使学生对班级产生流连忘返、莫名留恋的感觉。二是构建个性平台。一个学生如能感到他是班级不可或缺的一份子,感到他离不开班级的同时班级也离不开他,那么,他与班级就建立起了难以割舍的联系。班主任要根据学生的特点,设置岗位,明确职责,让每个学生在班上都有一个理想的位置,能发挥才干,展示个性。三是开展特色活动。喜爱活动是少年儿童的天性。组织具有特色的班级主题活动,对于增强班级凝聚力、发挥学生自我教育作用,促进学生个性和谐发展具有重要意义。如开展给学生过集体生日的活动,能激发学生的幸福体验和对班级的强烈归属;开展"奥运精神伴我成长"的系列活动,可以激发学生的爱国热情和成长欲望;等等。

(二) 目标引路

曾有人做过一个实验:组织三组人,让他们分别沿着十公里以外的三个村子步行。

第一组的人不知道村庄的名字,也不知道路程有多远,只告诉他们跟着向导走就是。刚走了两三公里就有人叫苦,走了一半时有人几乎愤怒了,他们抱怨为什么要走这么远,何时才能走到;有人甚至坐在路边不愿走了,越往后走他们的情绪越低落。

第二组的人知道村庄的名字和路段,但路边没有里程碑,他们只能凭经验估计行程时间和距离。走到一半的时候大多数人就想知道他们已经走了多远,比较有经验的人说:"大概走了一半的路程。"于是大家又簇拥着向前走,当走到全程的四分之三时,大家情绪低落,觉得疲惫不堪,而路程似乎还很长,当有人说:"快到了!"大家又振作起来加快了步伐。

第三组的人不仅知道村子的名字、路程,而且公路上每一公里就有一块里程碑,人们边走边看里程碑,每缩短一公里大家便有一小阵的快乐。

行程中他们用歌声和笑声来消除疲劳,情绪一直很高涨,所以很快就到达了目的地。

  提示:当人们的行动有明确的目标,并且把自己的行动与目标不断加以对照,清楚地知道自己的进行速度和与目标相距的距离时,行动的动机就会得到维持和加强,人就会自觉地克服一切困难,努力达到目标。

  班级的运行和发展,如同一段旅程。让这段旅程变得富有意义,让学生跋涉的每一步都充实而愉快,是班主任的神圣使命。以上案例中,第一组的人"走"得很痛苦,"叫苦"、"抱怨"、"愤怒"伴随着他们,"甚至坐在路边不愿走了,越往后走他们的情绪越低落"。为什么出现这样的境况?道理很简单,他们的旅程没有目标,他们感受不到目标的召唤,无法体验实现目标带给他们的刺激和快乐。第二组的人"知道村庄的名字和路段,但路边没有里程碑,他们只能凭经验估计行程时间和距离",因而他们时而"情绪低落"、"疲惫不堪",时而"振作起来加快了步伐"。他们的情绪出现反复,是因为他们的旅程虽有目标,但目标过于宽泛、模糊,缺乏分解,不够具体,目标的定向、动力功能在他们行走的过程中常常失去作用。第三组的人"走"得非常幸福,他们"不仅知道村子的名字、路程,而且公路上每一公里就有一块里程碑,人们边走边看里程碑,每缩短一公里大家便有一小阵的快乐。行程中他们用歌声和笑声来消除疲劳,情绪一直很高涨,所以很快就到达了目的地"。这个案例告诉我们,要有效地促进班级的运行和发展,必须确立既有长远规划又有具体设计的目标,用目标来引领过程。

  1. 把握目标原则

  方向性。目标犹如航标,指引着航船沿着正确的方向到达彼岸。班级奋斗目标是全班师生共同努力的方向,是全班统一认识和行动的纲领。它应该是国家培养人才的目标和学校教育目标在班级建设中的正确反映。

  激励性。班级奋斗目标,是激励学生为之奋斗的动员令,它在书面表达上应该鲜明具体、生动感人、催人奋进。要不断地根据班级建设的新发展予以充实,不断展现出新的前景,以吸引班级的所有成员,激发他们的责任心、荣誉感;鼓舞大家为达到预定目标孜孜以求,使班级始终朝气蓬勃,不断前进。

  中心性。班级奋斗目标是全班师生为之努力的方向,也是班级工作的出发点和归宿。因此,班级的一切工作都要以它为中心,使大家感到目标不是空的,而是与日常的学习、工作、活动密切联系的。同时,还要经常用它来检查督促班级的各项工作,使之真正成为推动班级建设不断前进的巨大动力。

渐进性。近期目标是依据中、长期目标而设计的;中长期目标又是通过近期目标的不断达成而逐渐实现的。实现奋斗目标不能操之过急,要注意它的渐进性,即一个近期目标实现之后,经过认真总结,及时根据中、长期目标提出新的近期目标,使之成为一个前后衔接,循序渐进、不断提高、不断深化的过程。

可行性。确立班级奋斗目标必须符合学生的生理、心理发展特点,思想觉悟、生活经验及班级发展水平等实际状况。只有适合学生的需要、兴趣和愿望,才会有广泛的群众基础,才会有实现的可能性;否则就难以被全班学生至少是大多数学生所认同,因而也就难以调动学生实现目标的主动性和积极性。

2. 确立分层目标

班级奋斗目标包括学生个人发展目标、班级集体发展目标、班主任专业发展目标,前面已经提及,这里重点讨论班级集体发展目标,可分长期、中期、近期三个阶段来设计。

长期目标。以三个学年度或是整个小学阶段为目标设计时限,一般指向班级建设的最终目标。内容可以是指向学生素质发展的,也可以是指向班级发展的,如"成为学习型班级"、"成为全校文明班级"等。一般用方向性的、较为宏观的表述。

中期目标。可以一个学年度为目标设计时限。如上海优秀班主任余熙海老师,把班级计划中一年建设班集体的目标任务让学生画了一幅画,画面上画着一颗苹果树,树干上写着"一年内建成班集体",树枝上挂着15个苹果,每只苹果上都分别写上一个要求,这就是一年建设班集体的15条要求,其中6只已经涂上黄色,说明已经做到了,这就是形象的"班级中期目标树"。中期目标的表述一般较为具体。

近期目标。指每阶段教育所要达到的目标,一般以半个月或三个星期为目标设计时限。可以体现在专项教育活动的设计之中。如为迎接学校即将举办的运动会,班主任与同学一起商讨工作方案,在精神面貌、竞赛成绩、服务后勤等方面确定目标。

长期目标的实现是一个渐进的过程,班级目标的确立,重点应放在中期和近期上。

3. 务求实现目标

目标是"蓝图",只有实现才有意义。因此,目标一旦提出,就要想方设法实现。以下的措施有助于目标的达成。

一是公示目标,达成共识。据美国心理学界的调查统计,凡事写下来的效果比想的效果好22倍。人们写时往往会写积极的字,而想时却会产生许多消极的想法。因此将目标白纸黑字写下来,贴在显眼的地方,时时提醒和督促,能保持为目标而积极奋斗的心态,这是达成目标最重要的一步。另外,要组织学生经常诵读目标。人对自己重复讲述的话会深信不疑,并产生一种强烈的实现欲望,这是运用了心理学中通过声音与潜意识沟通的原理。

二是搭建阶梯,步步登高。首先,设定目标完成期限。什么时间做什么事情、做到什么程度要一清二楚,没有特殊的事情,不要轻易更改期限。通过设定最终期限,潜意识会被激活来保证在预定的时间框架内完成目标。其次,明确完成目标的获益。写下实现目标的益处,将会发现你的愿望是多么强烈。第三,确定要解决的问题。把现在和目标之间的"挑战"列成一个单子,并把它们按优先顺序排列,然后采取行动去除阻挡目标实现的障碍。第四,设计行动计划。第五,采取切实行动。采取不间断的行动,最终会达到一种势如破竹的境界。

三是善于总结,确立自信。每实现一个近期目标,班主任都要及时进行总结,提炼经验,揭示教训,正确归因,启发引导。及时总结是一个承前启后的环节,不仅体现了一个目标的完成,也意味着一个新目标的承接;及时总结是一个提升品质的环节,会使以后的工作在一个更高的平台上运作;及时总结是一个确立信心的环节,能让学生感受成功的喜悦,积累行动的信心,而信心是实现目标最为宝贵的资源。

(三) 机制管理

特级教师魏书生的治班之道令人惊讶:他担任实验中学校长与书记兼任两个班的班主任,承担两个班的语文教学,一年平均外出开会达4个月之久,却从不请人代上课和代做班主任,但他的班级运行平稳,效率奇高……面对这一切,人们不禁要问:魏书生究竟依靠什么获得了成功?

在魏老师的班上,有一系列机制:竞赛机制、代谢机制、协调机制、督导机制、引导机制、监控机制。他主要不是依靠自己或者班干部来管理班级,而是用机制来管理班级。因此,研读魏书生的治班经验,不难发现这样一个事实,那就是:机制管理,是魏书生治班获得成功的一个不容忽视的重要因素。

用机制进行管理,关键是要形成一系列的机制。下面一个案例,从三个方面探讨了班级管理的运行机制,可以给我们启示。

班级管理的三个机制[①]

班主任工作是一门育人科学,也是一种创造性的劳动。而班集体是培育学生成长的一方沃土,所以班主任班级管理方法的优劣与一个班级班风、学风的好坏有直接关系。总结这几年的班主任工作经验,我的体会是:班级建设也是一项系统工程,必须先抓好其中的三个运行机制。

一、建立班级日常工作量化管理机制。

小学生处于成长发育阶段,心理上有好奇、争胜的特征,日常行为有多重表现,一方面是爱说、爱闹,自控能力差,这给班级管理带来了一定难度;另一方面是好胜心强,很在乎老师和同学对自己的评价,喜欢跟人争高低,想当第一,这是管理好班级的有利因素。如果能将其日常表现纳入量化管理,加以正确引导,不仅可以提高管理效率,而且能尽快使学生养成良好习惯,提高素质,具体做法:

1. 分项打分。即把班级日常工作分为学习、纪律、劳动、卫生、文明等若干项,对每项内容提出具体要求,给定分值。例如"文明"一项包括,见了老师主动问好,说话有礼貌,不说脏话,仪表美观整洁,讲究卫生,不吃零食等内容,各占一分,每周以小组为单位记分考评。

2. 职责明确。全班分若干学习小组,设两名值周班长,轮流值周。各小组长考评本组成员(包括班长在内),值周班长考评各小组长。这种带有监督特征的分层管理,能促进班级建设良性循环,达到全面管理每一位学生之目的。

3. 定期通报。每周班会,值周班长通报各小组积分情况;通报本周个人积分最高的8名学生,记入该周的"逐周评优台"中予以表扬。使学

[①] 张小斌.班级管理的三个机制[EB/OL].
http://cache.baidu.com/c?m=9d78d513d9d431ad4f9a96697d67c0161d4381132ba7a0020ba7843e97732a455321a3e52878564291d27d141cb21d09b2bb2172400476b3cddf883d8ce6cd3569d26763234a914164d312b8cb3026d620e659feaf6ebdfcaf6c&p=8265ca12ba904ea81ebd9b780955&user=baidu

生学有榜样,赶有目标,人人从我做起,向自制迈进。这一制度既调动每一个学生的积极性、自觉性,又加强小组成员之间的团结,从而提高班级的整体素质水平,为创造一个良好的班风奠定了基础。

二、建立班干部选任考评机制。

　　班干部是班集体建设的核心,是班主任的得力助手。调动这部分同学的热情,注意培养并发挥其作用,是树立良好的班风的关键。在班级管理中,我废除了传统的"干部终期制"(一个学生一学期或多学期担任干部职务不变),建立新型的干部选任考评机制,面向全体学生,实行竞争上岗,使每一位学生都有参与竞争的机会,鼓励每一位同学积极参与班级的建设和管理。

　　1. 民主推选,竞争上岗。在学生相互熟悉了解的基础上,采用民主推举方式,让学生提名心目中的带头人,亦可毛遂自荐。然后由被提名者做竞职演说,说说自己对担任班干部的态度以及干好本项工作的计划、措施、活动内容、形式和将达到的目标等。最后全班表决,当场宣布结果。学生对这种方式心悦诚服。这样每一位学生也就都愿意接受并拥护班干部做好工作了。

　　2. 定期考评,吐故纳新。对当选的班干部每四个周考评一次。主要从其工作态度、工作任务完成情况、学习等方面。考评的主要形式:召开主题班会,民主评议,吐故纳新。也就是指考评不合格的班干部要进行再锻炼。做好思想工作,鼓励再次当选。

三、设立班级激励机制。

　　素质教育要求教育工作者激励、教育、关注学生全面发展。表扬和鼓励是激励教育的重要内容。实践证明,表扬和鼓励可以帮助学生重新认识自我,点燃他们努力奋进的星星之火,鼓足他们放飞希望的勇气。具体做法:

　　1. 设立奖项。实行全方位鼓励。每学期设立"优秀"、"最佳"及"单项奖"若干,对不同层次,不同方面表现的学生给予全面评价和鼓励。调动每一位学生的上进心,推出优秀,树立榜样,找出差距,不断改进。

　　2. 定期、不定期的奖励,采取不同形式进行。每学期期中、期末两次全班民主评奖。采用不同的形式进行奖励。例如:奖励学生学习用品;"学习园地"中给予表扬等,引导教育学生全面发展,健康成长。

总之,运行"三个机制",班主任必须把好关,当好"领航员"。小学生年龄小,可塑性强,自制力差,容易失控,因此,把关尤为重要。班主任一定要细心、全面、周密地安排好每一项工作,万万不能有松懈思想。把班级创建成一个文明守纪、团结互助、勤学上进的班集体。

我们认为,班级的机制建设是一项系统工程,到底形成哪些机制,班主任可以根据班级特点进行选择和建设。从有利于班级运行的角度而言,有这样几项机制是必须要加强建设的:一是岗位责任机制。做到人人有事做,事事有人做。二是激励机制。小学生是需要表扬、鼓励的,使用得当能有效解决小学生学习、生活、工作的动力问题。三是力量整合机制。依靠班主任单打独斗,教育力量太过单薄,可通过建立家长委员会、聘请校外辅导员等方式形成教育力量整合机制。四是评价机制。评价能起到引导、调节、激发等杠杆作用,用发展性评价的理念来建构评价机制,能保证班级和学生始终走在健康的发展道路上。

(四) 班务处理

班务工作千头万绪,纷繁复杂,班主任如果缺乏清晰的思路,不能从整体上梳理、把握,必然陷入事务的"泥潭",疲于应付,忙于招架,不仅影响班级的有效运行,还会破坏工作的积极心态。

1. 班务工作的基本内容

班务工作,大致可分为三部分内容,即常规事务性工作、协调性工作和决策性工作。

常规事务性工作,是班务工作中最为基础、需要反复处理的部分,又可以分成常规性工作和事务性工作两类。常规性工作,具有定期性、计划性的特点。如入学教育、考试安排、节庆活动、学生考勤、干部指导、操行评定、期末评优,等等。这类工作,是学校、班级阶段性工作在班务工作中的具体体现,因此,需要纳入班务工作计划之中,体现出工作的计划性。事务性工作,具有不定期性和偶发性的特点。如组织学生完成学校各部门临时指派的任务,抄报学校各部门需要的各种报表,协助卫生室组织学生体检,协助图书馆和相关部门催还书刊、器材,组织学生参与社会公益活动,等等,这些工作,都是不定期出现的,具有临时性。此外,班主任还要处理大量突发事情和偶发事件。这类工作,由于并非定期出现,并且处理过程具有很强的时效性,因而难以纳入班主任的工作计划当中,但又需要班主任及时完成和处理。

协调性工作,根据其空间特征,可分为内部协调与外部协调。内部协调,指班主任与学校各行政部门、年级组、科任教师、少先队、学生会等的协调工作。外部协调,指班主任挖掘社会教育资源,利用社会教育力量,与学生家长保持沟通、联系,等等。

决策性工作,是指班主任工作中具有战略性和策略性的部分,是对学生和班级在一定时期的发展所作出的规划,以及在具体发展阶段中,为实现发展目标所采取的手段、方法等。如根据班级发展阶段特点和班集体形成规律,确定班级目标,厘定发展路径,选定管理策略;根据学生发展现状和身心规律,制定教育方案,开展引导工作;根据学校的中心工作安排,制定活动方案,积极组织实施;等等。决策性工作具有预见性和规划性等特点。

以上三部分班务工作内容,须统筹安排。忽略了常规事务性工作,许多班务就会处于"搁置"和"失控"状态,班级运行就会陷于混乱;忽略了协调性工作,班务工作就会"游离"在学校系统之外,就难以形成教育合力;忽略了决策性工作,班主任就会忙于应付,难以摆脱"头痛医头,脚痛医脚"、"朝不保夕"的被动状况。

2. 班级日常工作的安排

每日、每周、每学期,该做哪些日常工作,班主任要心中有数,做到丝丝入扣,有条不紊。

班主任的日常工作[①]

班主任日常工作之一——每日班务工作制度

1. 检查学生仪表,督促学生佩戴胸卡,穿校服,穿运动鞋。
2. 早、午均应安排时间到班巡视、观察学生状况,洞察班内学生的情绪、学习气氛、班容班貌等。
3. 掌握学生每日的考勤情况,严格办理学生的请假手续,即时发现流动生。
4. 督促学生履行清洁轮值职责,了解当天的评比结果。
5. 督促学生按质按量完成作业,按时交作业。
6. 及时向科任教师了解上课情况,及时处理本班的偶发事件。

班主任日常工作之二——每周班务工作制度

---

① 黄正平.专业化视野下的小学班主任[M].长春:东北师范大学出版社,2006.29

1. 写好班会课教案,使班务工作有条不紊,顺利开展。

2. 综合本班学生每周的表现,评定每名学生的德育考核成绩,并在班会课上公布。

3. 指导本班开展团队活动、文体活动和劳动。

4. 严格抓好学生的考勤工作。

5. 要求学生每周写一篇周记,班主任要认真批阅,从中了解学生的思想动态。

6. 班会课要注重实效,形式多样,及时针对学生思想实际开展有效的主题班会课进行教育。

班主任日常工作之三——每学期的班务工作制度

1. 班务布置要有五表(座位表、课程表、班干部分工表、清洁轮值表、班文明评比表)。

2. 建立健全的清洁轮值制度和各项纪律制度,使之奖罚分明,严而有格。

3. 班干部会议至少每两周一次,并做好会议记录。

4. 期中、期末布置学生写好总结。

5. 组织学生开展学雷锋做好事活动,并做记录。

6. 密切与家庭联系,定期进行家访,并做记录,对班里每一个学生至少进行一次谈心,并做记录。

7. 要认真听每一位科任老师上本班一节课。

8. 班级外出活动,班主任应事先订好计划,向教务处汇报,活动后也有责任向教务处汇报活动情况。

9. 对本班学生的偶发事件、违纪行为,班主任有责任对其尽心教育,严重的甚至给予处分。但事前应向政教处汇报,并组织好材料供政教处作决定时参考。

10. 做好每学期四次的文明班、文明学生评比工作,并根据评比情况及时总结,教育学生。

3. 班务处理的几点原则

班务工作面广量大,要处置得当,确保高效,我们认为,就整体而言,应奉行这样几项原则:

众人分摊原则。班主任要开"群英会",不唱"独角戏",明确职责,应该由学校相关部门、校外辅导员、家长、干部、学生完成的工作,班主任切不可大包大揽。

抓大放小原则。作为组织者和领导者,班主任应该在宏观上总体把握,在微观上放开搞活。宏观上,如学生的学习、思想和人身安全等,班主任必须亲自抓,亲自管,切不可麻痹大意,掉以轻心;微观上,如卫生、黑板报及一些文体活动等,班主任就应该"放权",让学生自己组织。

轻重缓急原则。班主任工作千头万绪,许多时候要"日理万机",有时不得不根据事情的轻重缓急有取有舍,有所为有所不为。需要马上处理的事务,当断则断,果断出手;那些不重要又不紧急的事情,可以适当放一放,有些棘手的事务,当时处理可能会引发冲突,激化矛盾,不妨采用"缓兵"之计,进行"冷处理"。

具体事务的处理,可参见以下短文。

班级事务处理之浅见①

1. 事发时,宜冷不宜热

事发时,作为班主任要顾及到自己的感情带来的负面效应,用理智战胜情感,采取冷处理,大事化小,小事化了。

2. 事发后,宜静不宜动

事件发生后,大多数学生的心理往往是很敏感的,不可忙于采取行动,而是要静下心来思考,想想为什么会发生这样的事情,寻找解决问题的有效方法。

3. 处理事件,宜深不宜浅

处理事情时,一定要细心寻找根源,做好深入的调查、了解,决不能敷衍了事。

4. 处理态度,宜真不宜假

处理态度要诚恳,能与学生开诚布公地交谈。有意识地引导学生认识自己的错误,把问题解决得完美。

5. 处理尺度,宜宽不宜严

现在的学生大都是独生子女,自尊心强。他们要求独立自主,不喜欢别人的管教。老师在处理时要把握好尺度,要宽容为怀,能不处罚的决不

---

① http://cache.baidu.com/c?m=9f65cb4a8c8507ed4fece7631046893b4c438014769d96027fa3c2148e25011c0207b8e7727c4777938327365ff85e5c9da367346c5e7ca09abcdb0a9bc0c43f2efe23327b1a8544069644ef9d4932b122872debb86996ad803684afa2c4ae2744bb53120bf7e7ff591715ba7880122690a28e39174867cc&p=8b2a922988934ea858b5c9271747&user=baidu

处罚。有句话说得好：有时宽容引起的道德震动比惩罚更强烈。

专 题 小 结

本专题主要讨论了三个问题：
1. 班级设计
2. 班级组建
3. 班级运行

基本要点是：

凡事预则立，不预则废。班主任接手一个新班，要做的第一件大事就是进行班级设计。从发展的角度而言，班级设计包括学生成长设计、班级发展设计、班主任专业发展设计。俗话说，"良好的开始就等于成功了一半"，起始工作的成效，往往制约甚至决定全程工作的成败。班级组建阶段，班主任要精心准备，做好许多"第一次"的工作，并抓实搭台组阁、建章立制等关键环节，构建良好的组织形态，形成制度育人的态势和格局。班级组建完成后，要通过培养学生团队意识、增强班级凝聚功能来汇聚人心，以目标为导向，以机制为保障，高效处理班级事务，促进班级有条不紊地正常运行。

拓 展 学 习

1. 收集优秀班主任专业发展案例，根据自身情况，对自己作为班主任的专业发展范式、路径进行初步设计。

2. 选择几个小学班级，考察、比较它们的班级组织形态，从生命组织的视角进行分析。

3. 有人说，机制管理是超越了项目管理、职能管理的顶层管理。请思考，如何建立良好的机制做好班务工作？

专题四　班级生活建设

问题情境：不能忽视的冷暴力[①]

在校园里，关于长相、名字的歧视是最普遍的。尤其是在学生心智发展尚不健全，体恤他人感受和自我承受能力都相对薄弱的中小学校园里，这种不经意间的歧视悄悄成为孩子感受最早的伤害。

比较胖的同学被称为"水桶"，比较瘦的同学被称为"泥鳅"，姓周的同学被称为"周扒皮"。一位名字为"朱波"的女生，因长期被人叫做"猪婆"而暗自流泪，而另一位名为"伍亚"的女生则被叫成了"乌鸦"。在调查中记者了解到，一多半的中小学生都有过因为长相、名字被起外号的经历，而其中相当多数人感觉受到了伤害，对此充满反感。

那位叫朱波的女生告诉记者，因为被同学叫"猪婆"，原本成绩优秀、喜欢校园生活的她一度对上学产生了恐惧心理，一到学校见到同学心里就发麻，就打鼓。老师上课提问叫到她名字时，也常常会感觉同学都在笑她。甚至升入高中后，仍然会害怕向人介绍自己的名字。尤其是向陌生人介绍自己的名字后，对方的任何一点细微举动都会使她怀疑是不是在嘲笑自己的名字。

……

如果说对长相、名字的歧视一定程度上是一种恶作剧的戏谑的话，对家境、生活习惯、时尚认知等方面的歧视则反映了我们教育过程中某种人文素养教育的缺失。

"你说的是上个世纪的事吧"，"连这也不知道，你真是老古董！""你也懂足球？"类似的语言，经常挂在某些学生的嘴上，他们以此来显示自己的高明、时尚、不落伍，甚至会因此而看不起和嘲笑其他的同学。许多学生反映，他们经常要花许多心思去留意人家的举动，生怕自己掉队、落伍，遭到别人的嘲笑。而那些家境贫寒，性格内向，举止拘谨的同学，则不可避

[①] 邹少菲.校园歧视：不能忽视的冷暴力[N].青年时讯，2007-11-2

免地沦为被其他同学嘲笑的对象,在大庭广众之中抬不起头来。

……

更有甚者,在某些学生中这种歧视甚至演变成排斥和孤立其他同学的倾向。有的学生容不得与自己生活方式习惯有异,家境较差或者成绩落后的同学,动辄给他人冠以侮辱性称谓,加以羞辱;并且在学习、日常活动中公然排斥、孤立这样的同学。某小学五年级的孙同学,在班里的成绩常常是倒数第一,被同学嘲笑为"尾巴"。平时,同学不肯同他做游戏,甚至不愿同他坐一条凳子。

对于中小学生来说,集体生活是消解矛盾的最好容器,在集体活动中,通过同学间的友爱互助,可以把很多小的摩擦消除在萌芽状态中。而遭到同学孤立和排斥,缺乏集体关爱,则可能会导致学生心理逆反,抵触甚至仇恨校园生活。一位五年级小学生在日记中写道:"我恨死了那些讨厌的家伙!他们自以为了不起,那些话像刀一样在割我的心,我真想杀了他们!"很难想象这样的句子会出现在小学生的日记里。

给别人取绰号,嘲笑别人的长相、家境和缺点,这些现象在校园、班级里非常常见。而在班级研究中,这些现象通常被称为"亚文化",这一方面标示着这些现象并不占据主流,另一方面也意味着这些现象被视作相对次要的东西。经验告诉我们,这些现象在班级中的确不是主流,但是,这并不意味着这些现象并不重要——当被嘲笑的学生在日记中写下"我真想杀了他们"时,问题已经变得很严重了。

其实,在这个问题的背后,潜藏着一个更为深层次的观念问题:班级到底是什么?班级是集体授课制的产物,教学是班级的基本功能,这是不容置疑的。但是,基本功能不是唯一功能,班级具有多重组织功能,除了教学组织外,它还是一个文化组织、社会组织、生活组织……它对于学生身心发展的各个方面产生全面的影响。

班级的教学功能不具有排他性,不能压制、遮蔽其他功能的发挥。一旦班级的教学功能被过度强化,班级生态就会出现失衡,班级就会成为部分学习成绩优秀学生的"俱乐部",既不能有效地促进全体学生的发展,也无法让学生实现全面发展(即便是受宠的部分优秀学生)。上述现象之所以被忽视,主要原因就在于此——当强大的聚光灯打在教学功能之上时,生活功能只能退到班级舞台的暗角,班级生活中出现的这一系列问题因此难以进入班级教育者、管理者的视野,得不到应有的重视。

生活是人社会存在的基本形式,生活质量在很大程度上决定着一个人的自我价值感和幸福感。小学生是发展中的未成熟个体,为他们营造一个健康和谐的班级生活环境,对于他们的成长具有重要意义。在本专题里,我们就着重探讨班级生活建设的一些基本问题。

一、班级是生活组织

说班级是生活组织,主要基于两方面的原因:从应然性角度来看,教育不仅要向学生传授知识,帮助学生学会生活也是教育的目的之一,班级生活建设对于学生的未来发展具有长远价值;从实然性角度来看,班级是学生学校生活的主要场所,班级生活建设对于学生的当下生活具有现实意义。

1. 班级教育要促进学生完满地生活

教育与生活的关系并不是偶然的、外在的,而是必然的、内在的。"生活是一个连续的过程,人不可能在生活进程之外同时进行另一个过程。生活既是教育的起点,又是教育的归宿。教育过程内含于生活进程之中。教育过程作为'特殊的生活过程',乃是受教育引导的个人生活展开的过程。教育指向个人当下的生活并使教育过程成为充实、饱满的生活过程。"[1]从教育发展史来看,教育与生活的关系经历了"笼统整合—分离—重新整合"三个阶段:"在原始社会,教育在人们的生产与生活中产生,教育此时是上代将生产与生活的经验传递给下代的桥梁,有生活便有教育;随着生产的发展,教育从生产与生活中分离出来,成为一个独立的社会机构,有专门从事教育的人,有专门供学习的地方,有专门进行学习的人;随着社会的继续推进,人们越来越发现,这种独立式教育所培养出来的儿童不能适应社会的发展,于是重新提出要将教育与生活整合,这种整合是超越了原始混沌的笼统的整合,是更高水平上的整合。"[2]近代以降,美国教育家杜威提出了"教育即生活"、"学校即社会"等教育思想,而我国著名教育家陶行知则更进一步,提出了"生活即教育"、"社会即学校"的教育主张,教育的生活意义、生活的教育价值同时受到确认,教育与生活的逻辑关系得以建立。

---

[1] 刘铁芳.走向生活的教育哲学[M].长沙:湖南师范大学出版社,2005.1
[2] 朱丽.生活与教育——杜威"教育即生活"与陶行知"生活即教育"之比较[J].北京教育学院学报,2002(4)

不管是"教育即生活"还是"生活即教育",都不能简单地理解为生活是实现教育目的的手段,也不能理解成生活是学校教育的点缀。早在上世纪三十年代,针对这种片面的认识,陶行知先生就指出:"生活教育是生活所原有,生活所自营,生活所必需的教育(Life education means an education of life, by life and for life)。"①更为通俗地说,生活教育的三重含义是:属于生活的教育(education of life),通过生活的教育(education by life)和为了生活的教育(education for life)。首先,教育是属于生活的,是人类生活的有机组成部分,是内含于每个个体生活之中的;其次,教育必须基于生活,通过生活、利用生活开展教育,让教育与生活紧密结合;最后,教育是为了优化人的生活质量,提升人的生活意义,让人的生活更加完满。在生活教育的理念下,"属于生活"是教育的本质,"通过生活"是教育的手段,"为了生活"是教育的目的,生活与教育在手段和方式的关系之上,建构起更为深层、更为本质的联系。

在我国的学校教育中,生活教育职能主要是由班级教育来承担的。从国家课程规划层面来看,生活教育居于十分次要的位置,除了小学的品德与生活课程有所涉猎外,生活教育基本上游离于正式的课程之外。而在晨会、队(团)会、班会、班级主题活动、班主任日常教育等班级活动之中,生活能力培育、人际关系协调、团队精神养成等生活性内容却一直受到关注,在一定程度上弥补了生活类课程不足的缺失。当然,这些活动更多关注的是学生现实生活中存在的问题,很多都带有应对的性质。解决学生的当下生活问题是必需的,但不应成为班级生活教育的全部。班级生活教育还要有更为高远的视野,从学生终身发展的高度出发,帮助学生形成正确的生活观念,学会合理的生活规划,养成良好的生活习惯,掌握丰富的生活技巧,创造多彩的生活艺术,从而为学生完满地生活奠定基础。

2. 班级生活是学生的基本生活方式

根据目前我国的学校教育制度,仅从时间分布上来看,小学生每年有200多天、每天平均有近8个小时是在学校中度过的,学校生活是学生生活的最基本样式之一。班级不仅为学生的学校生活提供了主要的物理空间,而且还营造了交往情境和心理氛围,班级生活因此而成为学生的基本

---

① 陶行知.什么是生活教育[M].胡晓风等编.陶行知教育文集[C].成都:四川教育出版社,2005

生活方式。

在我国的学校教育中,班级是一个相对稳定的、独立的组织。通常情况下,学生、班主任、任课教师、班级组织、教室,甚至学生在班级中的座位安排和角色分工等都比较固定,而且,在现行的学制下,这种稳固的班级组织一般都会运行三至五年。在这种"'团体格局式'的班级建制方式"下,"学生具有明显的'群体式家园'和共处的生活空间,并在师生、生生共处的过程中溢生出诸多生活内容与意义"[1]。长期的共处让师生(特别是学生)对班级产生一种归属感,自觉地把自己视作班级的一分子,与班级、与班级成员建立起难以割舍的情感联系。班级由此生发出了家庭的属性,在知识空间之外,自然而然地营构起了生活的空间和氛围,溢生出生活的内容与意义。

正如片冈德雄在《班级社会学》中所言,很多人对于"班级"、"教室"和"课堂""这三个概念都并不是作出严格的区分的"[2],在日常表述中,用"班级"来指代"教室"的现象非常普遍。的确,作为班级的主要物质环境,教室为学生的班级生活提供了物理空间。虽然教室并不必然地具有生活意义,但是,一方面,生活离不开物理空间,另一方面,相对封闭的教室空间也能形成一种心理暗示:这是我(我们)的。这种暗示让教室这一原本冷冰冰的物理空间具有了情感的温度和价值的向度,为生活的萌芽和生长提供了土壤,催生出了班级生活的要素。当然,"教室"毕竟不等同于"班级",教室空间也不是唯一的班级生活空间,事实上,班级生活空间可以拓展到学校的每一个角落,甚至学校外的一些场所——只要这些空间能够为班级生活所用,有利于班级生活的建设。

人是社会性动物,天然地有和他人沟通、交流,融入一个群体或组织的需要。基于此,人的生活绝不仅仅是"躲进小楼成一统"的自我满足,而需要在特定的人际关系网络中与他人共同生活,呈现出社会性活动的特征。马斯洛在阐述他著名的需要层次理论时说:"假如生理需要和安全需要都很好地得到了满足,爱、感情和归属的需要就会产生",个人"一般渴望同人们有一种充满深情的关系,渴望在他的团体和家庭中有一个位置,他将为达到这个目标而作出努力"[3]。特别是在现代社会,随着社会分工

---

[1] 卜玉华. 当代我国班级生活的独特育人价值及其开发之研究[J]. 教育理论与实践,2008(8).
[2] [日]片冈德雄,贺晓星译. 班级社会学[M]. 北京:北京教育出版社,1993.6.
[3] [美]马斯洛,许金声、陈朝翔译. 动机与人格[M]. 北京:华夏出版社,1987.49.

的日益精细,人与人之间的交往已不仅仅是一种社会性需要,甚至已经成为生存的基础性条件了——任何人都不可能脱离他人而单独生存。中小学生处于社会性快速发展的阶段,他们乐于与他人沟通、交流,渴望融入同辈群体,找到归属感。班级集聚了数十位学生,而且他们年龄相当、经历相近、心理相通、情感相融,相互之间很容易找到共同感兴趣的话题,开展共同喜欢的活动。在这个意义上,班级为学生的交往、交流提供了非常好的条件和情境,促进了学生的人际生活网络的建构和完善。

在当前的社会条件下,班级生活对于学生来说尤为重要。目前,中国已基本进入独生子女时代,孩子在家庭生活中很难找到同辈伙伴,人际生活显得非常单调,同辈生活基本缺失。在这种情况下,班级生活就成了学生同辈生活的主体,成了学生社会性成长的主要载体。

生活是一个复合词,人的生活总是由多重空间组合而成,如个人生活、家庭生活、组织生活、社会生活等。班级是一个小社会,其生活的内容也是多元的、丰富的,从生活的人际范围来看,从不严格意义上,我们大致可以把班级生活划分为个体生活、人际生活、群体生活和集体生活四个不同的层次。

二、班级个体生活

人生活在这个世界上,首先必须满足自我的生活需要,解决好衣食住行等基本生活问题。个体生活是生活的基础,任何一种生活都是开端于个体生活。小学生正值身心发育的关键阶段,在班级生活中,营造适宜的个体生活环境,养成良好的个体生活习惯,提升个体的生活品质,对于他们的健康成长具有奠基的作用。

1. 生活环境的布置

环境是人生活的基础,生活环境对学生的个体生活质量有着至关重要的影响。但是,目前,由于对班级性质与功能认识上的偏差,班级生活还没有引起足够的重视,小学的班级生活环境还不够理想。有个小学生在作文中这样描写自己的班级环境:

一提起我们的教室,那只能用一个字——"挤"——来形容。如果有人问:究竟是怎么个"挤"法呢?那么就请听我慢慢道来。

我们本来就不算宽敞的教室,竟然容纳下75名同学,外加75张课桌、75把椅子,真是"神奇"!只见我们桌挨桌,凳连凳,肩并肩。只能用一个词——"团结"——来形容。即使在寒冷的冬天,我们也不会感觉到冷。当然了,在炎热的夏天就另当别论了。随着我们年龄的增长,身体的发育,教室越发显得小了,就连我们书桌膛都被我们的大腿顶成了"桥形",应验了"只要功夫深,铁杵磨成针"这句老话。

再说我们教室的过道,先不说它有多窄,总之我们人人练成了一身"侧行功",真是厉害。身体"茁壮"的同学我想大腿过去都很困难,所以我们教室基本杜绝了追逐打闹行为,可喜可贺。但是如果坐在后面的同学"不幸"被老师叫到前面来,就惨了,那他就得"跋山涉水,翻山越岭"才能到,真是"辛苦"。咦!谁叫我们学校是全市闻名的重点校呢!即使这么拥挤,我们也无怨无悔,因为我们能在这里学到广博的知识,受到老师良好的教育,我们认为值得!①

尽管这位学生以自己的学校为"全市闻名的重点校"而骄傲,即便生活在这样拥挤的教室中也"无怨无悔",但是,在这样的班级环境中,如果说学生是否真的能够"学到广博的知识,受到老师良好的教育"是非常值得怀疑的话,那么,学生无法拥有良好的生活品质就是确定无疑的事情了。案例中的班级规模很大,有75人之多,而教室又"不算宽敞",以致"桌挨桌,凳连凳,肩并肩",教室显得十分狭窄拥挤。不仅如此,"就连我们书桌膛都被我们的大腿顶成了'桥形'",可想而知,学生身体在成长,但课桌椅却依然如故,对学生的身体发育产生了现实影响。

上述问题并不是孤例,而是比较普遍地存在于小学班级中。即便在社会经济相对发达、办学条件相对较好的广东省湛江市,2002年的调查结果显示,教室玻地比合格率为36.67%;后墙壁反射系数合格率为26.67%;人均占地面积合格率为46.17%;课桌椅分配符合率甚至为0;人工照明灯具未能按卫生要求装置,灯桌距过高;人工照明功率合格率43.33%。得出的结果是"部分学校的设备和课桌椅合格率低,影响学生健康"②。同为发达地区的深圳市2004年的调查也发现了类似的问题,教室人均面积达标率为80.2%,黑板尺寸达标率为88.1%,课桌椅分配符合率为35.2%,噪声达标率为26.2%。③

---

① 孟康桥.拥挤的教室[J].中小学作文教学(小学版),2005(12)
② 张日霖.湛江市部分学校教室卫生学调查[J].中国热带医学,2006(3)
③ 周杰等.深圳市福田区中小学教室卫生现况调查[J].中国校医,2005(12)

要为学生营造一个适宜的生活空间,在班级环境布置上要注意以下几点:

安全。安全是班级环境布置需要考虑的首要因素。如,不能随意改变教室或宿舍的建筑结构,门窗、桌椅、床具、橱柜等要坚固耐用,水电、消防设施要注意保护,室内悬挂物要牢固,室内通道要畅通无阻,等等。

健康。小学生处于长身体的关键阶段,能否提供一个健康的生活空间对于他们来说至关重要。在班级环境布置中,保持良好的采光、照明、通风是首先要考虑的因素。教室课桌椅的高度、间距、排列方式要适宜,特别是要根据学生的身高适时调整课桌椅的高度,不能为了一味追求"统一"、"美观"而让学生"屈尊就驾",损害身体健康。

舒适。在安全、健康的基础上,班级环境布置应尽量做到整洁、美观,富有生活情趣,让学生享受宽松、和谐、舒适的班级生活。在教室空间布置上,我们不妨借鉴发达国家的做法,如在教室里设置一些橱柜,提供给学生使用;在教室里开辟出一块空间,铺上地毯,放上棉垫,让学生在其间游戏、交流或读书;提供一些基本的生活用品,如饮水机、镜子、纸巾等等,不一而足。

2. 生活习惯的养成

班级环境为学生的个体生活提供了外部条件,而要真正过上有质量的生活,还需要学生具有良好的生活习惯。有这样一个流传甚广的故事:

1988年1月18日至21日,75位诺贝尔奖金获得者在巴黎聚会,以"21世纪的希望和威胁"为主题,就人类面临的重大问题进行研讨。在会议期间,有人问一位诺贝尔奖获得者:"您在哪所大学、哪个实验室学到了您认为最主要的东西呢?"这位白发苍苍的获奖者回答:"是在幼儿园。"提问者愣住了,又问:"您在幼儿园学到些什么呢?"科学家耐心地回答:"把自己的东西分一半给小伙伴们;不是自己的东西不要拿;东西要放整齐;吃饭前要洗手;做错了事情要表示歉意;午饭后要休息;要仔细观察周围的大自然。从根本上说,我学到的全部东西就是这些。"

这一故事告诉我们,良好的生活习惯可以让人受益终生。然而,由于目前的学校教育过于偏重知识领域,学生生活领域没有受到足够的重视,致使中小学生在生活习惯上存在着一些普遍性的问题。2005年,中国青少年研究中心发布的"中国城市少年儿童生活习惯研究"课题成果显示,少年儿童的饮食、睡眠、玩耍、运动、媒介接触和卫生习惯等存在着一些问题,有的问题还比较突出,如23%的学生不是每天吃早餐,66.6%的小学生、77.1%的中学生睡眠时间不达标,患近视者达三分之一以上等。[①] 西谚云:"播种行为,收获习惯;播种习惯,收获性格;播种性格,收获命运。"学生生活习惯中存在的问题如果不及时加以解决,不仅会直接影响到学生的生活质量,而且会影响到学生的未来发展,甚至影响到学生的一生命运。

生活习惯既是个体生活建设的目标,同时也是个体生活建设的手段。习惯是一种稳定的自动化的行为方式,而小学生是未成熟的个体,心理不够成熟,感情比较冲动,自制能力较弱,行为还具有一定的随意性、摇摆性,很多习惯尚处于形成之中。学生的未成熟性同时意味着可塑性较强,生活习惯的养成教育具有很大的空间和可能。在班级教育中,要对学生个体的生活行为进行适度的引导和规约,鼓励良好的行为,抑制不好的行为,帮助每一个学生形成良好的行为方式,并在生活实践中不断予以激励和强化,使之经验化、固型化、自动化,进而成为一种习惯。好的生活习惯养成之后,又能对学生的生活产生显存或潜在的约束、规范作用,引导学生生活进入良性循环的轨道。此时,生活习惯又起到了提升生活质量的手段作用。

学生的生活习惯主要包括仪容仪表、言谈举止、饮食起居、待人接物等方面。这些方面都是日常的,因此看起来普通而琐碎,但同时,"日常"的另一层含义是伴随生活每一天,如果这些日常的习惯没有培养好,那么,对学生将来一辈子的生活可能都会产生不利影响。作为成人世界派往儿童世界的"全权大使",班主任有权利,也有责任对学生生活习惯的养成进行积极的引导。在对学生生活习惯进行干预的过程中,班主任在理念和行为上要做到三个转变:在目标上,要"从'圣人'走向'公民'",基于学生的生活实际,不作不切实际的"高大全"式的要求;在过程中,要"从'速成'走向'养成'",要进行"润物细无声"式的持久涵育;在方法上,要"从'外塑'走向'内化'",从规范教育走向自我教育。[②] 此外,在主体上,要从"集体"走向"个体"。集体的生活习惯固然重要,但是,一方面,个体

---

① "中国城市少年儿童生活习惯研究"成果发布[ED/OL]. http://news.xinhuanet.com/edu/2005-01/20/content_2487411.htm(新华网)
② 黄正平. 专业化视野中的小学班主任[M]. 长春:东北师范大学出版社,2006. 117

生活是集体生活的基础,另一方面,生活终究是属于个人的,因此,在班级教育中,要注重"每一个"学生生活习惯的培养。要根据学生具体情况的不同,在基础的、共性的生活习惯之外,对学生进行个别化的引导,帮助他们养成适合自己的生活习惯。

3. 内在生活的提升

学生的外在行为习惯的养成当然是重要的,但是,一方面,外在行为习惯不是学生个体生活的全部,学生还有非常丰富的内在生活需要我们去关注;另一方面,行为是心灵的外铄,没有良好的内在生活作为支撑,外在行为习惯只能是表面的、机械的,很难得到深入和持久的发展。而在教育过程中,班主任通常比较关注学生外在的、"可视"的行为,而经常忽视他们的内在生活,对他们复杂的心理世界不够了解,往往因此酿成悲剧。2005年3月17日,广东省惠州市下埔小学六年级优秀学生阿文跳楼自杀,在关于此事的报道中这样写道:

"到现在我还不能接受这个事实,这么好的一个孩子!"这是马老师回忆起阿文说的第一句话,神情中露出难以掩饰的惋惜和哀痛。马老师是阿文生前所在班级的班主任,阿文是班中74名学生中学习成绩最好的,无论是哪一科,她都学得非常轻松游刃有余。因为发育较早,13岁的阿文个头将近一米六,平时坐在教室的后几排,默默无语。马老师想起,在出事的前一天下午,阿文因为头痛没有去上体育课,她们一起坐在教室里聊天,阿文表现得非常平静和正常,丝毫看不出任何征兆。马老师平时和阿文的家长也保持联系,据她了解,阿文的家长没有给孩子任何的压力,所以到现在她都觉得阿文的死是一个很大的问号。

发生这样的事情,从教多年的马老师感到难过的同时,也感到了前所未有的震惊和疑惑。[1]

报道还提到,在阿文烧掉的日记残片上有这样的一行字:"不再相信任何人"。这非常明确地传达出一个信息:阿文曾经遭受过巨大的打击,内心深处非常痛苦,非常绝望。但非常可惜的是,她内心的挣扎"父母不知道,老师同学不知道"。案例中的班主任马老师是非常了解阿文的,她对阿文的学习非常清楚:"阿文是班中74名学生中学习成绩最好的,无论

---

[1] "遗言":不再相信任何人——一个优秀学生的非正常死亡[N].重庆晚报,2005-4-18

是哪一科,她都学得非常轻松游刃有余。"同时,马老师也是非常不了解阿文的,如果她真正走进了阿文的内心深处,她就不会"到现在她都觉得阿文的死是一个很大的问号",不会"感到了前所未有的震惊和疑惑"了。

　　德育专家李镇西曾谈到有这样一种"也许不是个别的"班主任:"抓班级事务可谓巨细无漏,一天下来往往身心俱疲。他们每天都和学生在一起,可是他们却不知道学生在想什么;他们的工作越做越细,可是,他们离学生的心灵却越来越远。"①这种班主任精于班级事务管理,长于学生行为规约,对学生的成绩更是了如指掌,但却疏于关注学生内在生活,因此也得不到学生的信任,不仅仅如李镇西所言,很"冤",更重要的是,学生的很多心理、情感问题往往被排除在他们的视野之外,日积月累,小问题积累成大问题,对学生的身心和谐发展产生不利的影响,甚至威胁到学生的生命安全。在学生个体生活教育中,关注行为而忽视心灵,无异于舍本逐末,很难取得好的教育效果。

　　对于人来说,"心灵的秩序"比"行为的秩序"更为重要,因为是心灵支配着行为,而不是相反。中小学生的心灵世界比较单纯,同时也显得尤为脆弱。自身成长的烦恼,现实生活的挑战,纷繁世界的侵扰……都会在他们的心灵中留下阴影,如果不及时地加以疏导和排解,心灵秩序就会慢慢紊乱,心理病灶就会悄然形成,内在生活品质就会逐渐下降。在班级生活中,班主任是成年人,具有丰富的生活经验和社会经验,具有理性的分析能力和引导能力,有责任,也有能力帮助学生建立心灵秩序,树立正确的人生观、世界观、价值观,形成良好的情感、态度和心理品质,学会全面、辩证的思维方法,帮助学生提升内在生活的质量和品位。

　　行为是可以观察的,而心灵则看不见、摸不着。班主任要对学生的内在生活进行引导,首先必须走进他们的内心世界。小学生比较敏感,走进青春期的高年级小学生更是有叛逆心理,对处于"强势"地位的班主任怀有天然的戒心,不愿轻易敞开心扉。班主任要走进学生的内心世界,首先必须尊重他们,理解他们,宽容他们,爱护他们,以平等的姿态、平视的眼光与他们沟通交流,用心灵打动心灵,用真情换取真情,取得他们的信任。在此基础上,班主任才有可能介入学生的内在生活,担负起"心灵导师"的责任。

---

① 李镇西.我是孩子最信任的人吗?[J].河南教育(基教版),2007(1)

三、班级人际生活

从广义上来看,人际生活是指所有与他人、组织的交际、交往行为和状态,包括下文将要论述的班级群体生活和班级集体生活;而狭义的人际生活是发生在人与人之间、个体与个体之间的。本书所说的班级人际交往取的是狭义,是指学生和班主任、教师及同学之间的交际、交往行为和状态。

人总是生活在关系网络之中的,需要在交际和交往中实现与他人的沟通、交流、合作。但是,由于独生子女家庭人际关系过于简单、班级学习竞争过于激烈等原因,很多学生在人际关系的处理上都存在问题,严重的甚至患上了"社交恐惧症",生活质量受到很大影响。把班级人际生活纳入班级教育的视野,已经成为刻不容缓的事情。

1. 师生人际生活

师生人际生活是班级人际生活的基本内容。班级是班级授课制的产物,教育教学功能是班级的基础性功能。为了实现这一功能,教师与学生之间要开展经常性的交往活动,以架设教育桥梁,拓展教育场域,实现教育沟通和理解,使学生在教师的引领下实现社会化发展和个性化成长。

当然,师生之间的人际交往不同于一般的社会性人际交往,而是一种教育交往。在知识日益走向多元和开放的时代,教师的知识权威地位不断受到挑战,教师的角色正在悄然由"课堂的主宰"向"平等中的首席"转换;在知识权威支撑下的"授—受"式、单向度的传统教学模式已经不适应时代的要求,对话式教学蔚然兴起。在这种语境下,教育交往中的教师和学生都取得了主体地位,"师生关系不能用'主体—客体'互动模式来加以解释,它属于主体际交往关系"[1]。事实上,交往带有交互性,只有可能在主体之间产生,传统教育模式下作为教育主体的教师对作为教育客体的学生发号施令,充其量不过是一种教育支配。

师生教育交往要追求一种水乳交融、和谐共生的境界。知识传授仅仅是教育的一部分,促进学生在道德、情感、行为等方面实现多维度的和谐发展,才是教育要追求的最终目标。因此,师生教育交往不能仅仅停留在"言传"层面,而要建立起相互间精神层面的密切联系,以教师健全而高尚的人格、道德、情操对学生施以积极的教育作用。退一步来看,即便是

---

[1] 潘洪健.师生关系:发展性主体际交往关系[J].西北师大学报(社会科学版),2000(2)

在知识领域,师生间如果能建立良好的情感联系,也能有效提高教师在学生中的威信,使学生产生积极"向师性",乐于接受教师传授的知识,教学效率由此得到提高。相反,如果学生与教师关系紧张,学生对教师会产生恐惧、排斥,甚至是逆反心理,会有意无意地拒斥来自教师的教育,知识传授的效果也就不言而喻了。

师生之间和谐、融洽的交往不仅对学生有利,而且也能促进教师的专业发展。教育是一种实践性劳动,教师的发展固然需要理论引领和知识支撑,但是,只有理论和知识是远远不够的,没有教育现场中的摸爬滚打、锻造历练,理论和知识只能是空中楼阁,很难有效地提升教师的专业水平。学生是教师的教育对象,同时,在某种意义上,教师也是被学生"教育"出来的——正是在与不同学生的教育交往中,教师的教育经验逐渐丰富,教育水平不断提高。师生之间建立和谐、融洽的交往关系,教师能够更加广泛、更加深入地走进学生,"受教育"的机会也就越多,专业成长的资源也就越丰富。正是在这个意义上,我们说,在师生的教育交往中,水乳交融带来的是和谐共生。

考虑到班主任与班级、与学生众所周知的特殊关系,我们有必要专门谈谈班主任与学生的人际交往。

一直以来,我们习惯于把班主任定位为学校指派到班级的行政领导。这种定位放大了学校赋予班主任的行政权力,并将这种权力作为班主任开展工作的主要依据和保障。权力带来的是等级秩序,班主任和学生的多重角色关系被简化为管理者和被管理者的关系,班主任以居高临下的姿态行使着管理职能,学生拥有的自由空间非常狭小,班主任与学生之间的人际关系容易紧张。实际上,班主任不是"官",班主任和学生的关系也不能用一个"管"字来概括。[①] 班主任在学识、能力、阅历等方面占据优势,但是,这种优势并不代表班主任就可以凌驾于学生之上,漠视学生的主体性存在。在班主任与学生的人际关系中,班主任和学生具有对等的交流渠道和表达机会,信息可以自由地在其间流动,班主任既可以对学生提出教育建议,学生也可以对班主任的工作评头论足。这样,在充分交流和理解的基础上,师生关系就容易得到改善。著名班主任任小艾的成长经历就很好地证明了这一点。

---

① 戴联荣.新世纪班主任:从"三G"观念中走出来[A].班华.发展性班级教育系统[C].南京:南京师范大学出版社,2000

初任班主任时,任小艾听从了一个"老教师"的"忠告","开始在学生面前收起笑容,板起面孔,即使是表扬学生,也是一副严肃的表情"。这一招果然"'镇'住学生了",学生看到任小艾"个个畏畏缩缩,处处谨慎小心",但她不在时却"耍两面派作风"。后来有一次,任小艾组织学生去北京动物园参观——

在去动物园之前,我曾想象着小说和电影里的情景:老师走在中间,学生们簇拥在周围,多么令人高兴和自豪!我在公园门口向大家讲明注意事项后,"解散"的话音未落,学生们便呼拉一下散开了,他们三五成群地玩了起来,空旷的场地上只留下我一个人。"怎么和想象的不一样呢?真扫兴,看来,只有一个人逛动物园了。谁让你当初非要当班主任不可呢?"我暗自思忖。孤独的我只好独自一人在园子里四处闲逛。在虎山旁,拥挤的游人好奇地东张西望,打趣地挑逗老虎。忽然间,只听得老虎一声震天动地的怒吼,游人们立刻惊惶失措地跑开了。我呆呆地站在栏杆前,若有所思,如梦初醒!似乎顿悟了学生远离老师的原因。

此后,任小艾深入了解学生,不断反思自我,总结出了"一则、二感、三言、四通、五心、六法"的教育思路和教育技巧,与学生平等交流,让学生参与到班级管理中去,得到了学生的信任,从而"能够与学生民主、平等、和谐地相处"。[1]

客观来看,班主任是成人,又是班级的组织者、教育者、管理者,在与学生的交往中掌握着更多的主动权,而学生则相对弱势。从任小艾的成长历程中可以看出,如果班主任教育观念落后,教育方法专断,学生通常没有对等的权力和力量与班主任进行对抗,通常只能选择屈服。但是,在屈服之外,学生有时也会进行消极对抗,比如上课时"耍两面派",比如在动物园把班主任"晾"在一边,等等。这种消极对抗往往是潜在的,有时并不能引起班主任的注意,但是,随着时间的推移,班主任与学生的关系日渐淡漠甚至是恶化,陷入积重难返的境地。因此,在与学生的交往中,班主任既要积极主动,又要小心谨慎,主动约束自己的权力,自觉反思自己的行为,营造平等、宽松、和谐的人际交往氛围,改善与学生的人际关系。

---

[1] 朱永新.中国著名班主任德育思想录[M].南京:江苏教育出版社,2001.77~95

2. 同伴人际生活

尽管我们强调师生在人际生活中要保持平等的地位,但教育社会学研究表明,家庭和社会无法完全满足学生平等的需要,这种平等只能是一种有限的平等。"在家庭中,学生是受监护人;在学校中,学生是受教育者。这两种地位状况制度性地决定了学生与家长或教师不可能真正形成'平起平坐'的关系。""亲子及师生之间的所谓平等,说到底也只是作为公民的平等与人的平等,这种平等不可能取代或完全弥补亲子之间及师生之间的社会地位差异。"然而学生同辈群体则具有"保护功能","使学生少受或免受成人世界之伤害";具有"发展功能",即"对于学生的社会能力的促进作用"。① 因此,与同辈的交往能有效弥补学生与成人(家长、教师)交往所存在的天然不足,同伴人际生活使学生的人际生活更加丰富,更加完整。

学生与家长、教师的交往是一种受制的交往,学生没有选择交往对象的机会,在交往过程中也往往是弱势的、被动的一方。而在班级同伴人际生活中,学生则拥有比较宽泛的权利:他们可以自行确定交往的目的和动机,自主选择交往的对象、内容和方式,当然,也可以自由拒绝自己不愿意交往对象的交往要求。譬如,在交往动机确定上,可以基于性格的融洽,可以基于爱好的相同,可以基于情趣的相投,甚至可以基于利益的互惠;在交往对象选择上,既可以依据相似性原则,选择与自己在家庭、性格、能力、成绩等方面具有相似性的同伴,也可以根据互补性原则,选择能与自己结成互补、互助、互益关系的同伴。

在班级同伴人际生活中,学生在享受权利带来的自由的同时,也必须承担起相应的责任,如同伴人际关系主要要靠自己去维护,同伴交往中出现的问题主要要靠自己去解决。这种责任在给学生带来压力的同时,对学生的社会化成长具有非同寻常的意义。成长不应是一种被动的、受支配的"催熟",而应是一种主动的、自源性的发展。只有在人际交往中取得了主体的地位,享有了主体的权利,并承担了主体的责任,学生才能(主动或被迫地)获取社会化成长的动力,才能真正实现自发的、内源性的社会化成长。正是因为如此,有学者认为:"以平等为特征的同辈群体在促进学生社会能力发展方面的潜力要大于家庭与学校。"②

---

① 吴康宁.教育社会学[M].北京:人民教育出版社,1998.229~232
② 吴康宁.教育社会学[M].北京:人民教育出版社,1998.232

正因为同伴人际生活对于学生的成长具有多重的价值和意义,在班级教育中,班主任要尊重学生在建立和维护同伴关系中的自主性,而不能加以肆意的、粗暴的干涉。强调这一点并不是杞人忧天,在现实的教育语境中,这种干涉经常会发生。我们不妨来看一个案例:

一位家长在星期一发现儿子上学时磨磨蹭蹭,遂追问是怎么回事,孩子犹豫了半天才道出实情。原来在上个星期二早上,班主任老师召开全班同学会议,用无记名的方式评选3名"坏学生",因有两名同学在最近违反了学校纪律,无可争议地成了"坏学生";而经过一番评选,第三顶"坏学生"的帽子便落到了儿子的头上。这个9岁的小男孩,居然被同学选出了18条"罪状"。当天下午,二年级年级组长召集评选出来的"坏学生"开会,对这三个孩子进行批评和警告,要求他们写一份检查,将自己干的坏事写出来,让家长签字,星期一交到年级组长手中。

该家长当着孩子的面,没有表示什么,签了字就打发孩子去上学。随后,她打通班主任的电话,询问到底是怎么回事。班主任说:"你的孩子是班上最坏的孩子,这是同学们用无记名投票的方式选出来的。"当她质疑这种方法挫伤了孩子的自尊心时,老师却回答:"自尊心是自己树立的,不是别人给的。"并说他们不认为有什么不好,其目的也是为了孩子好。

自从这个9岁的孩子被评选为"坏学生"后,情绪一直非常低落,总是想方设法找借口逃学。①

上述案例中班主任的出发点也许是好的,但是,用这样的方式给一个9岁的孩子安上"坏学生"的"名号",无论如何是难以让人接受的。一是对孩子自尊心的伤害太大,用"摧残"一词来描述毫不过分;二是对同学间正常的人际交往或是应该倡导的人际交往是一种"颠覆",让不知"坏"为何物、"民主"为何物的9岁孩子相互"揭发罪状",推选"祸首",会造成同学之间互相猜疑,人人自危,会使得同学间原本具有的真诚、友谊、信任、安全感,一夕之间荡然无存。即便不考虑这一行为对学生心灵的打击,仅从利弊权衡的角度来看,班主任的这一做法也是得不偿失:一旦学生人际关系陷入紧张,班级也就成了一盘散沙,教育和管理的难度会大大

---

① 朱玉忠.影响班主任的101个经典管理案例[M].沈阳:北方妇女儿童出版社,2007.223~224

增加。

鉴于此,在班级同伴人际生活中,班主任的干预必须遵循两个基本原则:一是底线干预原则。班主任要以旁观者的姿态对学生的同伴交往予以关注,在交往即将触碰正常阈限,可能会产生不可逆转的严重问题之时,应及时介入,进行积极的干预。这要求班主任要有敏锐的观察能力和理性的判断能力,做到既不能过早介入、越俎代庖,也不能过晚干预、亡羊补牢。二是及时应答原则。有时候,学生在同伴交往中碰到了一些问题和困惑,觉得自己无法解决,或者想听听别人的意见和建议,会主动向班主任求助。这时,班主任要积极予以应答,及时满足学生的指导需求,给出明确的意见和中肯的建议。

四、班级群体生活

群体是指"为了实现某个特定的目标,两个或两个以上相互作用、相互依赖的个体的组合"。群体有正式群体和非正式群体之分,正式群体"是指由组织结构确定的、职务分配很明确的群体",非正式群体"是那些既没有正式结构,也不是由组织确定的联盟"。[①] 班级是一个正式群体,不过,由于班级的特殊性和重要性,关于班级这一层面的群体生活,我们将在下节专门讨论。在这一节中,我们重点关注班级内部的正式群体和非正式群体生活。

1. 正式群体生活

班级正式群体主要包括班委会、团支部、队委会、小组、宿舍等,这些正式群体是互相交叉的,学生生活在不同的群体中,充当着不同的生活角色。我国的班级正式群体一般呈现出金字塔式的等级化结构,譬如,班委会的通常结构是:

```
         班长
       副班长
     各类委员
```

---

① [美]斯蒂芬·P. 罗宾斯,孙健敏等译. 组织行为学[M]. 北京: 中国人民大学出版社, 1997. 227

其他正式群体与之类似,至少都有一个居于塔顶的领导者,如团支部有书记,小组有组长,宿舍有舍长,等等。这种群体组织方式的好处在于内部等级明显,组织结构清晰、稳定,人员分工明确,便于命令与任务的逐级下达与落实,便于对班级进行管理和控制,能够保持群体生活的有序性。但是,其弊端也是显而易见的。研究表明,"这种金字塔型正式结构是导致学生形成地位差异观念及权威服从观念的一种重要的'文化资源'"。当这种差异观念及权威服从观念被普遍接受之后,结构的稳定性得以强化,班级学生会逐渐形成"干部阶层"与"群众阶层"。"长期担任班干部(3年以上者)的学生在班级生活中普遍具有较强的成功感,强调积极参与集体活动,并具有较强的要求别人服从自己的权威意志;而无班干部经历的学生则相去甚远。"[1]在这样的群体中生活,处于金字塔底层的普通学生因为在群体中缺乏话语权,很容易失去参与班级生活的热情;而居于上层的学生则容易滋生"官本位"思想,习惯于居高临下地发号施令,难以与群体成员融为一体。这样,学生就会产生分化,群体就会出现裂痕,共同的群体价值观难以形成,群体凝聚力和向心力逐渐减弱,群体生活极易陷于一盘散沙的困境。

针对班级正式群体生活中存在的科层化、等级化的弊病,可以尝试作以下改进。

一是群体组织的扁平化。所有班级正式群体都主要指向一个目标:促进学生的成长。学生成长具有内生性,主要是靠学生的自主建构,而不是靠外部管理来实现的。因此,班级正式群体不需要复杂而严密的管理机构,可以简化机构的层级,精简机构的类型,使之扁平化、简单化。扁平化的组织形式一方面能够明确组织成员的责任,简化组织管理的程序,使组织运行更具效率,群体生活更有活力;另一方面,扁平化的组织形式压缩了金字塔的塔尖与塔底之间的层级距离,同时拉近了群体领导者与普通学生之间的心理距离,使群体内部更团结,群体生活更融洽。

二是群体角色的流动化。在班级正式群体中,固定的角色定位容易使学生产生心理疲劳,逐渐失去进取心和责任心,失去参与和改善群体生活的热情。"流水不腐,户枢不蠹",群体内部的角色流动能够激发学生的责任心,催生学生的新鲜感,使群体生活保持生机和活力。而且,更重要的是,每个角色对学生的要求都是不一样的,角色流动可以激发学生的潜

---

[1] 吴康宁.教育社会学[M].北京:人民教育出版社,1998.282~285

能。著名班主任任小艾从1983年起就在班级里实行了班委会定期轮换制。在她的班上,有一个不爱讲话的学生赵某,"老实得连下课都不离开座位",在班上"是个可有可无的人"。连赵某的母亲也认为"孩子性格内向,是遗传的",对他"是一点办法也没有"。但任小艾却不这么认为,在新一届班委会轮换时,她力荐赵某"入阁",给他锻炼的机会。一个月之后,赵某的"胆子变大了,声音变大了,话也变多了",成为"全班的热点人物"。看到、听到儿子的巨大变化,赵某的母亲高兴地说:"我简直不敢相信自己的眼睛和耳朵,这竟然是我原先的那个儿子吗?"[1]赵某从一个"可有可无的人"成为"热点人物"的事实告诉我们,小学生身心尚未成熟,具有无限的发展可能性,让他们担当不同角色,往往能够培养他们不同的能力,促进他们的全面发展。

三是群体类型的多元化。班级正式群体的种类和数量往往是固定的,通常有班队组织、学习小组、宿舍群体等,这些群体承担了班级教育和管理的主要职能,但是同时也限定了学生群体生活的基本空间,使学生的正式群体生活显得比较单调乏味。正因为如此,在很多班级里,无论在丰富性还是在吸引力上,正式群体都比不过非正式群体,其主导性的教育作用大打折扣。针对这一现实,在班级教育和管理中,班主任可以突破惯有的思维和做法,根据学生的实际情况,主动建构不同类型的正式群体,拓展学生群体生活的空间,增加学生群体生活的选择性,从而使学生的正式群体生活显得丰富多彩。如,在管理型群体之外,班主任可以建立一些项目型群体,给予特定的任务,让学生在合作解决问题、完成任务的过程中实现个性成长和群性发展。有一位小学班主任在班级管理中实行了项目负责制,很好地促进了以任务为中心的班级正式群体建设。他的具体做法是这样的:

班级中实行项目负责制,把班级的各项事务以项目的形式呈现给学生,由全班学生分工或团队负责管理该项目的所有任务,以承担班级事务项目为责任目标。实施策略如下:

(一)项目划分,责任到人

项目管理结构须以任务定义为前提来建立,就是要把班级里每天都存在的和必须做的日常事务划分为每个项目,再让全班同学分担这些项

---

[1] 朱永新.中国著名班主任德育思想录[M].南京:江苏教育出版社,2001.93~94

目。首先把班级工作划分为各个项目。项目划分既要从班级管理的内容方面来分，如学生文明、卫生、作业收交、纪律等，也要从时间上来划分，如早上晨读、课前、课间、课前一分钟、午间、放学等，力求每项事务、每个时间段都纳入项目，有专人负责。然后根据孩子们的兴趣爱好，特长优势，采用自荐、互荐等方式，由每个同学担任其中的一项具体事务，作某个项目的负责人。

（二）项目细化，内容具体

在项目划分之后就要确定每个项目的具体内容，通过老师与全班同学的商议，开学初就在班级中确定每个项目的职责及分工，形成《班级项目职责分工表》，以制度的形式确定下来。有些项目的职责也可以口头约定的形式，让他们明确自己究竟该做什么，什么时候做，怎样做，把每个项目的职责落实到人。专人负责专项，便于指导，也便于检查反馈。

（三）制定标准，考核评价

项目明确，职责清楚了，那究竟项目完成得如何，要达到什么要求，就要制定一些标准，由班级督察组（轮流）对每一个项目的每项工作进行考核、监督、打分，并把此分纳入个人或小组的行为考核中。

1. 讨论制定《班级公约》和《班级考核量化条例》。由全班讨论确定各种项目或行为要求标准，并在以后的每个学期进行调整、完善。

2. 确定、完善检查制度。"今日班长"、班级检查组，对不符合要求的项目进行及时的提醒。如针对某一负责人工作不到位的采取私下个别提醒，带有普遍性的问题在放学前由"今日班长"进行集体提醒，让他们知道要做什么，该怎么去做。并根据考核量化条例进行个人得分记录。

3. 总结评价。

（1）每日一个表扬。在每天放学前，由"今日班长"根据本日情况点名表扬，说明表扬的理由，并让每位同学都记录在家校联系本上。每日表扬，既激励了被表扬的同学，为大家该怎么做树立了真实的榜样，又鼓励学生欣赏他人的长处，促进建立和谐的同学关系。

（2）每周一次反思。在周一晨间谈话时间"诊断"前一周情况，自评或同学互评，并提出新的一周的要求。既有每个人的要求，也有集体方面的要求，这种反思针对性强，有效促进了学生的自我教育。

（3）每月一次总结。开展"我想当司令"的晋级比赛。由士兵开始，到班长、排长、连长……最后到军长、司令。每周由考核项目组积分统计，每100分晋一级，每周累计分数不到100分或超过100分部分可累计到下一周的积分。

这样,班级中的每个成员都是管理者,同时也是被管理者。在互相督促与竞争中使每个学生都参与到班级管理中来,进行班级管理和自我管理。①

舒老师的这一做法的意义不仅仅在于减轻班主任和班干部的负担、激发学生的主人翁意识和积极参与班级管理的热情,更重要的是,每一个项目组都是一个班级正式群体,项目组成员在共同完成任务的过程中能够体会到集体生活的责任和乐趣。在更深层意义上,项目负责制还在一定程度上弥补了班级正式群体中层级固化问题。一方面,相对于整个班级而言,项目组内学生发展水平的分化程度要低一些,学习后进学生的压力得到了相应的减轻;另一方面,虽然每个项目组内依然有优秀者和普通人之分,但是,由于标准多元了,优秀者和普通人的角色也就呈现出相对性:一个学生在这个项目组中是普通人,但是在另一个项目组里可能就是优秀者。单一标准下的两极分化由此转化成了多重标准下的多极并存,淡化了学生之间的差异,学生的自尊心得到了保护,自信心得到了激发,在群体生活中更容易找到归属感。

2. 非正式群体生活

在正式群体之外,班级还存在着形式多样、种类繁多的非正式群体。非正式群体一般没有明确的组织目标和严密的组织结构,维系群体运行的通常是群体成员达成的某种默契,并没有成文的组织规则。从形式上看,班级非正式群体呈现出模糊、自由、松散的状态,但是,事实上,非正式群体对于学生的吸引力和影响力往往要大于高度组织化的班级正式群体。这是因为,班级非正式群体是学生基于共同的需求而自发形成、自主运行的,是学生"自己的"群体。在这个群体中,学生能够得到情感慰藉、观点支撑、价值认同、兴趣发展、特长强化、需求满足……总而言之,能够获得归属感和支持感,享受到自由、快乐的群体生活。

在传统的班级教育和管理视野中,班级非正式群体被视为带有贬义的"小团体",是拉帮结派的产物,是班级不够团结的表现,班主任要么对其进行强力打压,力图瓦解之,要么进行柔性"招安",将之置于自己的控制之下。事实上,班级非正式群体并没有"原罪",总体看来,它的作用是

---

① 舒爱武. 班级项目负责制[J]. 班主任之友(小学版),2008(4)

双向的:"其积极的作用主要有:① 满足学生的交往与表现自我的需要;② 促进班级组织内意见沟通。其消极作用主要有:群体内部的过多接触,容易影响其成员对班级组织活动的参与;群体利益的一味保护,容易导致群体发展成为班级组织内的'独立王国'。"[1]因此,在面对班级非正式群体时,班主任不能戴有色眼镜,存有先入为主的偏见,而要进行深入的观察、理性的分析,在此基础上再决定教育策略。

我们不主张班主任对班级非正式群体生活轻率地予以干预,主要有两个原因:一是因为绝大多数班级非正式群体都是中性或良性的,是三五知己志趣相投、相互依恋的产物。虽然以成人的眼光来看,这种"小圈子"往往显得稚嫩而可笑,也许对学生的成长没有什么明显的促进作用,但是,既然它对学生没有产生不好的影响,那么,不妨站在儿童的立场上,体会他们的感受,尊重他们的选择,让他们在其间自得其乐。二是因为班级非正式群体具有较强的"自治"和"自娱"能力,一般不需要外力的干预。当群体成员达成某种默契之后,他们会自发地维持群体的内在秩序,让群体生活处于动态平稳的稳定状态。即便是出于好意的外力干预,因为不是群体内生的,很难为群体成员所接受,难以发挥预想的作用。相反,外力干预还有可能打破业已形成的群体内部平衡,让群体产生动荡,甚至可以导致群体解体。同样的道理,班级非正式群体在遇到内部问题时,往往也是用自己的方式来解决,进行自我调整和自我修复,外力未必能产生作用。

当然,轻易不要干预班级非正式群体生活并不是让班主任放弃班级教育和管理的责任。当班级非正式群体影响到学生的发展、影响到班级的正常运转,甚至是滑向违法犯罪的边缘的时候,班主任就应该及时予以积极干预。干预的技巧很多,班主任应尽量用"润物细无声"的方式来巧妙化解班级非正式群体中存在的问题,不到万不得已,不要用自己的角色权威来强行压制学生。我们来分析两个案例:

案例一:巧设"离间计"

要想把那些平日"勾结"在一起的同学分开,并不容易,得来些手段。要让他们形不成气候,并且破坏他们的同盟关系,就得"离间"他们。

比如,我与班里的"屠龙帮"(几个游戏高手给自己一伙起的名字)的

---

[1] 吴康宁.教育社会学[M].北京:人民教育出版社,1998.285~286

三个成员进行单独交流,对他们表示寄予希望。在接下来的日子里只要有一人表现好,我就大力表扬,而且声势浩大,让全班同学都知道他确实有上佳表现。而成员中的一人继续"执迷不悟",我逮到机会就加大批评力度,同样也大造声势。这样他们就不能"同舟共济"了,小团体被"瓦解",个体学生教育起来也就容易多了。①

案例二:用网游摆平霸道学生

两年前从武汉市第二师范学院毕业时,蔡青到了一所作文培训机构教书,年薪达10万元,可培训机构只看成绩没有育人过程,让他觉得没有成就感。一年后,他应聘到省实验小学做语文老师,当上班主任。

一开始蔡青就遇上一名棘手学生。"性格刁钻,不懂谦让,上课时如果不让他说完想说的话,会闹得你课都没法上。"最麻烦的是,这孩子在班上搞起小群体,根本不服管。

有一次蔡青听到这群男孩聊天,发现他们爱玩网络游戏跑跑卡丁车,他马上找到这款游戏"练级"。随后,他有意无意地在这个学生面前提起自己的"成绩","他很羡慕,追着问我秘笈,常在我办公室门口探头探脑,可我故意不理他。"

吊足胃口后,蔡青由网络游戏进入正题,说出那学生以前不对的地方,"他先是不好意思地笑,然后点头,最终愿意和我对话了。"谈起这段经历,蔡青的语气和表情里,透出一种孩子般的得意。②

在这两则案例中,两位班主任遇到的都是爱玩电脑游戏、结成小群体的"不服管"学生,但他们选择的教育路径却大不相同,主要表现在四个方面:一是教育姿态不同。案例一中的盛老师是用传统的班主任姿态,居高临下地来面对学生;案例二中的蔡老师则主动向学生角色靠拢,真正蹲下来面对学生。二是教育力量不同。案例一中的盛老师运用的是班主任的权威力量,对学生进行表扬或批评;案例二中的蔡老师则是用自己身上的魅力(玩游戏的成绩)来吸引学生,让学生折服。三是教育方法的不同。案例一中的盛老师是对群体中表现不同的学生分别予以"大力表扬"和"加大批评力度",从而"离间"他们,"瓦解"他们;案例二中的蔡老师则是

---

① 盛青.爱的"战争"[N].现代教育报,2006-11-27
② 郭钦、徐仲书."麻辣教师"迷得学生团团转[N].武汉晨报,2007-9-24

首先让学生对自己产生崇拜心理,然后再顺势进行教育。四是教育效果不同。案例一中的盛老师虽然达到了瓦解学生小群体的既定目的,但由于他是运用班主任的权威,通过"离间"的方式来实现的,案例虽然没有写到学生的反应(这也在一定程度体现了班主任的自我中心主义),但可以合理地推测,一方面群体成员不一定会心服口服,另一方面,他们相互之间也极有可能产生隔阂;案例二中的学生"先是不好意思地笑,然后点头,最终愿意和我对话了",可见,在向师性心理作用的催化下,学生是心悦诚服地接受班主任的教育了。

五、班级集体生活

在通常情况下,我们往往把"班级"与"班集体"这两个概念等同起来,不加区别地使用。但是,如果严格来看,这两个概念之间既有关联,又有区别。"班级,作为一种教学组织形式,是班集体形成的组织基础","班级更侧重于组织名称,而班集体则是一种价值判断,反映组织的性质和水平"。① 把班级建成目标明确、组织健全、制度完善、文化成熟的集体,是班级发展的基本目标。同时,班集体形成之后,它会把师生凝聚起来,心往一处想,劲往一处使,从而产生巨大的能量,把班级推向更高的发展层次。

班级集体生活是一种特殊的群体生活,这种特殊性一方面表现为它涵盖了班级的全体学生,是最大范围的班级生活;另一方面表现为它主要是以集体的形式展开的,具有较强的整合性和发展性,是较高层次的班级生活。简单地来看,班级集体生活可分为课堂生活和课外生活。

在我国的中小学,教学主要是以班级为单位开展的,教学功能是班级的基本功能。日本教育学家片冈德雄在讨论教学活动的因素时认为,除了学习内容、学习主体外,教学活动还有一个重要因素:人际关系。他认为:"展开教学活动的教室,乃是一张由教育者(教师)和受教育者(学生)之间的人际关系以及学生自身之间人际关系交织而成的网络,如果不持有这种观点,就会失去把第一因素的学习内容融化进第二因素的学习主体中去的方法和手段。把学习和教育当做一种社会现象来看的话,人际关系乃是一个关键。"② 在教学中,师生、生生围绕课程展开教育交往,教

---

① 黄正平. 班集体问题论断与建设方略[M]. 北京:教育科学出版社,2007.3~4
② [日]片冈德雄,贺晓星译. 班级社会学[M]. 北京:北京教育出版社,1993.53

学空间与生活空间相互叠加，相互渗透，相互融合，酵化、生成了课堂生活。

　　班级课外生活是班级集体生活的另一重要组成部分。课外生活是一个非常宽泛的概念，涵盖了学生课堂之外的学校生活、家庭生活等，班级课外生活只是其中的一个组成部分，特指以整个班集体为单位的课外生活。班级课外生活主要有两种类型，一是日常性课外生活，如早操、晨会、升旗等；二是主题性课外生活，如主题班会、团（队）日活动、集体劳动、社会实践等。

　　班级课堂生活与课外生活不是截然分开的，它们相互之间在目标、内容、结构上都是相互渗透、相互勾连的。当然，班级课堂生活与课外生活也有比较明显的差异。课堂生活是制度化了的生活，从课堂目标到课堂内容，从课堂组织到课堂调控，都有一些规范性的要求和规定，教师和学生必须在课程框架之内生活。相对而言，课外生活的自由度要大一些，师生在生活目标的规划、生活内容的确定、生活方式的选择、生活节奏的调整等方面都有比较大的自主权，班级课外生活在很大程度上呈现出"班本性"的特点。

　　班级集体生活是一项系统工程，涵盖面比较广，要求也比较高。在班级集体生活建设需要遵循的众多原则中，"真实"、"民主"、"和谐"这三个关键词显得尤为重要。

　　1. 真实性原则

　　教人求真是教育的基本价值取向之一，特别是在以认知为主要目标的课堂生活中，如果不能严格遵循真实性原则，教给学生错误的、虚假的知识，无疑会给课堂生活造成"硬伤"。在课堂教学中，大量的教学内容或者从事实层面，或者从价值层面体现了真实性。教学内容的真实性无疑是课堂生活真实性的前提条件，但是，仅有此是不够的，如果没有真实的教学过程、教学手段，课堂生活的真实性很难得到保证。著名班主任任小艾在报告中多次讲到这样一个故事：

　　有一位优秀的教师在一年级上公开课，讲到了水果的分类，让孩子们说说都有什么水果。孩子们有的说："老师，有苹果。"老师在黑板上写上"苹果"。有的说："老师，有西瓜。"于是老师写上了"西瓜"……各种各样的水果说了很多，过了一会就没人举手了。老师还问："爸爸妈妈经常给你们买水果吃，难道就这些吗？你们再想一想？"沉默了一会，一个坐在角落里的男同学犹豫着举起了手,教师看了一眼,装作没看见。可是听课的老师看见了,就说:"这有一个举手的。"授课教师很不情愿地叫那个男生回答,男生站起来说了一句:"报告老师,回答'香蕉'的同学今天请假没来。"

在这个案例中,教学内容(水果有苹果、西瓜、香蕉等)是真实的,但是,很显然,教师对于教学过程是精心排练过的,哪位同学回答哪个问题、如何回答都是指定的,课堂上师生的互动是一种虚假的互动。这种失真的教学过程虽然看起来很是完美(如果回答"香蕉"的同学没有请假的话),但是,实际上给学生一个非常不恰当的暗示:为了实现目标,过程是可以造假的。这种暗示对于尚不谙世事、对教师有一种天然的崇拜的一年级的孩子来说,负面影响尤其突出。

相对于课堂教学中的虚假,班级课外生活中的"假、大、空"现象更为突出,其虚假性也显得相对隐蔽。譬如,针对班级课外生活,特别是主题活动中普遍存在的美化生活、拔高形象、"圣化"道德、"提纯"情感等虚假现象,班主任一般都有自己的理由:为孩子创造一个更加纯洁、更加美好的生活和发展环境。这个理由无疑是善良而堂皇的,但是,善良的愿望并不等于完美的结果,在信息公开、价值多元、观念民主的时代,想让学生生活在人为营构的封闭的象牙塔内,已经是不可能的了。退一步看,即使成功地把学生"圈养"在经过"消毒"的空间内,也不利于学生的成长——当学生从纯洁的班级生活、学校生活中走出来,面对纷繁复杂的世界时,他们轻则经历一番心灵的震荡,慢慢学会适应社会生活;重则会因"免疫力"的缺乏而被社会生活中潜藏的各种各样"病毒"所侵袭、感染,甚至因此而走上歧途。

在班级集体生活中,把真实的生活还给学生,是帮助学生认识并适应生活的复杂性,培养学生生活"免疫力"和应对力的必由之路。当然,考虑到不同年龄段学生的认知水平、社会分辨力和心理承受力存在差异,可以分层次、有限度地把真实生活引入班级集体生活之中。譬如,对于小学低年级段的学生,可以把一些生活阴暗面作适当的遮蔽,以免对他们的心理形成破坏性冲击和影响。

2. 民主性原则

德国哲学家雅斯贝尔斯认为:"训练是一种心灵隔离的活动,教育则是人与人之间精神相契合、文化得以传递的活动。而人与人的交往则是双方(我与你)的对话和敞亮,这种我与你的关系是人类历史文化的核心。"①班级集体生活当然不应是训练,而应是建立在"你-我"关系基础上的"对话和敞亮",而民主则是这种"对话和敞亮"的基本保证。特别是在社会民主和知识民主都已得到充分认同的背景下,建立在威权基础上的专制的班级集体生活很难得到学生拥护。有这样一个案例:

"六一"国际儿童节前,学校少先队大队要表彰一批优秀少先队员,每个班级有5个名额。

到底该推荐谁呢?我决定用民主选举的办法。在班会课上,全班同学进行了投票选举。

经过公开唱票,结果很快统计出来,排在前4位的是陈逢、戴荔、俞阳、王闻哲。让大家有些为难的是,还有两位同学的票数并列第5。

中队长问我怎么办?我想了想说:"我投一票给他们中的一位,不就解决了吗?"

我刚要投出自己这一票,一个学生举手发问:"丁老师,你为什么要投票?"

"我是你们的老师,我当然可以投票。"我不假思索地回答。

"那,别的老师也可以投票吗?"他紧接着问。

咦,这个问题我倒没有想到,但我很快又想出了一个理由:"我是中队辅导员,理应参加少先队的活动,其他老师不用参加。"

哪知道,立刻又有几只手臂高高卷起来,小家伙们不依不饶:"可是,你应该和我们同时投票,不能等结果出来后再投票。"

我一下子愣住了,学生们能有如此强烈的民主意识,我深感惊讶。尽管当时的我有些尴尬,可仔细一想,学生说得实在是很有道理。

我尊重了学生们的意见,没有投出自己那一票,也没有重新投票。根据投票的结果,我们班向少先队大队反映,请求增加1个名额。

这件事过去很久了,我却难以忘怀。在某种程度上,这是给我上了一节民主教育课。我既为学生们所表现出的民主意识感到欣喜,同时也意识到,身为教师,特别是班主任,迫切需要提高自己的民主、平等意识。长期以来,班主任虽然自称是班级的一员,但却是特殊的一员,对班级的一切事务都有最终的决定权。在貌似民主的形式下,我们既损害了学生真正的民主权利,也可能会挫伤他们稚嫩的心灵。

---

① 雅斯贝尔斯,邹进译. 什么是教育[M]. 上海:生活·读书·新知三联书店,1991. 2

苏霍姆林斯基曾这样告诫我们："请任何时候不要忘记,你面对的儿童是极易受到伤害的。"希望每一位教师都能以民主、平等的观念对待学生![1]

随着社会的进步,小学生的民主意识越来越强,案例中,班主任想临时投票,受到了学生的反对。令人欣慰的是,在案例中,许老师尽管感到尴尬,但并没有对学生进行强权压制,而是尊重了学生的意见,"没有投出自己那一票"。不仅如此,从这件事情上,许老师还举一反三,从这节"民主教育课"中意识到,"身为教师,特别是班主任,迫切需要提高自己的民主、平等意识"。

班级是一个"半自治性组织",一方面要接受来自成人世界的班主任的指导,另一方面需要全体学生参与班级管理。班级的"半自治性"决定了班级集体生活空间不是班主任的"一言堂",而应是全体学生的"议事堂",班主任充当的主要是议事主持人、秩序维护者和争议仲裁者的角色。德育专家李镇西早在上世纪90年代初就开始了班级民主管理的尝试,他引导全班学生制订了"班级法律"——《班规》。值得注意的是,《班规》"不仅仅是对学生的管理,同时对班主任也具有责任监督、权力限制"。《班规》的制订和执行不仅减轻了班主任的工作负担,而且让学生"在民主生活中学民主","让学生在实践中受到民主精神、法治观念、平等意识、独立人格的启蒙教育"。[2] 虽然近20年过去了,现在来看李镇西当时的班级民主管理实验,还是很值得班主任来借鉴。

3. 和谐性原则

日本学者佐藤学主张营构"润泽的教室",他认为："在'润泽的教室'里,教室和学生都不受'主体性'神话的束缚,大家安心地、轻松自如地构筑着人与人之间的关系,构筑着一种基本的信赖关系。在这种关系中,即使耸耸肩膀,拿不出自己的意见来,每个人的存在也能够得到大家自觉的尊重,得到承认。'润泽'这个词表示的是湿润程度,也可以说它是表示了那种安心的、无拘无束的、轻柔滋润肌肤的感觉。'润泽的教室'给人的感觉是教室里的每个人的呼吸和其节律都是那么的柔和。"[3]在"润泽的教

---

① 丁如许.《尴尬的一票》[J].人民教育,2003(20)
② 朱永新.中国著名班主任德育思想录[M].南京：江苏教育出版社,2001.108～114
③ [日]佐藤学,李季湄译.静悄悄的革命[M].长春：长春出版社,2003. 26

室"里,有良性竞争而没有恶性争斗,有意见分歧而没有利益纷争,有个体差异而没有阶层分化……师生共同享受和谐、默契、宽松的班级集体生活。"润泽的教室"是每一个师生都心向往之的,但是,在现实中,班级集体生活中的不和谐因素还有很多,主要表现在两个方面:一是师生之间的冲突,二是学生之间的竞争。

在以班级为基本教育单位的背景下,"师-生"关系构成了班级集体生活的主体关系,班级冲突也因此主要表现为师生之间的冲突。师生冲突本身并不具有价值色彩,处理不当,可能会导致师生之间关系紧张;但如果处理得当,则会成为课堂生活的有利资源,甚至可能成为解决师生分歧、实现相互理解的黏合剂,正如美国社会学家刘易斯·A.科塞所言:"冲突可能有助于消除某种关系中的分离因素并重建统一。在冲突能够消除敌对者之间紧张关系的范围内,冲突具有安定的功能,并成为关系的整合因素。"[1]

毋庸讳言,无论是从生活阅历、人生经验,还是从专业能力、教育权力来看,教师都占据着相对强势的地位,在处理师生冲突的过程中应该更加积极主动。而要妥善地处理师生冲突,最关键的还在于教师如何看待和利用自己的强势地位,是居高临下地俯视学生,还是高屋建瓴地引领学生;是利用学校赋予自己的教育权力打压学生,还是以自己丰富的学识、高远的见解折服学生;是要强化不容挑战的个人权威,还是形成魅力无穷的道德人格;……这些问题的答案是显而易见的。

至于竞争,也有正面和负面的双重作用。班级集体生活需要竞争,适度的竞争对于激发学生的心理动力、促进学生的全面发展具有不可替代的作用。但是,如果竞争超过了一定的限度,发展成为恶性竞争,那么对学生的发展就会造成很大的负面影响。在班级教育中,班主任除了采用不搞成绩排名,组织学生开展互助合作、增进相互交流等方式弱化学生之间的"排他性竞争"之外,还可以引导学生多进行"积累式竞争",即"自己战胜自己,积累努力的成果与培养克己的精神"[2]。当学生把目光聚焦于自我提高、自我超越之后,学生之间的紧张关系就会缓和下来,班级集体生活就会更加宽松、自由、和谐。

---

[1] 宋林飞.西方社会学理论[M].南京:南京大学出版社,1999.326
[2] [日]片冈德雄,贺晓星译.班级社会学[M].北京:北京教育出版社,1993.4

专题小结

本专题主要讨论了五个问题：

1. 班级是生活组织。
2. 班级个体生活。
3. 班级人际生活。
4. 班级群体生活。
5. 班级集体生活。

基本要点是：

班级不仅是学习组织，而且还是生活组织。从应然性角度来看，教育要帮助学生学会生活，班级生活建设对于学生的未来发展具有长远价值；从实然性角度看来，班级是学生学校生活的主要场所，班级生活建设对于学生的当下生活具有现实意义。班级生活主要包括班级个体生活、班级人际生活、班级群体生活、班级集体生活四个层次。班级个体生活品质的提升不仅有赖于班级生活环境的布置，而且还要关注学生生活习惯的养成和内在生活的提升；班级人际生活主要包括师生人际生活和同伴人际生活，师生在人际生活中实现相互沟通、交流、合作；班级群体生活由正式群体生活和非正式群体生活构成，正式群体要实现组织的扁平化、角色的流动化和类型的多元化，对非正式群体生活的认识要全面，干预要谨慎；班级集体生活分为课堂生活和课外生活，班级集体生活建设需要遵循真实性、民主性和和谐性等原则。

拓 展 学 习

1. 班级生活与社会生活有什么关联？又有什么不同？你可以试着思考、归纳一下。

2. 陶行知曾说过：

"生活即教育"，教育极其广阔自由，如同一个鸟放在林子里面。

"教育即生活"，将教育和生活关在学校大门里，如同一个鸟关在笼子里的。

"生活即教育"，是叫教育从书本的到人生的，从狭隘的到广阔的，从字面的到手脑相长的，从耳目的到身心全顾的。

"教育即生活"，是拿教育做生活，好教育固然是好生活，八股的教育也就造成八股的生活。

你如何看待这种观点？请把你的观点和小组同学进行分享。有兴趣的话，可以了解一下美国教育家杜威的"教育即生活"、"学校即社会"的教育思想以及陶行知的生活教育主张，比较二者的异同。

3. 你理想中的班级生活是什么样的？如果用三至五个关键词概括一下，你会选择哪些词语？

专题五　班级文化引领

问题情境：每颗星星都有它的位置[①]

早晨,刚到教室里,就有几个孩子像小鸟似的叽叽喳喳地围拢过来。"国庆的照片怎么贴在'好学星'里?""一定是老师不小心贴错了!""庆庆考试只有一点点分!"

顺着他们的目光,我明白他们说的是教室后面墙壁上布置的班级文化主题板块"繁星点点"的内容。身为班主任的我,把主题画设计成一片浩渺的星空,点点繁星,闪烁其间,有"好学星"、"守纪星"、"文明星"、"卫生星",全班同学的照片分别粘贴在这些星星上。国庆的照片被我贴在"好学星"上了,那里还有班上其他一些同学的照片。他们一定觉得:国庆学习成绩不算好,怎么会贴在"好学星"上,而且是和班上那些成绩出色的同学在一起?

"那你们说该怎么办?"我试探性地问他们。

孩子们快人快语:"最多贴在'卫生星'上面。"

"其实,他还不太讲卫生。"有孩子不同意。

"那怎么办呢?"

"只好就贴在'卫生星'上面了。"最终,孩子们似乎很无奈地统一了看法,确定了国庆照片在主题板块上的位置。

听着孩子们的议论,我感受很深:尽管班级布置的本来目的是给孩子们一个展示自我的舞台,在这个舞台上,每个孩子都有属于他自己的一个位置。但是在我们的潜意识里,这些"星"的亮度是不等的,或亮或暗,透出了我们为师者的价值观,而且这种价值观已经在不知不觉当中渗透进了孩子们幼小的心灵里。

在孩子们看来,"好学星"无疑是最炫目的,而哪些学生可以名列其中,他们自有评价标准。该怎么引导他们?

[①] 朱宇. 每颗星星都有它的位置[J]. 班主任,2008(Z1)

班级文化是学校的亚文化,在课程研究领域中,往往归于"隐性课程"的范畴,对于个体发展起着十分重要的潜移默化的影响。案例中的班主任精心设计了墙壁上的"繁星点点"内容,欲通过这块无声的园地来传递自己的某种教育价值追求——"给孩子们一个展示自我的舞台,在这个舞台上,每个孩子都有属于他自己的一个位置",但是他的教育理念遇到了文化阻隔,并没有被学生理解和认同。究其原因,一方面是我们成人狭隘的、一元论的人才观对小学生潜移默化的影响所致,另一方面就在于班级文化的设计之初,班主任销蚀了学生的自我意识和自主精神,剥夺了学生的话语权。如果班主任在设计"繁星点点"主题板块时,让学生一起参与出谋划策,共同探讨每颗星星的教育意义,那么班主任的教育意图就容易得到学生的领会,而不至于产生师生间教育价值观的分歧,从而影响了班级文化的引领意义。

马克思曾说过:"人创造环境,同样环境也创造人。"班级文化是一种特殊的育人环境,是班级成员在共同的学习、工作和生活中所创造的物质、制度和精神环境的总和。学生自入学以来,大部分时间都处于班级文化的影响下,它的好坏会直接影响到儿童的健康发展。因此,班主任必须重视班级文化的建设。

一、物态空间布置

对于小学而言,班级物态空间主要指的是教室空间。这块空间是教师和学生工作、学习的最主要场所,是学生成长和发展的物质环境,同时也是班风、学风等精神文化的空间物态形式和物质载体。物态空间的组织有序是衡量一个班级文化的最基本尺度。那么,怎样有效地组织教室空间,彰显文化的教育意义呢?根据对小学教育实践的总结,我们认为可以从以下三方面入手。

(一)讲台与课桌椅的摆放

1. 按照国家标准合理摆放

教室空间的格局,往往是通过课桌椅的摆放去实现的。我国中小学教室人数规模普遍偏大。有学者研究发现,班级人数过多,会致使"教室中课桌椅布置摆放不符合国家标准,如前排课桌距黑板<2 m,水平视角、仰角小于国家标准,课桌纵、横间距小于标准要求,后排课桌紧贴墙壁等",由此影响了学生的活动,"导致学生上课时正常教育受顾机会减少,

如发言、朗诵、提问等",不利于儿童的健康成长。① 课桌椅的摆放要符合国家对中小学校建筑设计的规范。

第3.2.1条 教室内课桌椅的布置应符合下列规定

一、课桌椅的排距:小学不宜小于850 mm,中学不宜小于900 mm;纵向走道宽度均不应小于550 mm。课桌端部与墙面(或突出墙面的内壁柱及设备管道)的净距离均不应小于120 mm。

二、前排边座的学生与黑板远端形成的水平视角不应小于30°。

三、教室第一排课桌前沿与黑板的水平距离不宜小于2000 mm;教室最后一排课桌后沿与黑板的水平距离:小学不宜大于8000 mm,中学不宜大于8500 mm。教室后部应设置不小于600 mm的横向走道。

第3.2.4条 讲台两端与黑板边缘的水平距离不应小于200 mm,宽度不应小于650 mm,高度宜为200 mm。

2. 根据教育要求灵活摆放

课桌椅的摆放不仅要符合国家标准,还应随教育要求的不同而灵活摆放。我国从小学到中学,教室布置一直都是一种模式。教室正前方摆放一张高约1米的讲台,讲台下方整整齐齐的"一"字形排列着学生课桌。这种教室空间的布局能够自动地产生一种规训权力,教师和学生所处的完全是一种极为严肃的师道尊严的权威空间。一般来说,这样的空间安排很难激发学生进行真正地自主思考和发言,同时,也很难与教师形成一种民主平等的关系。因此,我们希望讲台与课桌椅的布局不再是师生关系的对垒,而应赋予科学的教育理念,成为师生平等对话与情感交流的舞台。围绕课桌椅的科学摆放问题,已有不少学者和教育实践者对此进行了一些专门探索。20世纪30年代,魏拉德·沃勒尔(Willard Waller)就曾对座位选择与学习者之间的关系作了研究分析。他的观察研究表明,座位的选择并不是随意的,坐在教室前排座位的学生大多是些在学习上过分依赖教师的学生,可能也有部分学习热情特别高的学生坐在其中,而坐在后排座位的往往是些捣乱和不听讲的学生。当代有关座位编排方式的研究则进一步证明,座位编排方式对学习者的学习态度、课堂行为、学习成绩和健康人格均有一定影响。

---

① 李嵘,刘宗宝,马露瑜. 兰州市部分中学校园侵害现况[J]. 中国学校卫生,2004(6)

3. 教室课桌椅的编排方式

我们对教室课桌椅的编排方式进行了总结,概括出七种常见模式:

(1) 秧田编排式

这是国内外学校教室最常见的、最普遍的课堂座位编排方式。因其酷似农田中的秧苗排列,故称"秧田式"。秧田式排列模式最适合于大班教学。采用这种模式时,整齐端坐的学生全部面向教师,注意力更容易集中,学生之间干扰较少,便于知识讲授和学生书面练习,也有利于教师监控全班学生的课堂行为。然而这种排列法的弊端也显而易见。亚当斯(Adams)和比德尔(Biddle)曾对传统的"秧田式"座位进行研究后发现:在教室前排和从教室前排到教室中间的地带其课堂气氛比较活跃,这一块儿的学生参与课堂活动与教师交流的时间和频数明显比坐在教室后面的学生多。但对于座位靠墙和排行靠后者,往往成为教师视觉监控的"盲区"。这部分学生遵守课堂纪律的自觉程度就较差,且容易使学生注意力分散。(见图1)

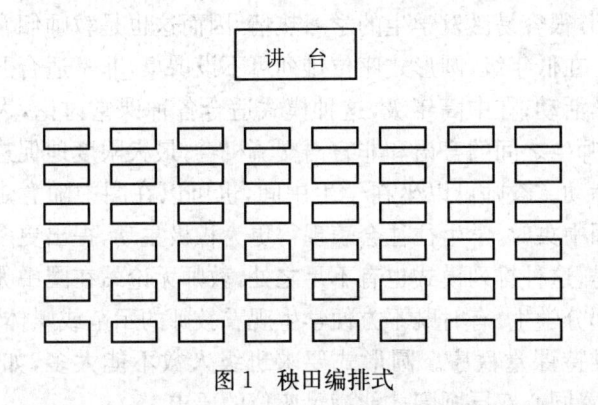

图1 秧田编排式

因此,这种排列模式不利于课堂上师生之间、学生之间的人际交往,学生主体性得不到有效发挥,与新课程改革倡导的平等、互动、合作、探究等教学要求相违背。但是,由于我国人口众多,许多地区的中小学学生爆满,一个班少则五六十人,有的甚至达到上百人,因此只宜采用这种模式。另据国外研究表明,对小学低年级儿童来说,由于学生的知识、经验比较贫乏,尚未养成良好的行为习惯,教师对学生的知识与学习行为要有较多的控制,因此,一般采用传统的座位模式为好。但随着学生年龄的增长,知识经验的增多,学生与学生之间的交往变得十分迫切,这时采用其他的座位编排模式为好。

（2）圆形编排式

圆形式就是学生围坐成一个或几个圆圈，教师则处于教室前方。（见图2）

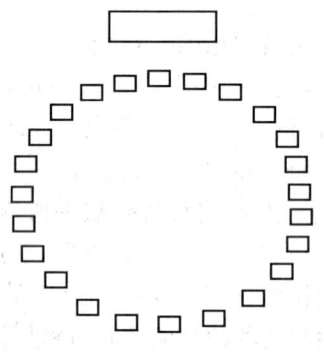

图2　圆形编排式

圆形式排列从空间上消除了座位的主次之分，每个人都能互相看到、互相交流，有利于师生之间、学生之间平等关系的形成，同时拓展了学生的活动空间，很容易激发学生的学习热情，因而这也是教师们常常采用的一种模式。在低年级，圆形式座位排列可不设课桌，非常适合开展带游艺性质的教学活动；在中高年级，这种模式适合各种课堂讨论，大大增加了学生之间、师生之间的言语和非言语交流机会，最大限度地促进学生间的课堂交往活动。教师可以坐在学生中间，也可以在圈中随意走动。当教师站在圆圈中央时，学生往往会表现得更为积极主动，提出更多的观点和想法。但是，这种排列模式也有不足之处，教师无论站在圈中哪个位置都会背对一部分学生，有时既不方便学生观看教师的示范或媒体演示，也不利于教师维持课堂秩序。圆形式要求班级人数不能太多，如果超过40人，必须设置同心双层圆圈才能满足座位的要求。

（3）马蹄编排式

马蹄形排列法就是将课桌椅排列成马蹄的形状，教师则处于马蹄的开口处，也就是常说的U型或W型编排法，如下页图3。这种座位编排模式对于教师而言，可以随时走到学生中央，与学生沟通，有利于增进师生之间的知识与情感的交流，有助于问题讨论和实验演示，同时教师可以站到讲台前，监控全班学生学习状况，突出了教师对课堂管理的控制，发挥了教师的主导作用。对于学生而言，学生在这种U型结构中可以互相对视和倾听，方便学生之间的信息交流。U型中央地带是师生展示的舞台，教学中的各种角色扮演、游戏活动、歌舞表演都可以非常方便地进行。

马蹄式还便于变化编排方式,根据需要,可以迅速地将座位调整成圆形、矩形或双弧型等。这种排列模式适用于教师讲授新课和学生的自学活动,但它对学生的规模有限制,不适合人数较多的班级,一般班级人数不超过30人。如果班级人数达到20人,则采用双马蹄(W型)排列式。

图3 马蹄编排式(U型)

(4) 小组编排式

小组式排列法是将课桌椅分成若干组,每组由4~6张桌椅构成。(见图4)小组编排式在新课程改革后被广泛运用于课堂教学,为学生的自主学习、合作学习、探究学习提供了机会和空间。

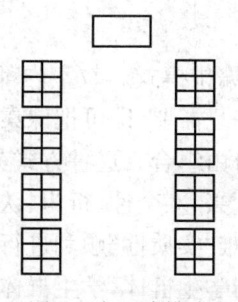

图4 小组编排式

这种编排模式能最大限度地促进学生之间的相互交流和相互影响,加强学生之间的关系,促进小组活动;增加了学生与学生之间的互动,给予学生较多的参与不同学习活动的机会,有利于学生学业成绩的提高以及合作能力、创造能力的培养。同时,教师也便于了解学习情况,必要时还可参与小组的讨论。给学生分组时应注意:将全班学生按学习能力、智力水平、性别、性格、家庭背景等方面的差异进行异质分组,有利于学生取长补短、共同进步。

(5) 对列编排式

对列式借用了"视觉心理学"——坐向效应引发激烈辩论的原理,适

133

合中高年段学生开展课堂辩论活动。(见图5)我们可以将赞成不同观点的学生分列两侧,对教学中较为复杂的问题进行探讨,这种自主交流方式,有助于激发学生的思维,加深对教学内容的理解,同时提高学生的思辨和表达能力。为避免尖锐的对立状态,减轻学生心理压力,可以将对列的一端靠近或相接,成为"V"字型,这样也能起到意想不到的效果,它使学生与教师、学生与学生或横向而坐,或斜线而坐,教学中师与生、生与生视线斜向交错,减弱了对立性,有助于课堂教学工作的组织和开展。如果班级人数过多,也可以将全班分成几个单组对列的单元(类似于分组式)。

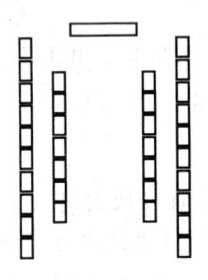

图5　对列编排式

(6) 万向编排式

这是一种理想的座位编排模式。教室内都是"万向轮"的单人课桌,平时按"秧田模式"就座,一旦需要,即可把课桌"万向"组合成任意一种方式,尤其便于分组讨论时自由组合。这种方式灵活,可随时随意变动。一般情况下,同桌的两个学生兴趣、个性、行为、认识水平相差很大,没有"共同语言",那么课堂交往很难"实质性"顺利进行。而"万向"组合则没有这一限制,并且使学生个体与学生群体,学生群体之间交往更多,更能"实质性"进行。在这种安排方式下,在刚开始的时候,班主任可根据学生性格之间的互补性进行建议性搭配,包括骨干力量的搭配,优秀生、成绩不良的学生的搭配,不同家庭背景的学生的搭配,甚至男女生的混合编排等等。随着班主任与学生、学生与学生之间相互了解的加深,班级内的"万向"组合会越来越优化。

(二) 教室墙壁的装饰

苏霍姆林斯基曾经说:"无论是种植花草树木,还是悬挂图片标语,或是利用墙报,我们都应从审美的高度深入规划,以便挖掘其潜移默化的育人功能,并最终连墙壁也在说话。"教师对墙壁进行布置和美化时,应赋予其一定的色彩和教育意识,增强墙壁的育人功能。有老师去英国观察访问,发现英国小学的教室布置可谓"丰富多彩"。教室的外墙、教室的门上、门后、室内四周的墙壁上,甚至天花板上都贴满或悬挂着各种形状、各种颜色的图片、文字资料、数学公式、装饰图案甚至树枝造型等等。内容涉及很广,有学科的知识要点归纳、学生作品展示、班规等。这些作品是由学生或师生合作完成的。这些活泼多彩、蕴含丰富精神内涵的教室文化充分体现了英国小学教育的教育宗旨:发展个人才能和兴趣特长。在我国,小学教师也重视教室墙壁的教育功能,做了很多有益的尝试。

我们学校每个班的人数不多,大概30人左右,学校也特别注重小班教室的环境布置,每个教室的门口处都挂着全班同学的合影照片,教室两边墙壁上悬挂着学生书法作品、手工小报等;教室前后的黑板上方大块字张贴班级宣言,也就是班训,尤让人感觉到成长的责任;最为丰富的就是教室后面的墙壁了,除了期期精彩的主题黑板报,还有学生们的生活照片、优秀作文随笔,每个班自己设计的班徽、班主任寄语等。

1. 教室墙壁的布置原则

(1) 动静结合。有些班级在黑板的两端或教室的两边大都会张贴一些名言警句的条幅和学习栏目,但往往几个月甚至几个学期从不变更,从而大大压缩了教育的容量。而至于黑板上方的国旗班训则最好固定。特别是班训,有些班主任却是每学期更换,缺乏班训的严肃性和教育性。

(2) 图文结合。有些班主任喜欢把教室装扮得五颜六色,既不美观又容易分散学生的注意力,而有些教师布置时则比较单调随便,只有少量的文字内容,不适合学生形象思维比较丰富的特点,缺乏视觉效果。为此在班级布置上要讲究图画与文字的结合。图画尽可能简明,但不要出现与学生年龄不相符的绘画作品,不要出现教育意义比较消极的书法条幅。

(3) 事理结合。大多数教室的后面都有黑板报。班主任在出黑板报时尽可能从丰富学生的知识角度着手考虑,讲究宣传的趣味性、丰富性、知识性,以达到寓教于乐作用。而至于直接的理性教育则尽可能从条幅、班训等方面进行。总之,既不要对学生纯感性地陶冶,也不能纯理性地说教。

(4) 育学结合。有些教师过于重视学科教学,在教室四周到处填满了学科习题答案或与学习直接相关的报纸,而有的教师则过于重视班级的德育教育,教室贴满了班级量化登记表。以上两种做法都有失偏颇。

教室的布置一定要注意教育与教学的结合。

2. 教室墙壁的布置内容

(1) 名人画像或艺术画

把一些历史伟人、民族英雄、革命导师、著名科学家、思想家、文学家等杰出人物的画像，挂在教室的墙壁上。这些人物都是人类的精英，是儿童学生学习的榜样。他们不平凡的一生、伟大的业绩、崇高的人格和光辉的形象都会对学生产生极大的吸引力，容易激发学生对他们的敬仰之情，并对照典范严格要求自己，推动自己积极上进。

悬挂一些艺术画，既可以潜移默化地对学生进行艺术熏陶，又可以提高教室的品位和格调，使学生生活在一个高雅的环境中。

(2) 名言警语

教室墙壁上张贴一些富有哲理的名言警语，如在教室左、右面墙壁的空白处悬挂名言条幅"书山有路勤为径、学海无涯苦作舟"，"知之为知之，不知为不知"，"宝剑锋从磨砺出，梅花香自苦寒来"等名言警语，时刻教育、启发和鼓励学生努力学习，从而营造良好的学习氛围，并激励学生不断地拼搏、进取。

(3) 国旗班训

每一个学校都有自己的校训，一个班级也应该有自己的班训。班训一般置于后黑板正上方的位置上，和前黑板正上方的国旗相对应，这样能时刻提醒、激励学生，使学生在不知不觉中接受这种班级的价值导向，形成一种理想的人格，从而起到"润物细无声"的作用。

(4) 奖状红旗

奖状、流动红旗是一种荣誉，也代表着这个班的历史，是这个班级共同奋斗的结晶。要把它们张贴或悬挂在教室的固定位置并保护好。学生看到奖状、流动红旗可以增进学生的集体荣誉感，激发爱护这个班级的责任心，从而增强班级的凝聚力和向心力。

(5) 学习园地

学习园地是学生展示自我才艺的小舞台，是激励学生进步的精神催化剂，是体现班主任及学生智慧的一个窗口。因此，班主任设计学习园地时应突出班级主题，形式多样，根据实际情况和学生的特长，让每一位学生都能更好地展示自己的才能，如在教室的左（或右）面墙壁的空白处展示学生的手抄报、绘画、作文等作品，让学生交流学习心得。这个小小舞台，将使学生的个性特长得到进一步的发扬，让学生体验成功的喜悦。

(6) 黑板报

黑板报由学生自己定期出版,可以充分发挥他们的聪明才智,既锻炼了学生的能力,也提高了学生的素质。内容上,要结合学校、班级实际,因地制宜。总之,它可在平淡无奇的文字中给你知识,在幽默的话语中阐明道理,在美妙的图文中吟诗抒怀。

(三) 教室角落的布置

1. 图书角

为了有效地抓好课外阅读,激发学生进行课外阅读的兴趣,提高阅读效果,班级可在前(后)角落设置图书角。图书角的书籍由学生自己提供。班主任根据学生的年龄特点,精选图书,分类整理,达到每学期人均 4～5 册,供班级学生阅读。图书角有利于培养学生的阅读兴趣与习惯,增进知识。

2. 生态角

生态角是培养小学生环保意识的重要场所。班主任可在教室开辟一块小角落,张贴一些有关环保知识的宣传画或广告语,将会收到良好的教育效果。生态角还可以陶冶学生的情操,丰富学生的课余生活。教师可以允许学生将小鱼、乌龟等小动物带进教室进行喂养,把绿色请进教室,让鲜花和绿叶装点角落,比如在教室的窗台或一角放置吊兰、文竹、宝石花等绿色植物,并由学生定期培植或更换。生机盎然的教室能够培养学生的生活情趣,体会人与自然的和谐相处。生态角除了培养学生生态环境的保护意识,还可以通过对动植物的包干负责,培养学生的责任意识和动手能力。

3. 卫生角

卫生角不仅是摆放班级劳动用具的场地,同时也是培育学生公共健康卫生意识的重要阵地。在卫生角里,班主任除了要求学生将劳动用具摆放整齐,还可以张贴一些健康卫生小知识、常见疾病的预防知识等宣传画。通过这些要求和卫生知识的普及,培养学生爱劳动、讲卫生、做事有序的好习惯。

教室每一个角落其实都有教育意义,关键要看我们如何利用。如果我们能使班级的每一片空间都赋予一种高尚的物质文化享受,成为一种班级个性,那么,班级物质文化也会产生潜移默化的教育作用。

二、精神品质涵育

班级精神品质是精神文化的表现形式,是班级学生的群体意识、舆论风气、价值取向、审美观念的精神风貌的反映。良好的班级精神品质是班级生存发展的动力和成功的关键。有关班级精神品质的表述，人们习惯用简洁而含蓄的文字来概括，如"团结、求实、奋进"等。班集体建设中，班级精神品质的内涵十分广泛，它包括勤学精神、求实精神、诚信精神、协作精神、批判精神、创新精神等等，那么在新课程改革背景下，班主任应该重点培养什么样的班级精神品质呢？我们认为，在新的历史时期，尤其要重点培养以下几种班级精神品质。

（一）合作精神

早在上个世纪末，联合国教科文组织就把"学会合作"作为学校教育的一项重要内容。2001年，我国基础教育课程改革也十分强调培养学生的合作意识与能力，而目前，小学生普遍缺少合作意识，不会帮助别人，更不懂得合作技巧。这就需要班主任在班级管理的过程中从各个方面为学生提供合作的机会，营造互助合作的氛围。

班级合作包括了学生与学生之间的合作、学生与教师之间的合作、班主任与任课教师之间的合作、家长与教师之间的合作、家长与学生之间的合作等。这些主体间相互协调、密切配合，共同构建了班级合作的文化。其中，学生是班级文化的主体，学生与学生之间的合作始终处于核心地位。这里重点介绍学生间合作精神的培养。

1. 物化班级合作文化环境

教育意图能够通过具体环境设计充分表现出来。班主任为创设班级合作文化环境，可在教室的正前上方放置醒目的班级标志，在两侧墙壁上张贴班级合作标语，教室后方则可开辟以合作为主题的园地，来展示班级学生各项合作活动的照片、学生心得、师生的评论文章。

2. 创设班级合作活动空间

（1）在学科教学中实施合作学习

合作学习是新课程改革对各学科所提出的新要求，但传统的横竖成行的"秧田型"教室座位排列模式不利于课堂上学生之间的合作学习，因此需要改变现行的秧田式的座位编排，成立若干合作学习小组，实施分组教学，让不同的智力水平、思维方式、认知风格和爱好特长的小组成员在合作学习中相互启发，相互弥补，互相促进，共同进步。小组合作不仅能较好地体现了以学生为主体，调动了学生参与学习的热情，还能使每位学生各尽所能，充分挖掘各方面的潜力，凸显小组间的珠联璧合，有利于培养学生的团队合作意识与能力。

(2) 在课外活动中放手自主合作

课外活动也是营造班级合作文化、培养学生合作精神的重要载体。教师要充分利用课外活动为学生合作提供极佳的锻炼机会。在开展课外活动前要制定具体的活动计划,其中重点是要将活动任务进行合理分配,使每个小组成员都有能发挥特长的特定分工,并进行组织协调。比如说制作"班报"活动,擅长策划的学生负责策划,擅长写作的学生负责提供文章,擅长美术的学生负责美工,擅长电脑的学生负责文字录入与排版,没有突出技能的学生也可以负责校对或协调等工作。总之,要让每个小组成员都有事可做,让每个学生都能体验到自己在活动中不可或缺,从而形成团队合作的精神。班主任在活动中则起着监督者的角色,并对一些出现障碍的学生或小组进行引导,从而使整个活动有序地进行。

(3) 在日常生活中培养合作行为

合作不仅仅是学生的一种学习品质,更是一种生活态度。学校里孩子们在一起玩耍与交流,这些司空见惯的活动,如果教师善加引导,就能形成一种良好的风气,使学生们沉浸在愉快的互助合作的生活情境中。

3. 成立班级互助合作小组

班级互助合作小组有助于培养班级学生的合作意识与能力。互助合作小组内的每个成员都必须对自己和组内其他成员的学习与生活负责,进行互帮互学,不仅要自己获得成功,也要关心帮助其他成员获得成功,这样才能形成良好的班级合作氛围。成立班级互助合作小组要注意处理好四个问题:

(1) 小组成员的组合问题。接手新班级的时候,由于不太了解学生的情况,首先确定有组织能力又学习较好的学生当组长,再让组长选组员,然后征求每个学生的意见,个别调整后确定小组。等到学生之间都熟悉了,再组织大家自愿结合、自主选择小组长。

(2) 组长素质的培养问题。培养组长要注意以下几点:一要培养组长的责任心,要像对待自己的学习一样尽心尽力地对待每位组员的学习。二要对组长进行管理技能的培训。每周都要开组长会,交流一周的情况,交流好的管理经验和办法,共同解决小组管理中的重点难题。避免组长因"教不会"、"管不了"而放任不管的现象。三是给组长实质的权力,帮组长树立威信。如规定小组长就代表老师,不听组长的,就是不听老师的;再如先进的评选、作业的布置和批改等都由小组长来完成。

(3) 小组活动的开展问题。采用小组合作的学习方式是为了最大可能地照顾全体学生,使每一个学生都能得到充分发展。小组活动时,常常是在组长的主持下组织学习与活动,一起讨论重点,解决难题,纠正问题,互帮互助共同进步。组长要特别关注个别后进的学生,让他们感受到团队的温暖,主动服从组长的管理,学会合作。

(4)学生发展的评价问题。先评价小组,在小组综合表现好的基础上再评价个人。组内个别人表现再好,若本组有人落后,也不会得到奖励,这样就可以让学生在互帮互助中结伴成长。

(二)民主精神

作为一个班集体,除了加强合作互助外,还应培养民主精神,让学生拥有自己管理自己的意识和权利。我国新课程改革倡导教师在教育过程中贯彻民主平等的精神,以提高学生的民主参与意识。因此,班主任要对班级实行民主化管理,以培养和发挥学生的民主精神。培养民主精神,需要从以下几个方面着手:

1. 班级选举中体验民主生活

一般来说,大多数班级每年都会举行班干部选举、表彰先进等工作,学生可以在选举的过程中体验民主生活,接受民主精神的熏陶。比如,在全班实行班委会民主选举制度,首先是公布班干部的条件,然后分组讨论、推选班干部候选人,最后在全班举行庄严的选举仪式,由每个学生投上自己神圣的一票,并当场唱票,得票多的同学当选,新当选的班干部进行一次就职演说,进一步考查其能力。由于这些班干部是学生自己选出来的,便于开展工作,同时也能激发学生的主人翁意识,让他们充分享有民主权利,更能积极主动地开展班级管理。

2. 班级管理中发挥民主作风

班主任是班级管理的管理者,在管理过程中必须发扬民主作风,尊重并平等对待班上每一个学生,认真听取学生的意见,充分调动全班学生的积极性和创造性,组织他们参与班级管理,最终实现自主管理。魏书生老师就是一位极富民主精神的班主任。凡属班级的重要事情,他都充分发扬民主,由全班同学集体讨论决定。如班干部的产生,班级制度的制定,班级活动的开展,甚至连如何处罚犯错误的同学,他都让大家商量着办。同学们起初感到很惊讶,以后渐渐习惯了,就形成一种风气。在这样的班级环境里,学生的民主意识增强了,管理能力提高了,民主精神才能真正培育出来。因此,班主任在班级管理的过程中应尽量做到:一般同学能做的事,班干部不做;班干部能做的事,班主任不做;只有学生都不能做的事,班主任才去做。

3. 教学活动中实践民主行为

教育实践证明,民主式教学效果最佳,而权威性教学严格地限制了学生的思想和行为,限制了学生的沟通与对话,对学生能力的发展最为不利。民主精神的培养需要大家共同的对话沟通,在活动实践中才能形成,比如讨论、情景性教学、游戏都是有效的好方法。因此,为了有效地实践民主行为,教师培育学生民主精神时要注意以下事项:

(1) 给学生充分的信任

教师的信任对小学生尤其重要。这种信任是培养、增强学生自信心的基础,而自信心又是发挥学生创造性不可缺少的因素,所以学生在发表见解、动手操作时,教师可用语言、眼神等给学生以鼓励,帮助学生树立自信心。

(2) 减少不必要的规定

在课堂上规矩太多会阻碍学生创造力的发挥,因此,课堂上可打破传统的课堂模式。比如,交流练习时,可允许学生在教室内走动以便于观摩、讨论等,对于有较好基础的学生可让其担任"小教师"。

(3) 不轻易评判

有关研究证明,当被试者在操作过程中被告知结果将被评判时,他们的创造性会明显降低。所以当学生在课堂上回答问题时,教师不要轻易评判,以免扰乱其思路,应该让学生在有安全感的心理环境下自由思维,充分发挥其创造能力。

4. 课外活动中营造民主氛围

不管开展什么课外活动,班主任事先都应主动和学生商量,鼓励他们出谋划策,充分发表自己的看法及感想,调动他们的参与意识。而在活动中,班主任要有意识地放手,让学生自主策划、自己组织,给他们有表现自我施展才干的机会,让学生在活动中相互借鉴,完善自我。通过营造这种和谐的民主氛围,使学生的身心发展到最佳境界,从而最大限度调动学生的参与意识,培育民主精神。

5. 师生交往中强调民主意识

民主平等是我国社会主义新型师生关系的重要内容。只有具有民主意识的教师群体才能培育出具有民主精神的学生。美国人本主义心理学家卡尔·罗杰斯深信教学成败的关键在于师生交往中的情感态度,他认为新的师生关系须具备三个要素:一是真诚,指师生关系坦诚如实,不掩饰情感,不粉饰缺点。二是尊重,也称接受或认可,指教师充分尊重学生,认可每个学生都是具有自身价值的独立个体,善于倾听学生意见,重视学生情感,欣赏并赞扬学生的优点,宽容其缺点,维护学生的尊严与爱好,相信学生能自己作出选择和决定。三是理解,也称"移情性理解"。它是从对方的角度去理解其思想、情感以及对世界的态度,不作定性评价,而只表示同情、理解和尊重。罗杰斯的人本主义教师观充满了民主精神,这样的老师以身作则,在潜移默化中培养了学生的民主精神,使民主成为一种生活方式,最大限度的发展了学生的创造力、自我实现能力。[1]

(三)勤学精神

"勤学"是中华传统美德的重要内容之一。勤学精神指的是勤奋好学、刻苦钻研、不畏艰难的求知精神。古今中外的成功人士除了先天的智力素质外,大都与后天的勤学有关。因此,勤学品质对学生健康成长是必不可少的重要条件,培养学生的勤学品质有着现实的教育意义。

1. 课堂教学中渗透勤学教育

以小学语文课为例,利用课堂教学对学生进行勤学教育,需要做好以下工作:

(1)筛选教育资源,进行勤学教育。教师在备课时要认真钻研,精心筛选出那些体现勤奋好学、刻苦钻研、自强不息、锲而不舍地追求等精神的文章列为勤学教育的题材,将"勤学"教育内容和要求列入语文课堂教学的总体设计之中,使语文教学与勤学教育达到辩证统一。比如,苏教版第一册教材中的《怀素写字》,第二册教材中的《他得的红圈圈最多》、《我不认识你》、《好学的爸爸》,第三册教材中的《要好好学字》、《梅兰芳学艺》、《动手试一试》、《有趣的发现》,第四册教材中的《学棋》,第五册教材中的《学查"无字词典"》,第六册教材中的《爱迪生》等课文都是渗透"勤学"教育的好课题。

(2)巧设教学活动,渗透勤学教育。教师要围绕勤学主题,精心设计教学活动,使勤学教育能渗透其中,升华情感,内化成个人品质。例如,《我不认识你》和《爱迪生》这两篇文章故事性较强,教师可在教学过程中设计练习,让学生复述故事或开朗诵会,使学生在有感情地复述、颂扬中,被主人公勤学的精神所感动,达到自我教育之目的,进而升华

---

[1] 张睿.关于教育培养民主精神的思考[J].四川职业技术学院学报,2007(2)

情感。

（3）利用家庭作业，扩展勤学教育。从空间来看，渗透勤学教育不仅体现在课堂教学之内，还要延伸到课堂教学之外。教师要对家庭作业实行变革，巩固课堂教学的育人效果，真正落实勤学教育。如有老师在上完《怀素写字》这篇课文后，在班级布置了一个长期性作业——每周评出几个"现代的小怀素"，将学生的作业张贴于墙，学生在练习中潜移默化地再次进行了勤学教育，于是"勤学"就成为了学生的自觉行为。

2. 实践活动中培养勤学美德

大多数班级的班训都将"勤学"作为重要目标之一。为了培养学生的勤学美德，不少班级开展了形式多样、内容丰富的活动，让学生在喜闻乐见的活动中主动参加实践，并在实践中体验，在体验中受到教育。比如可通过演讲、朗诵、讲座、办小报、班队会等活动，让学生在听、说、读、写、看、画等多感官活动中接受教育。某班主任在班级中开展勤学教育的"五个一"活动，他给学生设计了五个作业：每天写一张书法，使学生学习书法与意志教育相结合；每天学会一条成语，使学生掌握词汇与运用能力训练相结合；每天学习一句英语，使学生口语学习与运用交流相结合；每天背一首古诗，使学生背诵理解与陶冶情操相结合；每周写一篇作文，使学生的作文教学与道德感悟相结合。学生坚持练习，教师定期检查评比，长期下来，学生良好的学习习惯得以养成，勤学教育得到进一步深化。

3. 教师工作中树立勤学榜样

勤学是教师应有的品格。教师的勤学主要体现在对待教育工作的态度和行为中，表现为崇业、敬业和精业。俗话说，学高为师，身正为范。如果教师自己不"勤"，平时不勤于学习，不勤于工作，不勤于督导学生学习，那学生勤学的品质形成岂能不落空？更何况小学生的模仿力强，他们从教师平常工作的举止中很容易领悟到自己应该做什么，自然而然地感染到他们的行为。所以，教师要具备勤学精神，为学生树立勤学的榜样。为此，教师要经常启发、引导、培养、鼓励学生的学习兴趣和勤学精神。要善于发现和肯定学生的长处，对学生的缺点和不足不要横加指责，要满怀热情地做耐心细致的工作。比如，有的班主任自习课期间与学生一起认真练习写钢笔字，读书时一起扎进书的海洋，努力营造班级良好的学风，结果教室里的学生一改往日的窃窃私语或心不在焉，个个聚精会神地学习，取得了良好的教育效果。

4. 教育督导中磨炼勤学意志

古人云：业精于勤，荒于嬉。但是，由于小学生缺乏坚强的意志，易受外在环境的影响，自觉性与自律性差，容易产生厌学心理。因此，教师要对学生进行意志品质的教育，尤其要对那些意志薄弱的学生发挥督导作用，采用说服教育、明示提醒、情景熏陶、实际锻炼等方法有效增强学生的耐挫力。在班上鼓励"笨鸟先飞"、"用勤补拙"，树立"胜不骄，败不馁"的榜样，让学生体会学习的道路不可能一帆风顺，无论在何种情况下只有勤奋好学的人才能成就自己的理想。

5. 用勤学故事激励勤学行为

组织学生认真阅读古今中外名人的勤学故事，引导学生深入探讨学习的意义，畅谈人生理想，激励学生努力学习，帮助学生拟定学生个人勤学计划，督导学生勤奋学习，追求人生价值。

（四）自主精神

苏霍姆林斯基说过，真正的教育是自我教育。创建具有自主精神的班级文化的目的就是为了增强班级学生的自主意识，进行自主管理和自主学习，培养自主能力，使学生成长为具有独立个性、能进行自我教育的人。但是，由于小学生年级跨度大，心理特征的过渡性强，自主能力存在较大差异，因此，要分年级营造具有自主精神的班级文化，培养小学生的自主能力。

1. 低年级阶段（1～2年级）班级自主精神的文化构建

在小学生初步适应学校生活的基础上，班主任发动班级全体成员为班级共同制定班规，渗透自主管理的思想，引领学生自主参与班级管理。

（1）建章立制，保障自主管理。

班主任要使低年级小学生都认识到，他是班集体中不可缺少的一员，要让每个学生都可在集体中找到一个合适的位置，担负一项具体的管理工作，使人人在班集体有事做。为实现学生的自主管理，有些班级尝试推行了"四制"。

一是学生干部轮换制。通过班长民主选举、班干部轮换上岗等形式，为每一个学生创造一次当干部、为同学服务的机会。

二是班级事务岗位责任制。集体中的事务，大到班队会，小到每日的擦黑板、整理讲台等小事，做到分工到人，使"人人有事做，事事有人做，时时有事做"，达到学生"自己的事情自己做，自己的集体自己管"。

三是班级文化共建制。通过班级公约的制定（全体同学共同参与），黑板报、墙报的组稿和布置,主题班会,元旦庆祝活动等(学生自己布置、自编自演,人人准备),让每一个学生积极参与、体验集体文化共建,集体活动共搞,以达到学生自主管理的效果。

四是生活常规检查制。对照"班级公约",小事进行自查自纠,学习纪律、环境卫生等方面班级专人检查,通过自主管理,调动学生参与管理的积极性和主动性,使学生的主体潜能全面发掘、个性得到充分发展。

(2) 倡导自学,孕育自主学习

倡导自主学习方式是新课程改革的核心内容之一。在低年级,更要尽快建立小学生初步的自学意识,为以后的自主学习打下基础。低年级学生自学能力差,最大的障碍就是不知道怎么做。但是,低年级学生的学习兴趣和自学潜力却是无限的,若能激发起他们的学习兴趣,就等于激发了他们的自学意识。这就需要班主任老师精心引导,培养自学意识,养成自学行为。

首先要提高认识,引导学生自学。联合国教科文组织在关于学会生存的主题报告中认为:"未来的文盲,不是不识字的人,而是不会学习的人。"像这些道理,班主任要向学生传达,通过音像作品、树立榜样、访谈、故事启迪等方式让学生明白自学的意义。

其次是激发潜能,指导学生自学。班主任要充分调动学生的主观能动性,激发他们主动参与自学,并教会学生自学的方法。

最后要享受快乐,搭建展示舞台。学生在自我肯定和享受快乐中能够增强自信。班主任可以为小学生搭建一个展示的舞台,一个享受自学快乐的舞台。

2. 中年级阶段(3~4年级)班级自主精神的文化构建

经过两年的学习生活,学生逐渐适应了校园生活,对学习及各方面也有了深入了解,班主任可针对学生的发展特点开展自主教育活动。

(1) 完善班级自主管理网络

实现学生自我管理的重要保障就是建立一种有序的管理网络,人人是管理者,人人又都是被管理者。这是班级自主管理的认同并形成自觉执行的阶段。这种自主管理网络可以概括为三个管理制度:

一是值周班长、值日班长制度。值周班长、值日班长由学生轮流担任,同时实行学生干部工作责任制。在学生自主管理中,责任明确,如值日班长职责:负责当天的考勤。对当天班级各项工作负责,特别是课堂、自习纪律,认真填写班级日志。班级日志包括当天写在黑板左侧下的名言警句;当天班级学生表现;当天课堂及晚自习纪律情况;对好人好事提出表扬,对不良现象提出批评;就某一问题发表自己独到的观点;对班级或个人提出意见或建议等。

二是代理班主任制度。代理班主任全面负责班级事务和班级各项活动的开展,及时传递学校及班主任对班级活动的要求,并组织学生将要求落实到实处,带领班委会成员开展工作。

三是自管小组制度。主要根据学生的兴趣组建各种常设的自管小组。自管小组的职责是主要完成班内卫生、纪律、宣传等日常的工作。自管小组实行岗位责任制,小组成员各司其职,小组成员间自主开展活动,完成班内日常活动任务。如体育委员负责全班各项体育活动,具体带领大家上好早操、课间操、眼保健操、体育活动课等各项活动的开展,还有自己适时组织的体育活动等。

(2) 开展自主教育系列活动

丰富多彩的自主活动是班级管理的重要组成部分。班主任确定活动主题,学生自己选择活动内容和方式,逐步形成班级自主活动序列,达到自主管理。

班主任开展自主教育系列活动,可根据不同性格和爱好,在班内自愿组合基础上成立文学社、读书俱乐部、各球类协会等。这些小组平时自主管理,自由活动,班级定期为他们提供展示机会。序列活动还可根据班级日常学习生活情况,抓住时机,开展活动。如通过对游戏热、追星热、消费热等作深入讨论,让学生在互相交流中进行自我评价、自我反思、自我教育。

3. 高年级阶段(5~6年级)班级自主精神的文化构建

学生在进入高年级后,性格心理开始变化,班级管理工作也要随之改变。班级自主精神的目标取向在于培养学生的自律能力,引导学生全面发展。

(1) 通过目标管理培养学生自律能力

班级目标包括常规管理目标和班级学习目标。在制定班级目标和班级制度时,让学生充分参与,明确个人责任,实行目标责任制管理。通过目标训练,培养学生良好的目标意识,养成自觉服从目标的好习惯。

(2) 通过关爱教育开展学生自我教育

针对高年级学生表现出的以自我为中心,缺乏责任感的心理,班级自主活动以培养学生的关爱教育为主线,先从创设亲子活动开始,引导学生从最亲近的人身上,明确自己的责任,懂得爱父母、爱亲人;然后,设计关爱自己的活动,通过开展自主教育,强化自我负责的能力,学会面对困难与挫折;最后,开展关心他人、关心集体的自主教育活动,层层深入,逐步提高学生的自我教育能力。

(3) 通过自主教育形成自主管理体系

学生经过几年的序列化的自主教育管理,对班级创设的文化氛围和班级自主管理模式,都有了较深的认识,自我约束和自我调控的能力也得到进一步的巩固。班级的管理已完全由学生自己作主,日常管理延续以前的管理常规,定时讨论减去不必要的条框,及时增加新的规定应对出现的新问题。在发展常规的基础上,鼓励学生创造性地开展活动,充分发展动态管理的效能,调动学生的积极性去管理班级。

(五) 创新精神

21世纪将是以创新为特征的时代,素质教育必将以创新精神的培养为核心。因此,班主任应着力培养学生的创新精神和提高学生的创新能力。

1. 构建有利于创新的评价机制,激发学生的创新精神

(1) 班主任要构建民主、平等、和谐、宽松的班级氛围。班主任要克服传统的偏见和偏爱,消除人为的优劣之别。特别要注意绝不能仅仅以学科考试分数的高低来评价一个学生的优劣。要允许学生个性的发挥与张扬,使他们乐于表现自己的所知、所思、所能,给不同个性的学生以充分表现思想和特殊才能的均等机会和平等的权利,积极鼓励他们去探索、选择新途径、新方法解决各种问题。

(2) 要创设一定的情境,启发学生思考,逐步解疑,鼓励学生解放思想,大胆质疑,开发求异思维和发散思维,并对结果进行评价,让学生体会解决问题的喜悦。

(3) 要改革操行评定的评价指标,增加学生创新意识和创新能力的评价内容,激发学生的创新热情。

2. 营造有利于创新的时空环境,培养学生的创新精神

学生有了自由支配的时间,才能根据自己的兴趣爱好,去独立思考,开展各种创新活动。可现在学校中的一个普遍现实就是教师上课的时间多,课程表排得满满的,剥夺了学生自由支配的时间,这种状况不改变,就不利于学生创新精神的培养。因此,班级活动的开展必须要有一定的时间和空间做保障,才能有可能培养创新精神和创新能力。营造良好的空

间环境,就是要营造一种有利于培养创新人才成长的班级环境,这种环境包括班级教学环境和管理环境、班风学风、生活环境等。总之班主任要采取各种有效的方法,给学生一种宽松的空间环境,才能培养出更多的创新人才。

3. 开展有利于创新的主题活动,培养学生的创新精神

教师要充分尊重学生的个性发展,开展一系列与学生的年龄特征相适的课外活动,以此作为课堂教学的补充和延伸。如让学生自己动手设计和布置教室、绿化校园、自导自演一台精美的主题班队会,开展征文比赛、辩论赛、演讲赛,举办书画作品展览,组织参观访问、社会调查等活动,让人人参与,人人都有创新。

三、CIS 形象设计

班徽、班训和班歌[①]

上学期,我接任五(1)班的班主任。如何使全班学生团结一致创建优良的班集体呢?我从制作班徽、确定班训和编写班歌着手,用班徽去指引,用班训去激励,用班歌来感染,使大家紧紧地团结在一起,为着共同的目标而努力奋斗。

一、制定班徽,用班徽指导学生的行为。

开学初,我在心连心主题班会上,让每一个同学用红纸剪出一张红心,并在上边写上自己的姓名,然后逐个把红心贴在一张白纸上。组成了一个圆环形。同学们给它取了个富有寓意的名字叫"团结一心"。这就是我班的班徽。

我把班徽贴在教室后墙最显眼的正中央,让同学们每天一走进教室就能看到,从而时刻勉励自己团结同学,共同为实现班集体的目标而奋斗。

一天下午,我看见小王趴在桌子上哭。有人小声告诉我,她是被小陈骂哭的。我请大家转过身去看看班徽,并谈谈对这件事的看法。

话音刚落,小邱同学站起来说:"我认为小陈不应该出口伤人,要讲究语言美,这样才能够团结同学。"小钟则说:"我虽然没有看到他们两个吵

---

① 赖双平. 班徽、班训和班歌[J]. 广东教育,2002(7、8)

架的过程,但我知道,要团结,我们就必须互相谅解。我希望小王和小陈能够彼此谅解对方。"说到这里,小陈开口了:"是我不好,我不应粗言骂人。以后我一定改正缺点。"他刚说完,教室里立刻响起了热烈的掌声!这掌声意味着宽容与理解!包含着鼓励与支持!这掌声是同学们在班徽指引下撞击出的火花!

二、确定班训,利用班训激励学生。

开学不久,我在黑板上写出了班训:五(1)是我家,良好靠大家。接着我让同学们讨论这句话的含义。通过热烈的讨论,同学们懂得了"一花独放不是春,百花齐放春满园"的道理。我把这条班训贴在班徽的两侧,让大家一走进教室,在看到班徽的同时,也看到班训,从而时刻激励自己。

在期中测试中,有的同学为自己考了高分而沾沾自喜,有的同学因考得不理想便灰心丧气,有的同学歧视后进生,取笑他们考不及格。看到这种情况,我在黑板上写出全班语文期中考的总分5128.2分,接着与他们一起计算,如果每人进步1分,那么总分就达到5191.2;如果每人进步2分,总分就达到5254.2分。这使大家充分认识到:良好的成绩要靠全班同学,包括优秀生、中等生和后进生的共同努力。

三、确定班歌,用班歌感染学生。

有了班徽的指引,有了班训的激励,我还依照《爱我中华》的旋律,编写了班歌《爱我家园》。

每当上班会课,我总要大家先唱一唱班歌。鼓舞大家的士气。在元旦的歌咏比赛中,我组织全班同学合唱《爱我家园》,得了第三名。同学们个个都笑容满面,感到无比自豪!一个学生对我说:"老师,我很高兴能全班一起唱我们的班歌。因为唱起班歌,我就觉得我们这个大家庭充满温暖、充满幸福。唱起班歌,我一点也不会感到孤独。"听到同学们的心声,看到他们的笑脸,我深感这首班歌所发挥的作用之大。

班徽、班训、班歌代表了班级的精神形象,是班级个性化的表现。案例中的班主任通过引导学生参与制定班徽、学习班训、教唱班歌,树立、营造和维护班级形象,从而达到增强班级学生的自豪感、自信心与责任感,凝聚了班级学生的心,形成了强大的教育力量。

班级形象是通过班级相关的一切活动、事物、人员为载体而反映出来的，涉及到班级的方方面面，这就要求班主任要借助形象设计系统来实现班级形象的合理设计、科学规划、准确表达。

班级形象设计系统借鉴于企业组织形象设计理论（CIS）。CIS 是 Corporate Identity System 的缩写，意思是企业形象识别系统。上世纪 60 年代，美国人首先提出了企业的 CI 设计这一概念。将企业文化与经营理念统一设计，利用整体表达体系传达给企业内部与公众，使其对企业产生一致的认同感，以形成良好的企业印象，最终促进企业产品和服务的销售。后来，日本著名 CI 专家山田英理提出 CI 系统是由三方面组成的：

MI(Mind Identity)理念识别（企业思想系统），是指企业思想的整合化。

BI(Behavior Identity)行为识别（行为规范系统），是指企业思想的行为化。

VI(Visual Identity)视觉识别（品牌视觉系统），是指企业识别（或品牌识别）的视觉化。

在 CIS 的三大构成中，其核心是 MI，它是整个 CIS 的最高决策层，给整个系统奠定了理论基础和行为准则，并通过 BI 与 VI 表达出来。所有的行为活动与视觉设计都是围绕着 MI 这个中心展开的，成功的 BI 与 VI 就是将企业的独特精神准确表达出来。[①]

CIS 其实是一个环境文化的理念，它所营造的浓郁的文化氛围、优美的育人环境，体现出一个班级的文化积淀和底蕴，这种氛围形成之后便是一种巨大的无形的力量，它不仅对学生的学习、生活、心理起良好的调节作用，而且对规范学生的行为习惯，提升学生美育修养、思维品德等方面起到感染、激励、熏陶的作用。因此，班级文化 CIS 系统的构建就有着极其重要的意义。

参照"企业形象识别系统"的管理模式，依据班级管理的实践，我们认为：

班级 MI 具体包括班训、班风概括语、班魂总结、班级宣传口号等一系列理念总结语。班级理念能够加强班级学生的集体意识、突出班级特色进而形成团结向上的班风，同时也为班级 BI 和班级 VI 的演绎指明了方向。

班级 BI 具体包括班规班纪、班委会产生办法和工作机制、班费管理

[①] 张仁德,霍洪喜.企业文化概论[M].天津：南开大学出版社,2001.134~142

制度和工作细则、班级成员行为语言规范等行为准则。班级行为的规范能够使同学们注意到自己的日常行为都关系到班集体的利益，在处处维护集体利益的过程中，培养良好的行为习惯。

班级 VI 应当贯彻班级 MI，并且保持与班级 BI 的高度吻合，其内容主要包括班级标志、班级名称标准字体、班旗、班级吉祥物、班服、班级手抄报、班级日志等。班级 VI 内容的适当选用能够从形式上强化班级意识，但是应当根据具体班级的实际情况权衡，不切实际地生搬硬套不但浪费时间精力，也很难达到理想效果。

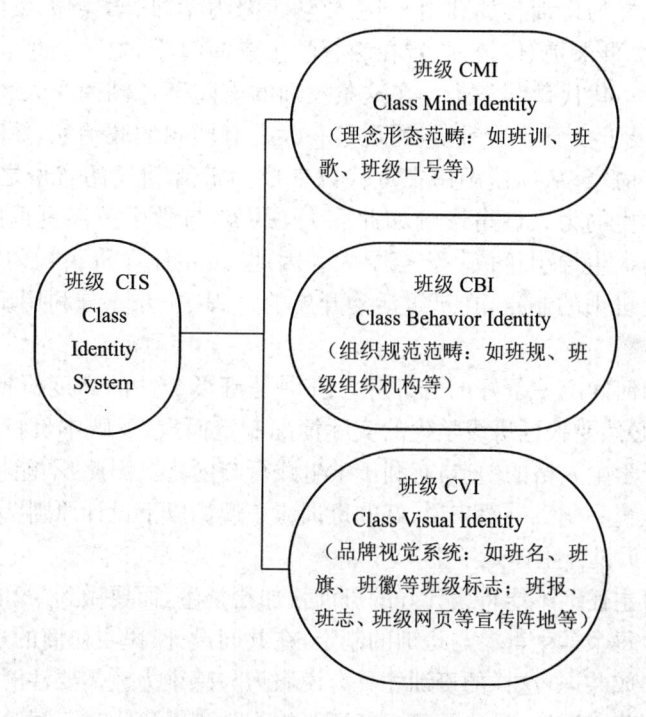

班级 CIS
Class Identity System

- 班级 CMI
  Class Mind Identity
  （理念形态范畴：如班训、班歌、班级口号等）

- 班级 CBI
  Class Behavior Identity
  （组织规范范畴：如班规、班级组织机构等）

- 班级 CVI
  Class Visual Identity
  （品牌视觉系统：如班名、班旗、班徽等班级标志；班报、班志、班级网页等宣传阵地等）

班级形象识别系统(CIS)结构图

根据上图所示，本文将按照 CIS 系统的"理念识别、行为识别、视觉识别"三方面构建班级文化如下：

（一）确立班级理念识别系统（Class Mind Identity，简称 CMI）

这是班级文化的意识形态范畴，体现了班级的精神、价值观和宗旨，也就是"班风"。班风主要通过班训、班歌等形式引导形成的班级成员共同的价值追求。

1. 班训的设计

班训是指为激励全班学生勤奋学习、刻苦自励以形成积极健康的班风而以简短的词句拟定的标语。它规范着班级的集体行为习惯,标示着班级发展的价值方向,勾勒出班级精神的总体风貌。但是,在不少教师和学生眼中,班训就是班级的一种口号,不少班级的班训仅成了一种张贴墙壁的纯文本式的装饰品,最终因停于口头而流于形式,其本身的教育力难以发挥。这反映了不少班主任没有善用班训的教育作用,甚至没有看到班训的教育意义。班风是班级的灵魂,对于班级的影响巨大。好的班训善加利用,会引导学生努力学习、学会做人。岳麓书院曾以"实事求是"作校训,旨在教育学生崇尚科学,追求真理。这个校训鼓舞了一代代莘莘学子。在这条校训的熏陶下,"湖南学人大多关心世事、热衷于投身政治活动,涌现了一大批有影响的政治家、军事家、思想家和革命家,从而使湖南在近代以来成为最有朝气的省份之一"[①]。校训对学生的为人做事影响如此巨大,那么,与学生关系更近的班训,对学生的人生导引价值一定会更大。因此,班主任在班级初创阶段,首先要重视班训的制定,在班级活动开展的过程中,要充分利用班训的教育作用。

如何确定一条好的班训呢?班训是班级个性的高度概括和精神标志,它必然要根据班级学生的实际情况制定而成,反映本班特点,这样才有助于学生人格的塑造,有利于学生践行与内化。因此,不能将班训的设计标准统一化。一般来说,好的班训应该遵循以下设计原则:

(1) 设计主体是学生

班主任绝不能将设计好的班训强加给学生,而要做到"我的班训我做主",让每个学生都参与班训的制定,在共同设计、民主协商的过程中师生容易形成共识,这样的班训才具有说服力与感染力。需要注意的是,为防止班训确定后流于形式,班主任还要组织学生对班训进行讨论与释义,加强学生对班训的认同感,使之成为班级精神的价值引领,形成学生行为的内发动力,使学生的行动变得真正自觉化、意识化。

(2) 主题突出显个性

班训的主题应体现班级视觉识别系统(如班名、班徽等)的内涵,富有教导和劝诫意义。同时,班训也要符合班级实际情况,体现班级特

---

① 金冲及.毛泽东传[M].北京:中央文献出版社,1996

色,富有班级个性。如江苏省海门师范附小二(3)班以班级图腾"蜜蜂"为研究主题,打造班级形象系统。蜜蜂不以自己的弱小而害怕困难,而是团结一致地共同向困难挑战;蜜蜂不知疲倦勤奋地酿造着甘甜如饴的蜜浆;还有蜜蜂对"家"的坚守,对敌人有组织的团体攻击来保护"家"的牺牲精神等。最后大家通过对蜜蜂个性的讨论与理解,提炼出了八字班训"团结、勤奋、诚信、守纪",并将这八个字贯穿班级内外活动的始终。这个班训不仅体现了该班的班级管理理念,还独具班级特色,体现了班级个性。

(3) 构思精巧有创意

好的班训还应该有精巧的构思。既要符合班情,体现班级特色,又要贴近每个学生的心理,具有针对性和可操作性,切实起到引导的作用。比如"读书乐,乐读书"这一班训,它使用了顶真的手法,情味盎然,匠心独运,给人以回环美感,富有创意。

(4) 语言精练展文采

班训的用语要言简意赅,内涵丰富,有一定的文采,读起来富有节奏感,琅琅上口,听起来和谐悦耳,又便于记忆。

2. 班歌的创作

校有校歌,班有班歌。通过创作班歌,有利于形成班级的主流精神导向,使学生产生对班级文化价值的认同和归属感。相对校歌而言,班歌的精神指向更具体,更有针对性,更能体现一个班级的精神面貌,表现出一个班级的独特风格。那么如何创作一首优秀的班歌呢?我们认为,班歌的创作应该围绕班训所展示的班级精神,以此为基础,分阶段做好以下工作:

(1) 制作班歌创作的方案。包括人员分工、创作的程序及时间的进程等。

(2) 歌词、曲谱的创作。可以是个人写,也可以是几个人成立一个小组来写,再从这些创作好的歌词与曲谱中,选出最适合的一篇,在老师的指导下,进行修改和视唱。

(3) 学唱班歌阶段。班歌更多的是一种集体合作创作,是集体智慧的结晶。班歌的创作、演唱等活动,可以大大增强学生的自豪感,展现班级风采,激发班级的凝聚力,更好地体现班级精神。优秀的班歌所折射出来的人文精神以及学生在参与过程中的情感体验,让学生深受感染难以忘怀,多少年后还会留下挥之不去的记忆。

（二）制定班级行为识别系统（Class Behavior Identity 简称CBI）

这是班级文化的组织规范范畴，是班级理念的动态识别形式。班级行为形象设计是通过行为规范化、制度化和具体的执行行为，将班级理念外化的过程。具体表现为班级组织设计和管理运行模式。

1. 班级组织的设计

下面是一个班级的组织设计案例：

班级岗位设置：

班长	严子轩	副班长	沈 可
学习委员	项芷涵	学习委员	曾广骏
宣传委员	葛 峻	宣传委员	戴于晴
卫生委员	徐静心	卫生委员	叶 芝
体育委员	陈稼栋	体育委员	严致昊
财产委员	侯玥杞	电教管理员	冯韵朋
图书管理员	赵 然	图书管理员	祝子杨
小队长	张可瑶	小队长	钱可心
小队长	徐 径	小队长	周文雯
小队长	郁 扬	小队长	包 容
小队长	陈思哲	小队长	吴佳俊
语文课代表	邵雨婕	数学课代表	黄晓涵
人文自然课体表	郑 昊	体育课代表	陈稼栋
品德与生活课代表	陈 升	美术课代表	陈嘉宇
音乐课代表	于喆秋;陈文豪	财产管理员	李 航
早读员	黄嘉豪	早读员	罗 昀
课间餐管理员	周羿轩	课间餐管理员	杨子纤
午餐管理员	柴杭铭	午餐管理员	王朵朵
出勤记录员	陈 榕		
档案管理员	钱慧兰	档案管理员	沈亦查
书法指导员	王 跃	书法指导员	方 缘
班级监督员	连子建	班级监督员	倪家皓

管理流程：

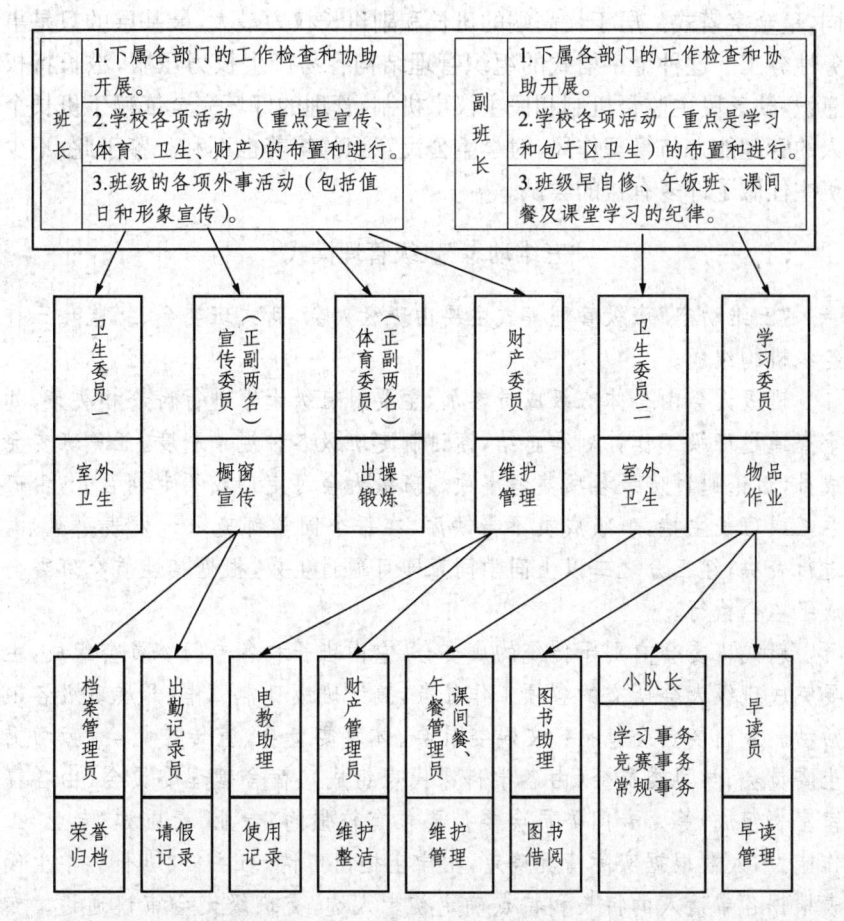

| 班长 | 1.下属各部门的工作检查和协助开展。
2.学校各项活动（重点是宣传、体育、卫生、财产)的布置和进行。
3.班级的各项外事活动（包括值日和形象宣传）。 | 副班长 | 1.下属各部门的工作检查和协助开展。
2.学校各项活动（重点是学习和包干区卫生）的布置和进行。
3.班级早自修、午饭班、课间餐及课堂学习的纪律。 |

下属部门：
- 卫生委员一 — 室外卫生
- 宣传委员（正副两名）— 橱窗宣传
- 体育委员（正副两名）— 出操锻炼
- 财产委员 — 维护管理
- 卫生委员二 — 室外卫生
- 学习委员 — 物品作业

小组成员：
- 档案管理员 — 荣誉归档
- 出勤记录员 — 请假记录
- 电教助理 — 使用记录
- 财产管理员 — 维护整洁
- 午餐管理员 — 课间餐、维护管理
- 图书助理 — 图书借阅
- 小队长 — 学习竞赛常规、事务事务事务
- 早读员 — 早读管理

班级是一个浓缩的小社会，具有社会组织的特点。但是，班级又区别于社会，是教育的基本单元，具有育人的职责。因此，班级应从有利于人的健康发展的角度来设计组织结构和确定角色关系。

上述案例的组织结构是直线自治型管理结构，班主任并不直接参与班级管理，而是通过班委会将管理意图渗透给学生。班委会成员之间层次分明，职责明确，管理程序清晰。本案例中共有43名学生参与班级管理，尽管管理层次不同，但基本达到了全员参与、事事有人做的理想状态，有利于调动学生参与管理的积极性，锻炼学生的能力，使学生逐步成为管理班级的主角。从班级管理思想上看，这种组织结构充分发挥了学生班级管理中的主体作用。但这种管理结构也有不足的地方，直线型管理结

构是一种一元单向化的管理,学生在组织中虽然都有分工,但角色地位不同,呈金字塔式。居于最高端的班长和副班长权力最大,最基层的只是事务性分工。这种金字塔式的组织管理结构容易产生权力压服,滋长特权意识,缺乏民主监督机制和民主议事机制,管理的好坏完全依赖于班长个人的管理能力与管理作风,对学生公民意识的培养也不利。鉴于此,不少班主任做了许多有益的尝试。

"三维动态"班级管理模式[①]

"三维动态"班级管理模式主要由班级大会、新式班委会、纪监会三种组织机构组成。

班级大会由全体班级成员参加,主要对班级大事进行讨论和决策,如审查通过班级工作计划和总结,商讨制定班级各种规章制度,任免班委会成员,讨论通过班级各项奖惩事项。班级大会可定期或不定期召开,由班主任或班长主持,班级成员不得缺席,在每个同学都充分地发表意见后,进行表决,经三分之二以上同学同意即可通过生效,根据其性质交班委会或纪监会执行。

新式班委会有别于传统的班委会,它由班长和各专门委员会组成,主要完成班级大会所交的各项工作任务,搞好班级日常工作,开展班级各项活动。专门委员会包括:文娱委员会、体育委员会、宣传委员会、劳动卫生委员会、学习委员会(由各学科课代表组成)、宿舍管理委员会(由各寝室室长组成)等。专门委员会委员要求有较强的"专业"素质和"专业"工作能力,人数根据实际情况确定,由学生提出申请,班主任、班长和学生代表根据各申请人的特长和特点确定初步人选,交班级大会审议通过。专门委员会内部实行执行委员制度,执行委员一般由委员轮流担任,在遇到重大活动时,则根据实际情况推选最合适的委员担任执行委员,执行委员主持专门委员会工作,享有决策权和执行权,非执行委员则享有建议权和协助执行委员开展活动的义务。专门委员会委员可定期适当调整,但不搞硬性轮流,以胜任工作为目标,保持其主体稳定。各专门委员会各负其责,各精其业,以保证班级管理的总体质量。在常设的专门委员会的基础上,还可以根据工作需要,增设临时的专门委员会,即管理学中"工作团队"之外的"专案团队"。

[①] 厉爱民. "三维动态"班级管理模式[J]. 教学与管理,2003(6)

纪监会主要负责检查监督全体同学遵章守纪情况，记录并处理违纪行为，纪监员由全体同学轮流担任。主要依据是这项工作大家都有能力做好，同时有利于教育要求的内化。纪监会成员数可根据实际需要而定。纪监员轮流值日，纪监员任期可以是一个月、两个月，也可以是一学期，但不宜超过一学期，任满后不得连任，在全体同学任满一轮后，方可再任。

"三维动态"班级管理模式的主要特征体现在三方面：一是由班级大会、新式班委会、纪监会三种组织机构组成。二是这三种组织机构既有共同的目标，又互不隶属，各自在班主任领导下开展工作，具有独立性。三是这三种组织机构的组成不是一成不变的，既有稳定性，又具有明显的动态特征。

这种自治型班级组织由议事机构、执行机构和监督机构构成，形成三权分立、互相牵制和促进，班级事务的运行都是建立在民主程序的基础上，并要求全班同学广泛参与，实现了班级组织的真正自治。如果仅由班主任一人作主，或者由班委会少数几个人作主，没有广泛的学生自主参与，对于大多数学生而言，就会逐渐丧失班级管理的热情，从而不利于班级工作的开展，不利于班级各项活动与目标的实现，使班级组织失去了应有的教育意义。因此，班级组织运行机制的设计应体现出民主性、自主性、全体性、动态性和开放性的现代教育特征，有利于学生的社会化成长，有利于培育现代社会公民意识，培养能适应未来社会生活的现代社会公民。"三维动态"班级管理模式中的学生在班级中的角色定位与未来的社会角色定位较为相似，在这样的组织运行机制中，学生的权力意识淡化，服务意识增强，培养了正确的社会责任感和个人荣辱观。

2. 班级公约的设计

班级公约也即班规班纪，是制度文化的重要组成部分。班级公约的设计用意，并不是为了约束学生的行为，而是为了增强学生责任感，使其更容易适应班级生活，养成"严于律己、尊重别人"的品质，从而形成良好的班级学习氛围。

班级公约应由师生共同制定，并以契约的方式订定，尽量简约，尽量避免禁令式用语，以符合民主的精神。班主任要以引导和辅导的角色来帮助学生制定班级公约，不应有太多的介入。只有这样，订出的班级公约才能符合学生的期望，才能兼顾活泼与实用性，才能获得学生们的喜爱与认同，并愿意配合执行。

相关的具体内容,已在专题三中阐述,这里不再重复。

（三）构建班级视觉识别系统（Class Visual Identity 简称 CVI）

视觉识别设计（VI）是最外在、最直接、最具有传播力和感染力的部分,是班级理念的静态识别形式。班级视觉形象设计就是运用视觉传达方法,在班级物质性载体上使用一系列识别符号,以刻画班级个性、突显班级精神的过程。班级视觉形象设计包括如班名、班旗、班徽、班服等班级标志设计；班报、班志、班级网页等宣传载体设计。由于班级视觉形象设计最容易被感知,能直接且持久地传达班级精神与理念,因而在班级形象方面有着非常重要的意义。

1. 班标的设计

班级标志是班级形象的符号象征,是 VI 设计系统的核心基础。班级标志包括班名、班徽、班旗等。

在我国,班名一般由年级、班级序号构成,由学校统一规定。这样的班名,有利于学校的统一管理,但缺乏教育内涵和个性。因此,有些学校的班级开始实行在学校统一命名的基础上自主命名,以体现班级个性,彰显教育意义。有的班主任以志向命名,激励和引导学生要从小树立远大的理想,有的班主任以学生的兴趣和特长命名,有的还以班主任的名字来命名,但不管以什么来为班级命名,我们认为,班名的确定一定要由全班成员集体讨论才能制定出适合本班的、深受大家喜爱、富有深刻内涵的名字。至于班徽的产生则可根据班名设计,也可反映班名所蕴含的精神,然后以简单抽象却又极富意蕴的图形造型传达班级的精神内涵。在设计班徽时,我们要求构图要直观形象,符合小学生的审美能力；构思要新颖独特,表意准确；色彩要强烈醒目,有吸引力。

江苏省海门师范学校附属小学二(3)班班名、班徽

班名：欢欢蜜。

班徽：（见右图）

班名、班徽的解读是：小蜜蜂从早到晚忙忙碌碌的,从不偷懒,它总是在花丛中采蜜,挥洒汗水。无论是刮风还是下雨,白天还是黑夜,总会看到它忙碌的身影。但它们从不抱怨,而是团结、乐观地面对一切。用自己的汗水为生命增添了一份辉煌和灿烂。我们二(3)班的 49 只欢欢蜜要像蜜蜂一

样勤劳地学习、乐观地面对一切,无论遇到怎样的困难,我们都会团结在一起,勇往直前,我们都要成为一只欢乐的小蜜蜂。

这个班名、班徽运用拟人化手法,寓意深刻,饱含了童话情趣,生动活泼地展示出该班丰富的精神面貌(见班训),让人感受到浓郁的班级文化气息。

班旗也应由学生设计制作,体现班级特色,这样才可以发挥学生的想象力和创造力。班旗的标识是核心内容,一般与班名、班徽标识的意义一致。旗面上标识可以用图形,也可以用班级名称,还可以图形与班级名称相配合。通过制作班旗,可以提高班级的团队精神,增强班级的凝聚力。外出集体活动、大型活动等有意义的时刻打出班旗总能振奋人心,指引学生的行为。

班旗终于升起来了[1]

"我们的班旗终于升起来了。"宜城市实验小学五(4)班的学生自豪地说。

宜城市实验小学6个年级共有32个班级,每个班级都自制有一面班旗。五(4)班的班旗含义是:绿色象征希望;双手托举幼芽比喻同学们在老师的呵护下茁壮成长;原子轨迹寓意同学们学好科学文化知识,将来报效祖国的决心。学校规定只有在常规考核中连续两周分数排全校第一的班级,才能在升国旗的仪式之后将班旗升起。

五(4)班的学生有一个共同的心愿,那就是一定要把班旗升起来。要是能看到自己班的班旗同国旗、校旗一同在学校上空飘扬,那将是多么美好的事情啊!

实现光荣与梦想,需要班集体每个人的共同努力。在上(放)学、着装、两操情况、班会、课堂学习、卫生、安全、班级文化、活动竞赛共九项考核中,同学们丝毫不敢松懈。学校开展班旗活动两年来,同学们的集体荣誉感增强了,不良行为习惯也改变了很多。

班标设计的操作流程:
(1)发动设计阶段。发动全班同学,每人设计一套班级标志,然后经

---

[1] 胡永红等.班旗终于升起来了[J].湖北教育(时政新闻),2007(4)

过师生一起商量,共同确定班标,以此象征整个班级。

(2)深化理解阶段。提议全班学生根据个人对班标的理解和思考,写一段简短的文字,经全班讨论后,编成班标的解说词。解说词充分体现了班级精神的内核。

(3)确认升华阶段。在升挂班名、班徽、班旗时,可以举行一个小型的隆重仪式。全班同学向班徽、班旗行注目礼,由学生代表宣读"班标解说词",使象征着全班学生心愿的班标变成全班学生共同意志的象征,内化成全班学生的班级精神。班名可悬挂在班级门口,班徽挂在教室前黑板或后黑板的上方。班旗则在班级活动时使用,也可以特制一面小旗置于班级门口上方。

2. 班级网页的设计

现在很多学生家里都具备上网的条件,而且家长和学生上网的时间较多,网络无疑是成为最快捷方便的大众传播媒体,故而也是班主任传递班级形象的绝好途径。所以,班级网页的建设也尽量体现 VI 视觉识别系统。班主任可带领学生根据班级的特点,设计出具有班级个性、内容丰富的、页面设计新颖、美观大方的班级网页。

如何设计独具个性的班级网页呢?

(1)确定班级网页的主题,设计好栏目模块。

班主任组织学生讨论,确定班级网页的主题,网页主题一般与班名、班训一致。然后根据主题分设几个栏目,小学班级网页栏目一般包括:

基本信息。包括:班级简介、班训、班规、课程表、作息时间表、任课教师一览表、家长委员会名单、值日表、学生名单等。

班队动态。包括:班级活动、班级荣誉、学生荣誉等。

师生风采。包括:班主任及科任老师的照片及介绍;班队干部及班级小明星的介绍;学生档案袋;学生作品等。

学习园地。包括:各科在线学习与教学资源下载等。

信息沟通。包括:公告栏;班级日志;家长、学生的留言板与讨论区等。

(2)收集、整理、制作栏目资料,并根据主题的需要对资料进行加工、处理。

(3)制作网页

先下载网页制作工具(如 Dreamweaver v8.0 简体注册版、FrontPage 等),然后开始学习网页制作的方法。

（4）上传网页

做好后,申请免费主页空间,把做好的主页上传。

专 题 小 结

本章主要讨论了三个问题：
1. 物态空间布置
2. 精神品质涵育
3. CIS 形象设计

基本要点是：

班级文化是一种特殊的环境,是班级成员在共同的学习、工作和生活中所创造的物质、制度和精神环境的总和。物质文化体现在物态空间的布置方面,主要涉及到讲台与课桌椅的摆放、教室墙壁、角落的布置。精神文化是文化的核心,具体体现在合作、民主、勤学、自主、创新精神等方面。精神文化是内化的,非一朝一夕能形成,需要班主任的精心设计与组织,因此,可以借鉴企业组织形象设计理论(CIS)进行班级形象设计,从CIS系统的"理念识别、行为识别、视觉识别"三方面构建班级文化。

拓 展 学 习

1. 观察附近小学教室的环境布置,说说怎样才能提升教室文化建设的品位。

2. 班级精神是班级文化的灵魂,作为班主任该从哪些方面建立具有个性的班级精神文化?

3. 以见习、实习班级为对象,与班主任、学生一起进行班级形象的设计。

专题六　班级活动组织

问题情境:"书里书外"

　　三年级 G 同学在上学期的期中考试中,语文、数学、外语三门功课再次得了低分,与 G 平日的付出不成比例。心疼孩子的家长很迷惑,为什么会这样:要知道孩子学习可没少费劲,常常一坐就是一个多小时啊。坚强的 G 似乎也无法再相信"有付出就有收获"的道理,自卑之情悄然爬进心田。与老师沟通后,家长方才明白:孩子在学校的生活非常单调贫乏——只会学习,没有兴趣爱好,从不参与集体活动……课堂里他是最乖的学生,课外他是最孤独的学生——一直游离于各种活动之外。当其他孩子拿起话筒走向舞台中央,当别的孩子奔向塑胶跑道,拿起篮球、抓起拔河的大绳,兴致勃勃、满怀激动地拥抱各种活动时,小 G 总是选择教室和教科书。班主任告诉家长,孩子的注意力持续的时间很短,7~10 岁儿童的注意力集中时间约为 20 分钟,10~12 岁约为 25 分钟,12 岁以上约为 30 分钟。孩子的学习应当张弛有度,要开放孩子的多种兴趣爱好,这样会让生活充满意义。要鼓励孩子参与集体活动,渗透于活动中的心情、想法等会深深地影响到孩子的学习、做事的心态。父母按照教师的建议指导孩子的学习:帮助孩子培植兴趣爱好,鼓励孩子参与班级活动,走入多姿多彩的活动,体验活动中激动、兴奋、紧张、遗憾、加油等诸多情感。学年结束时,小 G 的成绩有了很大的进步,让人伤心的分数再也没有出现了。而且,小 G 的脸蛋儿每天都像开着花儿似的。自此以后,小 G 成了一个学习优秀并且非常讨人喜欢的有趣味的孩子。

　　许多谚语、诗文、名人名言都描述了勤奋学习的重要性,如"一分耕耘,一分收获";"书山有路勤为径,学海无涯苦作舟";"我是把别人喝咖啡的功夫都花在了工作上"。许多成才故事也反复印证了"天才是百分之一的灵感加百分之九十九的勤奋"这一真理的颠扑不破。上述案例中,G 同学与其他同学比,学习不可谓不认真,甚至更为"勤奋"和"专注","课堂里他是最乖的学生",别人"玩"的时候他"总是选择教室和教科书","常常一坐就是一个多小时",可是,屡试不爽的真理在他身上似乎"失灵"了,这是为什么?

赞科夫说:"儿童的全面发展在孤独和隔离中是不可能的,只有在具体的内容丰富而形式多样的活动中才有可能。"喜爱活动原本是少年儿童的天性。有价值的活动既可以丰富学生的精神生活,又能使他们长知识,增才干,对他们的身心健康发展起着极为重要的作用。小G"只会学习,没有兴趣爱好,从不参与集体活动",使他逐渐沦为书本知识学习的"奴隶",丧失了从活动中吸纳各种"养分"的机会,丢失了发展的"源头活水"。因此,对于发展中的小学生而言,参加丰富多样的班级活动是更为重要的"学习"。班主任精心开展、积极组织学生参与各类班级活动,才能使班级发展、学生发展及自身专业发展走上"快车道"。

一、班级活动的价值

班级活动是在班主任的指导下,根据国家课程目标和学校培养目标,有目的、有计划地为实现教育目标而举行的各种教育教学实践活动。虽然班级活动与学科教学的总目标一致,但是,两者还是有较大不同。学科教学侧重于使学生获得大量的间接经验,提高学科基础理论知识水平和应用能力,形成学科素养;班级活动侧重于使学生通过亲身的实践和体验,获得大量的直接经验,掌握学习方法,形成世界观和人生观,培养学生良好的品德,发展个性特长,锻炼意志品质,形成行为习惯。因此,班级活动是基于生活常识、经验,密切联系学生自身生活和社会生活的一种课程形态。这是一种以学生的经验与生活为核心的活动性课程,它不是其他课程的辅助或附庸,而是具有自己独特功能和价值的相对独立的课程。其价值体现在:

1. 班级活动有利于增进学生的人际交往

班级活动的进行是强化学生人际关系的机会,让学生拥有更多与他人相处的机会。通过班级活动的规划与讨论,可以了解人与人之间相处的道理,学习尊重他人不同的想法,通过班级活动可以更深入地了解其他同学的观点,促进班级同学之间的和谐。

2. 班级活动有利于强化学生的做事态度

教育不是传授已有的东西,而是要把人的创造力量诱导出来,将"生命感"和"价值感"唤醒。教育是一种激发、召唤。苦口婆心的空洞说教劝说往往是徒劳无效的。班级活动的进行可以培养学生积极主动、民主做事的素养,通过民主程序了解相互尊重的重要性,培养少数服从多数、多数尊重少数的处事态度。这样的孩子进入生活,对自己和别人都有相当清醒的认识。

3. 班级活动有利于发掘学生的各项潜能

班级对于个人就像一个大家庭。每个人的闪光点都可以在大家庭的底片上放出个性化的光彩。班级活动搭起一个个机遇的舞台,让每一名学生进行淋漓尽致的表演。一次"六·一"纯真的发言、一回真切的访谈、一堂主题讨论、一次探春、一回寻美……视野扩大了,心路广阔了,脑瓜也灵活了。

一切教育都是通过个人参与活动而进行的。活动不断地发展个人的能力,熏染个体的意识,形成主体的习惯,锻炼人的思想,激发个体的感情和情绪。班级活动可以让孩子积极主动地认识自己,培养并发掘学生在各方面的才能,让学生在班级生活中可以有自我实现的机会。

4. 班级活动有利于培养学生的集体归属

班级活动是班集体形成的基础。如果一个班级几乎不搞班级活动,或很少搞班级活动,学生就感觉不到班集体的存在,班集体也不可能获得巩固与发展。只有当学生在不断开展的班级活动中才能培养学生的凝聚力、集体荣誉感,最终形成集体归属感。

5. 班级活动有利于深化学生的生活体验

班级如同一个小型社会,影响学生日后的生活经验与能力。因此,班级活动的规划、设计与实施,可以深化学生的生活经验及各方面的能力,教师应该给学生提供规划班级活动的机会,通过各种活动的规划设计与实施,可以让学生拥有更多的生活经验,强化学生的生活能力。

二、班级活动的类型

任何一项班级活动都是内容与形式的统一体,它们直接决定着班级活动功能的发挥。因此,作为班主任就要充分了解班级活动的具体内容与各种形式,这样才能确保开展的班级活动内容丰富多彩,形式多种多样,活动起来得心应手。

(一)班级活动的种类

小学生处在人生发展的初始阶段,他们求知欲强,可塑性大,渴望自身在德、智、体等方面获得有益的发展,为将来的成长奠定坚实的基础。

同时,作为教育者的班主任应在党的教育方针指引下,瞄准教育目标,努力把学生培养成有理想、有道德、有文化、有纪律的社会主义事业的建设者与接班人。少年儿童自身发展需要的多样性与时代发展对人才素质全面发展的迫切要求,就决定了班级活动的种类必然是多样化的。小学班级活动的种类主要有以下几个方面:

1. 主题班会活动

主题班会是指围绕一个教育主题,在班主任指导下,由小学生自己组织和主持的,全班同学都积极参加的,自己教育自己的一种集体活动;也是班主任通过学生集体来教育和影响小学生的一种采用较为普遍的教育形式。在育人方面主题班会是一座"挖掘不尽的金矿",是班集体活动中一朵色彩绚丽的鲜花。有些成功的主题班会,能给学生永远留下美好的记忆,产生长久而深刻的影响。

2. 兴趣小组活动

兴趣小组活动是从学生的兴趣出发,既可以把他们在课堂教学中习得的各科知识在活动中进行运用、延伸或拓展,也可以把他们在各种科技兴趣小组、课外阅读以及日常习得的知识相互交流、启发,从而拓展他们的视野,丰富他们的知识。

3. 文体娱乐活动

文体活动是指以提高学生审美修养、增强体质为宗旨的活动。如组织学生欣赏电影、戏剧和其他文艺作品,开展音乐、舞蹈、朗诵以及参观、游览等活动,使他们受到美的熏陶,也可以组织他们进行体操、田径、武术、球类、游泳、滑雪、滑冰、爬山、健康知识竞赛等活动。

4. 劳动实践活动

劳动实践活动是指培养学生劳动观念、劳动态度、劳动技能、劳动习惯的教育实践活动。班级组织的劳动可以是学生生活自理或自我服务的活动,包括从个人的起居饮食到班务劳动和学校生活,如从小养成自我穿戴、洗洗缝缝、打扫房间、整理床铺等生活能力;帮助老师料理班务;可以是校内的公益服务劳动,如大扫除、美化教室、绿化校园等;班级还可以利用假期组织夏令营活动,学习烧菜煮饭等本领。在劳动过程中,培养热爱劳动的思想感情,养成独立生活能力和勤劳俭朴的生活习惯。这对于现在独生子女形成生活适应的能力,显得尤为重要。有条件的小学还可以班级为单位开展一些校内外农业劳动和工业劳动,从小习得一些简单的生产技术。

5. 社会实践活动

社会实践活动是学生在教师指导下，走出学校，参与社会实践，以获取直接经验、发展实践能力、增强社会责任感为主旨的教育活动。它可以增进学校与社会的密切联系，不断提升学生的精神境界、道德意识和能力，使学生人格不断臻于完善。社会公益服务，对于社会公德的培养和形成有着极为重要的意义，对于培养学生爱祖国和爱人民的思想和行为有着重要的作用。社会实践活动的范围很广，从保护环境、植树造林、参加公共卫生、维护公共秩序，到美化校园、布置教室以及帮助军烈属、照顾孤寡老人、扶助病残同学等等，都属于它的范围之内。如有的班级组织学生以小分队作环保调查，有的班级组织学生长年累月照顾老人和病残同学，有的班级组织学生利用节假日参加维护交通秩序等等都是。

（二）班级活动的形式

班级活动内容的多样性决定了班级活动形式的多样化。生动有趣、新颖别致的活动形式能激发学生强烈的活动兴趣和参与欲望，对班级活动的教育效果起着重要的作用。一般来说，班级活动既可以故事会、报告会、专题讲座、演讲会、辩论会、讨论会、座谈会等形式进行；又可以歌舞、表演、音乐欣赏、影剧评论、诗歌朗诵、小品相声等形式进行；也可以体育竞赛、智力测验、技能竞赛、科技发明制作及展览等形式进行；还可以旅游、参观、访问、夏令营等形式进行。总之，学生年龄越小，形式越需要形象化、多样化。

班主任无论组织什么活动，都应当选择那些最为理想的活动形式，才能收到最佳的活动效果。选择班级活动形式的客观依据主要有以下几条：

1. 活动内容决定活动形式

例如开展"振兴中华"读书活动，可以采取书评、座谈会、演讲会、知识竞赛以及出专刊等形式；进行"比童年"的社会调查，以小组的或个别的活动形式比较好；而组织"敬老院里春常在"的服务活动、"三热爱"宣传活动，则以集中的、团体的活动形式比较好；书画、科技制作活动的成果汇报，以展览会、比赛会的形式比较好。只要是适合既定内容的活动形式，都可以采用。

2. 因地制宜决定活动形式

选择什么活动形式，要注意从实际出发，不必套用人家的活动形式。有时，同样的内容，因实际条件不同而需要采取不同的活动形式。以开展爱国主义教育活动为例,如学校附近有革命纪念地、名胜古迹等,就可采用参观这一活动形式;如能请到革命前辈、英雄模范来作报告,就可以举行报告会;如不具备这些条件,则可考虑举办"老一辈革命家曾这样说……"的主题班会活动,或开展以"可爱的祖国"为主题的诗歌朗诵演唱会,或开展关于"知国情,爱祖国"的国情知识竞赛活动等。

3. 依据本班学生的年龄特点和实际情况来选择、决定活动形式

活动的内容一般要围绕当前形势的需要和学校工作的要求,活动的形式则要考虑本班学生的特点。一般说来,年龄越小的学生,活动的形式要相对活泼一些,生动一些;而对较高年级的学生来说,有时活动的形式就可采用比较静的方式。

4. 依据班主任自身的特长与优势来选择、决定活动的形式

每一位班主任都有自己的专业和个人特长,这是开展活动最有利的条件。如语文老师组织开展"成语接龙"、"谚语大赛"等活动就胸有成竹,而音乐教师对于组织学生开展"献给春天的歌"就具有得天独厚的优势,而组织学生开展"我们可爱的校园"制作活动则适用于各种专业的教师。因此,班主任应当根据自己的特长和优势来选择理想的活动形式,使活动的教育功能得以充分发挥。

三、班级活动的规划

班级活动的规划对班级活动的教育效果起着极为重要的作用。只有精心设计班级活动,才能为学生在活动中增长知识、锻炼才干、受到启迪、夯实基础。

(一)班级活动规划的要求

1. 要有明确的方向

班级活动的最终目的是全面贯彻教育方针,促进学生的全面、健康和协调发展。因此,在设计班级活动时,一定要把握好这个方向,主题的确定、内容的选取、形式的选择、过程的安排都应当注重教育性和发展性,增强针对性和实效性,以充分达成班级活动的目的。如开展"走进军营"班级活动,就不能停留在让学生看热闹,满足好奇心的层面,而应该引导他们体验军营生活,认识军人形象,了解军人职责,形成对军人的正确认识,培养对军人的真挚情感。

2. 要有具体的目标

除明确班级活动的方向外,每次活动都同时应有具体明确的目标,即

为什么要搞这次活动？在活动结束时期望达到什么样的效果？这样设计班级活动时才能有的放矢，紧扣目标，不致流于形式，同时也为活动结束时进行总体评价提供了依据。例如在开展"我爱多民族的中华"活动前，就确定该活动的目标是：使小学生知道我国不仅幅员辽阔，山河壮丽，历史悠久，物产丰富，而且还是个多民族的国家；让他们了解我国少数民族的自然环境、地理特点、风土人情，从而激发学生更加热爱祖国的情感。

3. 要有严密的计划

为了确保活动效能的充分发挥，班主任既要对每学年每学期的班级活动有通盘的考虑和长远的规划，更要对每一次活动作出周密的筹划和部署，包括对时间的安排，主题的确定，内容、形式的选择，过程的组织等。例如，根据少先队大队部计划，某班制定了这样的活动计划：三月份开展"争当文明小队员"的活动，四月份开展"环境小卫士"的活动，五月份开展"小小志愿者"的活动，六月份开展"锻炼身体，建设祖国"的活动。

4. 要符合实际情况

为了保证活动计划切实可行，既要有较强的针对性，又能如期达到活动目标。制定活动计划时必须考虑到种种实际情况，既要考虑到新时期国家对学生的要求与社会对学生的影响，又要考虑到学生的年龄、性格、爱好等特点，还要考虑到班级实际以及学校的设备、环境和活动中实际的指导力量等。

5. 要有丰富的内容

班级活动在内容的确定上要着眼于整体，应包括德、智、体诸方面的内容。每次活动内容都要注意有重点，有侧重。既要面向全体学生，又要注重全面发展。

6. 要有多样的形式

要提高班级活动的教育意义，必须要形式多样，以丰富多彩、生动活泼的形式赢得小学生的欢迎，调动学生参与活动的积极性、主动性，让学生在活动中陶冶情操，受到教育。

7. 要体现学生为主

班级中全体学生是班级活动的主体，因此，应引导学生积极参与，并当家作主，充分调动和发挥每个学生的积极性和特长，让他们在活动中动脑、动手、动口。在设计活动时，要尽量使他们在活动中都有岗位，有职责，让大家都来参与活动的设计、准备和实施的过程，从中锻炼才能。如在开展"争当文明小队员"的活动前，由班长统筹负责，各节目分请专人负责，班主任要尽量发挥学生的主体作用，做到让学生当主角，不做配角。

8. 要易于操作

班级活动是以班级为单位开展的活动,因此要注意活动的频率,掌握活动的节奏。在一定的时间内活动次数不能过多或过少,一般以一月一次为宜。

(二) 班级活动规划的内容

1. 领域的开发

班级活动的领域十分广阔,可以这么说,凡是学生接触到的内容,不管是自然的、人文的,还是心理的,都可以把它作为活动领域加以开发。相对而言,小学班级活动可就"常规领域"、"专题领域"、"学科领域"、"校本领域"[1]四个领域进行开发。叶澜教授提出班级活动的一大核心主题和两大领域,可给我们再来启发。

班级活动的核心主题和两大领域[2]

我们研究和了解了国内外不少有关班级活动的理论和经验,尤其是苏霍姆林斯基有关学生成长与教育的著作,给了我们在如何改革班级活动,尤其在选择主题上的启发,这就是:班级活动应以满足和提升学生的成长、发展需要为核心主题。儿童和青少年成长阶段性的问题与特征的明显存在,又使我们关注如何让班队活动构成纵向的年级系列和横向的年度系列。我们认为,学校班级活动如若离开了这一核心主题,就会失去教育价值的根基。

明确核心主题后,重要的是要进一步研究这一核心主题在学生学校生活中所涉及到的领域。经过十多年的探讨,我们逐渐形成了一些认识(尽管还不完善,还要加强和深入研究),它可以分为这样两大领域。一是与外部世界相关的认识需要,学生与环境互动能力的提升,以及进行有意义、有明晰目标的活动的意识与能力。这是与外部世界发生关系的领域。其中涉及到社会物质、政治、文化精神生活等,每一方面还有当代问题,如文化精神生活中的价值多元化倾向和网络世界带来的一系列问题;全球化背景下对自己、国家、民族的认识、热爱和责任的培养问题。在对待自然的态度上,对自然生命的关爱、环保意识、节约能源等都是当代社会突

---

[1] 黄正平.专业化视野中的小学班主任[M].长春:东北师范大学出版社,2005.96~99
[2] 叶澜."新基础教育论"——关于当代中国学校变革的探究与认识[M].北京:教育科学出版社,2006.320~322

出的与每个公民相关的问题。学生对外部世界的认识,还涉及到对学校、班级群体生活、家庭生活中的一系列问题,包括矛盾与冲突。与这些事、物相关的还有各种人际关系,包括与成人的和同伴的、熟悉的和不熟悉的、重要关系人与非重要关系人等各种类型的人际关系。其中最为核心的是同伴关系(包括好友与冲突者、合作者与竞争者)、师生关系、父母与子女关系、社区邻里关系、公共场合的各种相关行为人之间的关系等,学生生活中经常要面对和处理的人际关系,也是学生处于活动中必然会发生的各种关系。这些"事"与"人"是学生成长经历与环境的直接构成,内涵于学生的生活,具有内生性。

班级活动相关主题的第二大领域直接与学生自我发展的一系列问题相关。它包括在与外部世界相互作用中内在感受、体悟、内需的激发与提升,也包括自我反思、同伴间或与相关成人一起进行的直接指向活动主体内在精神世界发展的活动。有认识的、情感的、意志的、价值取向的、行为的等等方面。最终汇聚到学生健康人格和丰富的内在世界的成长。这里将更多涉及到心理发展的主题、心理健康的主题,是以往班级活动中忽视的一面。

两大领域的班级活动的系列建设,合成在班级活动中服务于当代社会需要的新人精神世界的基础性构成,有了对基础性构成的认识,这些主题在不同年级,以及同一年级的不同时段、不同班级乃至每个学生都会有不同的表现、关注的重点、轻重程度和变化路线。

2. 方案的设计

班级活动方案的设计,具体内容包括:活动名称或活动内容;活动采取的形式;活动的具体要求;指导教师或主持人;参加对象(年级、班级、人数);时间、地点;活动所需设备;活动程序及具体分工;注意事项(活动纪律、要求和操作规程;检查、总结。

下面一则活动方案,基本上贯彻了上述要求,包括了上述内容。

某小学六(2)班班级读书活动方案

一、指导思想

书是人类的朋友,书是人类进步的阶梯,《语文课程标准》指出,培养学生广泛的阅读兴趣,扩大阅读面,增加阅读量,提倡多读书、好读书、读好书、读整本的书,鼓励学生自主选择阅读材料。为能更好地贯彻这一新课标要求,着眼于学生的终身发展,将积极开展大阅读教育,努力为学生营造书香班级,使读书成为学生的习惯,使班级更富人文底蕴,充满智慧和生机。

二、活动目的

1. 激发学生读书的兴趣,养成博览群书的好习惯。

2. 使学生开阔视野,增长知识,发展智力,陶冶情操,充实学生文化底蕴,提高学生综合素质。

3. 促进语文课堂教学的改革,以读促写,走读写结合之路,提高教学质量。

4. 营造书香班级,塑造内涵丰富、特色鲜明的校园文化。

三、活动对象

全班学生

四、活动口号

畅游书海,塑造人生

五、活动方法要求

(一) 构建阅读体系

1. 制定读书计划书

(1) 每个学生结合个人实际,每学期制定出读书成长规划和读书目标,具体格式可让学生根据自己喜好来设计装饰,使其生动活泼、各具特色,其中要有读书的内容、目标、措施、实施时间等。

(2) 每个学生结合实际情况,制定相应的班级读书目标和读书成长规划书,其中要有措施、有保障、有效果、有考评,简洁明了,易于操作。

(3) 组织一次"读书计划书"展示活动。

2. 制订阅读序列

循序渐进是教学的一项基本原则,在课外阅读中也必须遵循这条原则。根据学生年龄特点,认识能力等的不同,合理规定学生的阅读量:一学年背诵优秀诗文70篇,课外阅读总量不少于10万字。

3. 编制阅读书目,合理选择读物

不同孩子阅读的内容、重点、形式应有所不同。高年级学生的思想已经较成熟,阅读速度快,识字量较多,因此可选择中长篇文章。

(二)广开书源,开发阅读环境

1. 建立三级书库,让学生有书可读

(1)教育学生节约零用钱用于购买课外读物,建立个人小书库。

(2)调查家中的藏书量和种类,特别是适合小学生的书籍,作出统计,绘制成表,要求每人选一至两本带到学校,建立班级小书库。将根据班级小书库的图书数量、出借记录、管理制度等评比最佳小书库。

(3)图书角定时向学生出借图书(每月3次)。提倡同学与同学之间、班级与班级之间建立"好书交换站",定期举行"好书换着看"活动。

(4)班级小书库实行全天性开放,充分利用每分每秒的时间,保证学生在一天中的读书时间不少于1小时。

2. 改革语文课堂教学,保证课外阅读正常、有效地开展

(1)每周二、四、六的早自修,为规定阅读时间,由读书管理员组织,可朗读所教的课文,可翻阅课外读物,也可以以"名人名言"、"书海拾贝"、"我最喜欢的"、"好书推荐"等小板块,向同学们介绍自己看过的新书、好书或好文章,交流自己在读书活动中的心得体会,形成良好的班级读书氛围。

(2)每天的语文课利用课前的两分钟背出一首古诗,每周从语文课中挤出一节课作为阅读指导课,可进行阅读交流、新书介绍和读法指导等。

(3)每学期定期组织教师阅读指导经验交流会。

(三)积极组织读书活动,检查读书效果

1. 建立读书成长册

(1)每个学生都要建立一本"读书成长册",将读书活动中读到的精彩片段、好词好句、名人名言、心得体会以及每学期制定的读书计划书,参加读书实践活动的作品,获奖情况等记录下来。

(2)班级定期组织评比优秀读书成长册。

2. 出读书小报

(1)学生在老师或家长的帮助下,收集有关报刊小资料、格言和读书的心得体会等,每学期出版两期读书小报。

(2)每学期组织一次读书小报评比活动。

3. "书香小书房"评比

根据读书活动的班级布置和读书成效,评出最佳"书香小书房"。

4."读书活动积极分子"评比

每学期能读书 5 本以上,并能精读其中 5 篇的学生,在读书活动管理小组考核中申报,可评读书活动积极分子。

此外,还要积极组织学生开展有关的读书实践活动,如故事会、朗读会、演讲比赛、读书心得交流、调查报告、书签制作、读书征文比赛、报刊剪辑等阅读知识竞赛、作文比赛等,激励学生,增强读书兴趣,体验成功的快乐。

六、读书活动逐月安排(略)

四、班级活动的实施

班级活动实施是班级活动过程的中心环节,是班级活动规划的具体化、现实化,是达到班级活动目的、完成班级活动要求的基本手段,是班级活动全过程的关键。

(一)班级活动的实施原则

1. 主体性原则

主体性原则是指在班级活动中要充分发挥学生的主观能动性,在整个活动中要以学生为主体,学生是活动的主人,教师只起指导作用,不能包办代替。

主体性原则符合学生的心理特点,一个人只有感到自己是主人,自己得到别人的信任与尊重时才会发挥出聪明和才智。少年儿童与幼儿的一个重要心理差别就是独立性越来越强,他们渴望得到别人的信任,希望在班级活动中大显身手,总愿意自己试一试、干一干。班主任的教育艺术就体现在能否把学生的积极性调动起来,使全班同学感到自己是班级的主人,全身心地积极投入到活动中去受教育。任何一个主题班级活动都是学生的活动,在那里,学生既是教育者又是受教育者,每一个活动都应该是教育与自我教育的有机结合。

主体性原则是培养创造型人才的需要。任何一个主题班级活动都应该是一种创造,既是教师的创造,又是学生的创造。学生意识到自己是主人,才会迸发出强烈的创造欲望。从设计方案到活动实施,班主任要充分听取学生的意见,允许学生指手画脚,改动方案直至推翻方案。学生认为方案是他们自己设计的,参加活动才会格外认真,他们的创造性才会得到充分的发挥。

在贯彻主体性原则上要注意：

第一，对学生要充分放手，充分信任。班主任要信任学生，要敢于放手，千万不可包办代替，什么都是教师布置好了，学生表演一下就得了，这虽然省事，但教育效果不大。班主任应该力争让学生自己干，尤其是中高年级更要做到计划自己定，活动自己搞，自己解决自己的问题。教师起辅导作用，可以帮助出谋划策，但不能包办代替。

第二，对学生要加强指导，耐心辅导。放手不是放任，自主不是自流，不是说学生想干什么就干什么，要把主体与主导结合起来，在活动中教师还是要起主导作用。儿童年龄小，经验不足，需要教师的指导。特别是在方案设计上，班主任要有主导意见。班级活动虽然要让学生当主人，但必须体现教师的教育意图，否则就是为活动而活动，失去了教育作用。一个优秀的班主任应该善于把教育意图变为学生的活动方针，把教育内容内化为学生的行动，这就必须要处理好主导与主体的关系。

第三，要尽量扩大参与面。参与面越大受教育的学生就越多，所以，学生在活动中的参与面往往与教育效果成正比。学生在活动中当演员与当观众所受到的教育深度是不同的。因此，班主任要力争让所有的人都有事做，所有的人都有岗位，努力改变"教师忙得团团转，学生干部靠边站，一般同学没事干"的现象，要让学生人人动脑动手，亲自参与。参与度（参与的人数、参与的深度）是检验主体性的标志之一。班主任要把学生都发动起来，使每一个人都有用武之地，都能充分发挥自己的才能。

2. 趣味性原则

趣味性符合小学生的特点和需要。少年儿童需要丰富多彩的生活，需要趣味浓厚的活动，否则就会失去兴趣，没有积极性。班级活动设计得趣味横生，就能有极大的吸引力，使学生自觉地参加活动，受到熏陶和教育。事实证明：活动有趣，学生在活动前往往产生期待的急切心理，容易引起动机；活动中积极投入，尽最大努力完成每一次工作；活动后还会留下极深的印象，反复回味，起到自动地巩固和强化教育的作用。

贯彻趣味性原则，首先要强调一个"多"字。要求班级活动内容与形式具有多样性。学生最讨厌的就是单调重复，反反复复老是一个调子，学生就感到乏味。多样性首先是因为学生的成长过程需要多方面的刺激，需要接受多方面的影响和教育。立体化的班级活动就给他们提供了一个丰富多彩的教育环境，对他们的社会化过程和个性的发展是极为有利的。另外，学生的年龄特点决定他们需要多样化的教育，小学生都有求新、求奇、求变、求动的特点,多样性能满足他们这些心理需要,满足心理需要的活动才易于使他们接受教育。因此,我们在设计教育方案时要注意多样性,同一个教育内容可以用不同的形式进行,同一个问题可以从不同角度去解决。每一次主题班级活动都要精心设计,使学生在浓厚的兴趣中轻松、愉快地受到教育。

其次要讲究一个"奇"字。活动内容及形式设计要尽量出其不意,让学生感到"奇乐无穷",以收到出奇制胜的效果。要让活动带些神秘的色彩,例如进行热爱祖国的教育,北京的小学生到天安门去看升旗仪式,以夜行军的方式向天安门进军。一路上学生走在静悄悄的大街上,头顶星星和月亮,边走边做军事游戏,待走到天安门正是升旗的时间,这和坐车去肯定不是一个味,学生兴趣盎然。活动要切忌程式化、成人化,要发挥创造力、想象力。

再次要着眼一个"新"字。儿童喜欢"第一次",第一次这样的活动学生兴趣浓极了,年年都这样,学生就腻烦了。因此,同样内容的活动也要重新设计、改造,使学生感到一个"新"字。如中秋赏月会,第一次是吃月饼,第二次可改成篝火晚会,第三次可以到公园去赏月,第四次又可改成音乐赏月,第五次可以放孔明灯,第六次又改成模拟登月比赛等。总之,要让学生感到有新意,有新奇的感觉。如果年年吃月饼,司空见惯就失去了吸引力,教育效果就减弱了。

当然,开展主题班级活动还应以思想性、教育性为主,不能完全出于猎奇的目的,但为了增强教育效果,在内容与形式上要注意趣味性。

3. 针对性原则

组织主题班级活动必须有针对性,决不能为活动而活动。每次活动确定什么主题,解决什么问题,采取什么方式,不是教师凭空想出来的,必须下大力气研究学生的思想实际,要摸清学生的脉搏,抓住主要矛盾。主题班级活动针对性强,收效就大,否则就容易走过场。

首先要针对学生的心理特点。主题班级活动是育人活动,因此必须认真研究人。首先是研究学生的心理特点。同一个内容的主题班级活动在不同年级开展,效果就不同,因为不同年级的学生心理特点不同,认识水平不同,因此必须根据不同年级学生的情况,采取不同的方式方法。例如化妆班级活动,一年级学生在头上戴个大公鸡、小白兔,学生很高兴,六年级学生就让他们扮成解放军、作家、工程师等。这是因为年龄不同,心理需求不同。因此,组织主题班级活动时,无论选取教育内容、方法,还是设计班级活动形式,都要符合学生的年龄特点和心理需要。

其次是针对班级存在的实际问题。班级活动要解决班集体的实际问题。因此,组织班级活动必须认真分析班级状况,抓住学生存在的主要问题,从学生想而不清、思而不解的问题中,提出带有启迪性的主题,激起学生积极参加班级活动的欲望。抓住学生存在的主要问题进行教育,提高他们的认识,从而改变他们的行为,这可以说是组织班级活动的重要目的之一。假如一个阶段学生不热爱劳动的现象较严重,班上可及时开展"我是劳动小能手"的活动,每个学生学会一种劳动本领到班上比赛,解决学生轻视劳动的思想问题;一个阶段学生骂人现象较严重,班上可及时召开"我是有教养的文明人"的主题班会,以培养学生的文明习惯。这样一个问题一个问题地解决,学生的道德水准也就一步步提高了。

最后,要针对社会现实。学生是生活在社会上的,社会上有各种各样的影响,有积极的,也有消极的。班主任要及时掌握各种思潮对学生的影响,要针对社会的"热门话题",学生中的各种"热点"问题,及时开展有针对性的主题班级活动,以迎接社会上的各种挑战。例如针对"高消费"的问题,组织"勤俭节约传家宝"的主题班级活动;针对"压岁钱"热,开展"妈妈送我一句话"的主题班级活动,号召同学们不收压岁钱,让妈妈过年送给自己一句有教育意义的话。针对社会现实还有一个重要作用,就是使班级活动跟上时代步伐,富有时代气息,使班级活动有新意,有更大的吸引力和感召力。例如针对电子化时代的到来,可举办"电脑与人脑"讲座,使学生了解电脑在现代化建设和社会生活中的广泛应用及发展趋势,激发同学们努力掌握科学文化知识和现代科学技术;针对信息时代的到来,可向学生介绍信息是什么,教学生学会收集信息,筛选信息,使用信息。事实证明,有无针对性是班级活动有无实效的关键所在,组织班级活动必须注意针对性。

4. 教育性原则

主题班级活动是一种传统的教育形式,它的目的就是教育学生,因此必须具有教育性,决不能为了活动而活动,更不能为了给领导或外人看而活动。曾经有一个主题观摩活动,学生一个个上台发言、表演都非常熟练、标准,内容选择得也很有教育意义。可活动结束后问学生:你们这个活动搞过几次了?学生说好几次了,预演不算,给参观的人已演过好几遍了。学生并不觉得自己受教育,只是为了演给领导看。这样做就失去了教育性,如果说有教育性,只能是反面的,教孩子搞形式主义,教孩子骗人。学生不再是受教育者,而是成了"演员",自己已经麻木了,再好的教育内容也不能说它有教育性。

教育性首先体现在教育内容上,一个好的主题班级活动选择的教育内容一定要符合党的方针政策,同时还要符合时代特色,符合学生心理特点和思想实际,能解决学生的思想问题,要有教育的深度。教育性要有广泛的内涵,不只是思想教育,也可以是知识教育,也就是说德、智、体、美、劳都是教育性的内涵。而且一个好的主题班级活动可以使学生受到多方面的教育,既学到了知识,又提高了觉悟;既开阔了眼界,又陶冶了情操;既有深刻的思想内涵,又是美的享受。当然主题班级活动要有一个主题,教育内容比较集中,但也可以做到一个主题受到多种教育。

教育性还体现在教育环节上,应当使主题班级活动的各个环节都起到教育作用。如确定主题、制定计划可以教育和培养干部;活动的准备本身就是一种教育,学生在准备中就自己教育了自己;活动中是相互教育,它是更加完整、集中和系统的教育;活动后,要巩固活动的成果,扩大和发展活动效果,使教育得到继续和升华。要把活动后的工作看成整个活动的一个组成部分,它是教育的继续。活动的每一个环节都蕴含着丰富的教育内容,只是有些环节比较明显,有些环节比较隐蔽,我们都要利用好。

教育性更重要的是体现在内化上。一个主题班级活动的教育性强弱主要取决于是否把内容真正让学生接受,内化到学生的心里。是否真正发生教育作用,使学生有所提高,有所转化,育人才是检验教育性的试金石。全体学生在整个过程中都能受到教育才是体现了最大的教育性。

5. 整体性原则

整体性是讲任何一个活动都要完整,任何一个活动都要与整个教育形成一个系统。每一个活动都应具有完整性,包括活动的酝酿、设计、实施、小结、巩固,哪一个环节也不能马虎。设计一个活动必须有整体考虑,如活动主题、活动时间和地点、活动形式、活动内容、活动前的舆论准备、活动后的巩固强化等,这些都要通盘考虑,哪一个环节出问题,都会影响整体效果。

设计活动还要注意连续性,现在很多学校搞的系列主题活动就是从整体上考虑的。如爱国主义系列主题活动:"我爱祖国的山和水"、"我爱祖国灿烂的文化和悠久的历史"、"我爱祖国的伟大成就"、"我为祖国作贡献"……这些活动前后衔接,形成一个整体的教育系列。有些学校还搞了序列化教育,从一年级开始设计,一直到六年级,搞一个教育的序列。如低年级开展有关爱父母、爱老师、爱同学的活动;中年级开展爱他人、爱集体、爱学校的活动;高年级开展爱家乡、爱人民、爱祖国的活动。每一个活动的结束就是后一个活动的起点。进行前一阶段教育时为后一阶段教育打下基础;而进行后一阶段教育时巩固、强化前一阶段的教育,循序渐进,逐步升华。各个教育活动互相配合,每个教育活动都是整个教育红线上的一颗珠子。这就要求我们设计每个教育活动时把它放在整体的、系统的教育中去考虑。

整体性还指主题班级活动要与其他活动互相配合,如与校会、大队会活动的配合,与其他课外活动的配合,与课内教育的配合等等。总之,通过有计划的、系统的教育,使教育形成一个阶梯,使学生的素质一步步提高,最终成为祖国所需要的人才,这是整体性教育的最终目的。

(二)班级活动的实施步骤

1. 认真准备,狠抓落实

准备工作做得好坏是班级活动成败的关键,因此,班主任与学生首先要按照活动的要求与安排,做好精神上和物质上的准备工作。准备阶段的工作有:了解学生的思想实际,确定教育的主题和目的,制定具体的活动计划,安排好活动分工,进行必要的技能技巧训练,准备好活动的器材,确定活动的时间、场地,研究活动的方法等。在活动准备阶段,班主任要善于把自己的教育要求和打算,转变为学生干部、积极分子直至包括全班每个学生自我教育的愿望与要求。班主任既不能只作指令性的部署,又不能放手不管,放任自流,而是要善于启发引导,充分调动和发挥每一个学生的主动性与积极性,使每一个学生都积极地投入班级活动的各种准备中,让学生在参与活动的准备过程中进行集体教育和自我教育。准备工作一要抓思想发动,二要抓任务落实。

思想发动阶段,是指班主任为了使学生对即将举行的活动产生由衷的追求与向往,巧妙地提出活动的设想,以引起和激发学生产生积极的活动动机。学生的活动动机来源于他们自身的交往需要、学习需要和发展需要。为了有效地引起学生积极参加活动的动机,班主任可以运用以下办法:确立目标,激发动机。例如组织开展"交通法规知多少"的班级活动之前,班主任说:"同学们,最近我们准备开展一次以'交通法规知多少'为主题的班级活动,这次活动将帮助大家进一步了解交通法规,掌握必要的交通安全知识,从而增强自理、自立、自护能力,预防事故发生。"提出问题,激发动机。如在开展"红领巾海洋探险队"活动前,教师说:"你们知道大海是一个怎样的世界吗?你们想知道海底有哪些动物、植物?海底又有哪些宝藏?相信开展了'红领巾海洋探险队'活动后,这些问题你们都能解决。"利用特点,激发动机。小学生好胜心强,爱竞争、求赞许,利用这些特点来激发他们参加活动的动机。如在开展"栽培成语树"的班级活动前,老师说:"同学们在课内和课外了解了不少成语。下周的班会课上,我们准备开展一次'栽培成语树'的班级活动。在活动中,我们以小组为单位,开展成语接龙、成语小品、六六过关等比赛,最后还将评出我班的'成语星',希望大家做好准备。"

落实任务阶段,是指把活动前的准备工作落到实处。这既是搞好活动的必要前提条件,又是学生经受各种教育锻炼的过程。班主任要及时了解检查每一项工作的进展情况,每个人承担任务有何困难。例如该检查的有没有检查,调查的结果如何,该请的人请到了没有,该写发言稿的写好了没有,该演节目的练得熟练不熟练。还要做好会前准备,即会场布置。场地布置得如何直接关系到活动的气氛。场地布置除黑板布置外,墙壁也要适当布置一下,桌椅摆成活动需要的方式,有时还要准备放音乐的录音机或看录像用的电视机等。活动场地布置的原则是突出主题,适合主题所需要的气氛。例如有的活动需要活泼欢快的气氛,场地就应鲜艳美丽,黑板画生动漂亮,甚至墙上可以布置一些挂图、装饰物等,教室顶上也可以拉花或挂彩灯、气球等;有的活动需要庄严肃穆的气氛,场地就应整洁、大方、质朴。场地布置本身就是一种创造,恰当的场地布置能使学生如临其境,情境交融,激起强烈的参与活动的欲望。如"到太空去飞行"的主题活动,把场地布置成夜空一样,有星星,有月亮,有嫦娥,有玉兔,有宇宙飞船等;"我站交通岗"的主题班级活动,教室布置就应有红绿灯,有各种交通指示牌,有小黄帽等。总之,会前准备得越充分,活动的教育效果就会越好。

2. 实施活动,形成高潮

班级活动的实施阶段是把活动计划变成行动,达到教育学生集体与学生个体以及学生自我教育的目的的阶段。在这一阶段,班主任要努力做到以下几点:第一,引导学生把充分准备的各种不同形式的"节目"有机地统一起来,使活动主题鲜明突出,形式生动活泼。第二,注意充分调动和发挥学生干部与骨干分子的积极性、主动性、创造性,把他们推到主人翁的地位,让他们自己组织、自己主持、自己指挥,班主任辅以适当的指导、帮助。第三,班主任要注意发展每个学生的个性,要让每个学生在活动中有岗位、有任务、有角色,这样,才能确保活动收到较好的教育效果。第四,要充分发挥自身的主导作用,引导学生。第五,对活动要作仔细的观察,详细的记录,认真的分析,以便从中获得有关的经验教训。第六,认真对待班级活动中的班主任发言,切忌随意性,要注意言简意赅,要求适当,富有鼓励性与号召力。第七,班主任还要和班干部对可能出现的突发性问题事先进行分析,防患于未然。但活动进行中有时难免会出现一些令人意想不到的事件,这时班主任要镇静,充分发挥自身的主导作用,可通过眼神、手势、语言暗示等方法,把问题消除在萌芽状态。

3. 认真总结,巩固升华

这一阶段是班级活动结束后,班主任对于班级活动成果的检查、巩固,以及把教育成果落实到实际行动上,扩大教育效果。一次活动的结束,并不是这一主题活动教育的终结。班级活动结束了,班主任的教育工作并没有结束,它只是预示着班主任工作又到了一个新的起点。班级活动的总结巩固将使教育效果得到升华、扩大和发展,并对下一次活动具有导向作用。这一阶段,班主任要做到以下几点:第一,着重引导学生将在班级活动中所得到的新认识和被激发的热情给予升华和强化,把教育者的要求转变为学生自身教育的要求和发展需要,从而激励自己的行动。第二,注意引导学生总结参加班级活动的收获与体会,并运用班级活动阵地,把学生中各方面的收获编辑成专刊,张贴展览,以巩固学生在思想上的认识成果。班级活动总结分为小结与全面总结两种。开展系列性班级活动时,要进行阶段小结。全面总结是在活动结束之前进行,全面总结时要对整个活动过程进行全面回顾,认真分析,肯定成绩,找出差距;要把感性认识提高到理性的高度,找出一些规律性的东西,以便更好地指导自己今后的工作。总结的形式有表彰会、报告会、展览会、汇报演出会、作文与专刊等。如果条件允许,还可运用评估手段对活动进行定量分析,使活动的成绩与差距更加精确化。第三,要注意引导学生自觉地落实活动中形成的决议或提出的要求。有意识地联系学生日常的学习、生活和锻炼等实践活动,使他们在班级活动中学到的新知识,经过巩固成为有效的知识储备,并加深、扩大知识面;同时要使学生在活动中学到的本领、学会的技能变成熟练、自动的技巧,能够独立操作,增长才干。第四,注意让学生清醒地认识到他们自身的不足,帮助他们克服各种具体的困难,主动地进行实践锻炼,逐步把思想认识转化为实际行动,最后转化为良好的行为习惯。

上述的组织班级活动的几个环节,是一个有机的整体,它们既相互依存,又各有侧重。在组织班级活动时,班主任要认真实施这几个环节,以保证班级活动的顺利进行。

(三) 主题班会的组织

主题班会是围绕一个专题,在班主任的组织和指导下,以师生智慧和力量为依托,以学生为主体,充分发挥学生的积极性而开展的一种生动活泼的自我教育活动。主题班会作为实施班级德育和开展班级活动的一种重要形式,被列入国家课程计划,作为与必修课同等重要的课程板块;主题班会的有效开展是实现学生全面和谐发展的重要保证,是促进班主任专业成长的有效途径,对于建设班集体和提高德育实效性具有十分重要的意义。主题班会的设计、组织和实施是班主任的一项日常工作内容,它既是班主任专业素养的综合反映,也是促进班主任专业发展的重要途径。

近年来,我国的班主任工作得到了前所未有的重视和加强,班主任的专业培训得到了有效开展。在加强班主任队伍建设中,各地都把开展主题班会活动作为提高班主任专业技能的重要内容,组织开展了各种观摩、竞赛活动,为班主任的专业成长搭建平台,取得了显著成效。如上海市首届班主任基本功系列竞赛中,主题班会活动就是其中的一项重要内容。[1]

当前,在主题班会活动中存在着一些不容忽视的问题:有的目标模糊,针对性不强;有的内容缺乏时代感,令学生厌烦;有的过于集中在德育或文体活动上,而忽视科技教育、网络教育、心理健康教育;有的形式呆板,一味灌输,缺乏趣味性,等等。因此,主题班会活动需要在继承传统、遵循规范的基础上不断开拓创新。

我们认为,组织主题班会这种特殊的班级活动,除了要遵循以上的班级活动实施原则与步骤外,还需特别注意几点:一是活动主题要依据班情、学情等因素依次确立,形成系列,不能断断续续,不能平时束之高阁,只在觉得需要的时候、评比观摩的时候才开展一下。二是班会也是一种课,既要按照一般班级活动的特点来组织,也要遵循课堂教学的规律,注意两者的有机结合,否则很难取得成功。三是注重拓展、延伸。有些班主任组织好一次成功的班会课后,没有开展后续活动,致使教育影响大打

---

[1] 苏军.申城班主任比试基本功[N].文汇报,2008-3-12

折扣。

下附第二届全国中小学主题班(团、队)会大赛评审表,其评定的评价标准较好地体现了班会活动的特点和要求。

全国中小学主题班(团、队)会大赛评审表

序号	省市(地区)	选手姓名	学生年级	班会题目	评价标准					总分
					主题鲜明 目标清晰 重点突出 (15分)	结构合理 结构完整 环环相扣 (20分)	形式新颖 情境典型 注重生成 (25分)	师生互动 人际和谐 情感互动 (25分)	效果显现 目标达成 情景交融 (15分)	

以下是一个以"文明礼仪伴我行"为主题的主题班会实施案例。

文明礼仪伴我行

活动主题：

文明礼仪在行动

活动对象：小学三年级学生

活动目的：

1. 通过看录像、听录音、阅读材料、讨论等系列活动,使学生懂得我们中华民族是世界闻名的"礼仪之邦",讲文明礼貌是中华民族的优良传统,是做人的美德,更是一个现代文明人必须具备的美德。

2. 通过主题班会活动,使学生继承优良传统美德,增强爱国情感,从小养成良好的行为习惯,初步树立社会责任感。

3. 把礼仪常规贯穿到歌谣、小品、朗诵等各种表演形式之中,让学生受到情趣的熏陶和思想品德的教育,懂得礼仪对于每个学生成长的重要性。

活动准备：

1. 开班会前,先在班级开展一系列教育活动作为班会的前期铺垫：让学生搜集中华文明礼仪故事等资料;调查争做文明学生的做法。

2. 关于小学生礼仪的音像、文字材料。

3. 环境布置(黑板、场地等)。

4. 组织学生准备有关节目。
活动过程：
一、活动导入
主持人：中国自古以来就是礼仪之邦，文明礼貌是中华民族的优良传统，作为新一代的少年儿童，我们更不能忘记传统，应该力争做一个讲文明、懂礼貌的好学生，让文明之花常开心中，把文明之美到处传播！现在我宣布："文明礼仪伴我行"主题班会现在开始。

二、活动开始
（一）家庭文明礼仪
主持人：中国是一个有着几千年文明历史的古国，文化源远流长。作为礼仪之邦，中国历史上有很多故事至今仍深深地教育着我们，下面请观看历史故事：《孔融让梨》、《黄香诚心敬父母》（放录像）

主持人：看到这两个小故事，同学们觉得在生活中我们应该怎么对待我们的父母和兄弟姐妹？

学生自由发言。

主持人：现在我们都是独生子女，没有兄弟姐妹，那么我们在一起生活的小伙伴该如何相处呢？看了下面表演的小品，我想大家一定会有不同的看法。下面请欣赏由高婷等表演的小品：《快乐的小伙伴》。

（表演结束）主持人：通过这个小品，大家认为该如何与小伙伴相处？

学生自由发言。

主持人：如果家里来了客人我们应该怎么做呢？下面请欣赏小品《家里来客了》。

（二）校园文明礼仪
主持人：中国是一个有着几千年文明历史的古国，文化源远流长，"礼学"是中国文化的重要组成部分。在中国，自古以来，讲究做人要懂得礼貌谦让，因此中国被称为"文章华国，诗礼传家"，被称为"文明礼仪之邦"。下面我们来看古人们在待人接物等方面有什么要求？（观看录像资料）

主持人：中国古代的礼仪规范不断发展改革形成了我们的现代文明礼仪，在校园这个既庄严又活泼、既紧张又文明的环境中，我们少先队员不仅要学好文化知识，还要自觉加强道德修养，讲礼貌，懂礼仪，做一个文明少年。礼仪举止包含了许多内容，你们知道哪些校园礼仪？谁愿意说给大家听？

学生自由发言。

主持人：规范的校园礼仪是怎样的呢？下面请欣赏徐蕊等表演的几种最基本的礼仪形式。

徐蕊等表演校园礼仪：正确的走姿、正确的站姿、正确的坐姿、交往礼仪、课堂礼仪、课间礼仪、递物与接物。

主持人：这是我们常用的校园礼仪，对于我们小学生，《小学生日常行为规范》也提出了明确的要求。请听《小学生日常行为规范三字歌》。

学生朗诵《小学生日常行为规范三字歌》。

主持人：我们共同生活在这所美丽的校园里，共同学习在三年级一班这个大家庭中，我们应该和谐相处。在前段日子里，我们班里出现了几幕这样的情景，请看小品《课间活动》。

（表演结束）主持人：同学们对这种现象有什么看法？我们应该怎么做？

学生自由发言。

（三）社会文明礼仪

主持人：在学校要讲文明，那么在没人监督的时候，我们应该怎么做呢？请听歌谣《让座》。

（表演结束）主持人：我们要尊老爱幼，在公共场合我们该怎样做呢？请听小快板《如果》。

（表演结束）主持人：说的好，相信你们做得更好！咱班的男生志气大，看，他们还要争当文明好少年呢！朗诵《争当文明好少年》。

（表演结束）主持人：根据我们的资料和调查，总结了简单易记的《文明礼貌三字经》，大家一起来读一读。（学生齐读）

（四）文明用语不离口

主持人：我们知道了礼仪对于我们小学生来说很重要，大家来看这位同学错在哪里了？（学生表演小品：我错在哪里了？）

（表演结束）主持人：这个小男孩的问题就是没有学会尊重他人，最重要的是不会说文明用语。咱们看看古代是怎样讲究文明用语的？请听中国文明礼仪常识《常用的客套话》。（放录音）

（放完录音）主持人：谈吐很能反映一个人的文化教养。作为文化人、文明人，谈吐时除了要内容高雅，有文化内涵，还要区分场合、注意分寸、言辞得体。讲文明，有礼貌，是中华民族的传统美德。要树立一个人的美好形象，首先要做到说话文明，那么，现代文明礼貌用语又有什么讲究呢?下面请听:《日常文明用语介绍》。

(介绍完)主持人:人与人之间相处时难免有磕磕碰碰,犯错之后的一声"对不起"就能使对方的怒气烟消云散,不然会产生不好的后果。请看小品《一件小事》。

(表演结束)主持人:同样的一件小事,却有两种截然不同的结果,其中就是"对不起"在起作用。生活中,人际交往时学会文明用语,是我们从小学做人的很重要的一项道德修养。请看我们班同学对文明用语的体会:诗朗诵《神奇的字》。

活动总结:

主持人:同学们,今天我们学习了很多礼仪方面的知识,作为一名新时代的少先队员,我们要做到遇到师长、来宾,主动敬礼问好;上下楼梯,人多拥挤,注意谦让,靠右行走,保障畅通;讲究卫生,不乱扔果皮,见到纸屑随时捡;爱护公共财物,不乱写乱画,严格遵守学校规章制度,相互监督,共同促进,争做一个讲文明、懂礼仪的好学生。

班主任讲话:

亲爱的同学们,文明礼貌是一粒最有生命力的种子,作为一名学生,作为中华民族的后代,我们有义务,有责任弘扬我们的礼仪传统,树立良好的自身形象。只要心里播下这粒种子,它就会在我们的精神世界里生根、开花、结果,那么我们的社会就会更美好!希望通过这次活动,能让我们真正理解文明礼仪的重要性,让我们把文明的种子撒遍生活的每一个角落,让文明之花越开越盛,开遍家庭、校园、社会!

活动结束:

主持人:"文明礼仪伴我行"主题班会到此结束。

点评:主题班会是小学实践活动课程的重要组成部分,是班级德育的主要载体和平台,是班主任针对本班学生普遍存在的问题,从实际出发,与学生共同商量确立教育主题、确定教育目的、选择教育内容、设计方案所开展的学生自主教育活动。本节班会课主题鲜明,目的明确,形式活泼;活动设计切合实际,科学合理,循序渐进,符合小学生年龄特点,活动效果良好。

专 题 小 结

本专题主要讨论的问题:
1. 班级活动的价值

2. 班级活动的类型
3. 班级活动的规划
4. 班级活动的实施

基本要点是:

对于发展中的小学生而言,参加丰富多样的班级活动是更为重要的"学习"。班级活动的价值突出表现在能够培养学生的班级归属感,发掘学生的各项才能,深化学生的经验与能力,融洽师生关系等。班级活动有主题班会活动、兴趣小组活动、文体娱乐活动、劳动实践活动、社会实践活动等多种类型,开展这些活动可采取灵活多样的方式。班级活动的规划对班级活动的教育效果起着极为重要的作用。只有精心设计班级活动,才能为学生在活动中增长知识、锻炼才干、受到启迪夯实基础。班级活动实施是班级活动过程的中心环节,是班级活动规划的具体化、现实化,是达到班级活动目的、完成班级活动要求的基本手段,是班级活动全过程的关键。要根据主体性、趣味性、针对性、教育性、整体性等要求,遵循实施步骤,保证班级活动的顺利进行。

拓 展 学 习

1. 由于受传统应试教育的影响,在一些学校还普遍存在片面追求分数和升学率的现象,不少教师还存在着搞活动会挤占学生学习时间、影响学习成绩的想法。请结合本专题的学习和你的体验就这一观念谈谈看法。

2. 适合的教育才是最好的教育。请你根据附近社区、学校、班级特点,开展相关教育调查,规划出某个年级学生最喜欢的 6 种班级活动。

3. 记录并整理你所亲历的一次班级主题活动,并进行微格分析。

4. 尝试设计一个主题班会活动方案,积极联系相关班级组织实施。

专题七　学生发展指导

问题情境：让孩子生活在希望中[①]

我与赵牧同学第一次见面时，他母亲也在场。那时我刚走上工作岗位，第一天给孩子们报到注册。"朱老师，这孩子的基础很差，又贪玩。真过意不去，给您添了一个'包袱'。"他母亲深表歉意地说。

现在，赵牧就站在我面前。他显得很拘谨，低着头，不敢正面看我，目光一直盯着地面。

"快坐下吧，看得出来，你是个挺好的孩子！只要你愿意认真学习，成绩一定不会差的。"我轻轻地抚摸了一下他的头。他母亲拉着我，轻声地说："您别对他太客气了。"临走时，又一再叮嘱我，对她儿子要严格些。我微笑着点点头。我想，严格，在教育中往往有两种截然相反的做法，作为新教师的我应当追求哪一种呢？

第一次的作业交上来了。我批阅着赵牧的观察日记，错别字很多，语句也不通顺……可是他的字却写得很认真，端端正正。透过这些字我仿佛看到了他那颗要求上进的心。"良"字被我毫不犹豫地写在文首，并写下了评语："相信你一定会进步的。"

谁知，这个小小的"良"字竟唤起了他长眠于心中的对学习的极大热情。过了一天，他又交来一份书写工整的修改稿。真没想到，一个分数，一句评语，竟会产生这样巨大的力量。要知道，他还是个特别贪玩的孩子呢！我依旧写下了鼓励他前进的话。

学习成绩的上下波动，对老师和学生都是一个考验。在赵牧还没有出现反复时，我就思考着：赵牧这孩子的词语基础差，如果他测验结果不好怎么办？果然，第一次听写词语，他得了个倒数第一的成绩。

"我妈妈每天都给我听写词语的，可是一到学校，我就又听写不出来

[①] 朱玉忠.影响班主任的 101 个经典管理案例[M].沈阳：北方妇女儿童出版社，2007. 22～23

了。"他一说完眼泪便扑簌簌地落下。

"听写词语没写好,你就没信心了吗?这是最基础的东西了,没什么了不起的。"我将他的听写本合上,继续说:"你在家里不是写对了吗?在学校写不出来一定是心里太紧张了。来!我们再来写写看。""嗯!"赵牧认真地点点头,一双大眼睛扑闪扑闪地、信任而感激地看着我。他迅速地打开听写本,对我说:"朱老师,您报吧!这次我一定能行。"我当时只有一个信念:每个学生都是有潜力的。作为教师应当帮助孩子们树立起克服困难的信心和勇气。在我的启发下,赵牧终于把一个单元的词语写熟、记牢了。

以后,赵牧的成绩一步步在提高,性格也一天天地开朗起来。我又因势利导,让他当上了班级的精神文明宣传员,参与班级的管理。

孩子的进步,家长看在眼里,喜在心里。赵牧的母亲特地来学校感谢,我说:"现在这孩子有了信心,这是我最高兴的。不知您注意了没有,这孩子现在连走路都是昂首挺胸的了……"

是啊,真正自暴自弃的学生是没有的,只要教师不抛弃学生,学生是不会自我抛弃的。我清楚地意识到,与其说我的鼓励使赵牧获得了进步,倒不如说孩子的进步鼓励了我这位刚刚走上教坛的新教师。

前面几个专题,从生活、文化、活动等不同视角探讨了班级建设的相关问题,我们有必要叩问这样一个问题:班级建设的出发点和归宿在哪里?应该说,在发展,尤其是在学生的发展。从根本意义上说,班级是为发展服务的,发展是班级建设的核心命题和第一要务。没有学生的发展,班级的组建、班主任岗位的设置、班级的建设,都会失去依托和意义。

什么是学生发展?有几个关键词:一是"全体",即不是少数学生的发展,而是"一个也不能少",是所有学生的发展;二是"全面",即不仅仅是文化成绩的提高,而是身体与心理、品德、知识、审美素养全面的提升;三是"主动",即不是在教师"强制"、"操纵"下的发展,而是在学生能动性充分发挥下的发展;四是"个性",即不是"千人一面",按一种模式发展,而是差异发展、特色发展、个性发展。

上述案例中的赵牧同学,发展的基础可能不如其他同学,但在班主任的关心、指导下,进入了全面发展、主动发展、个性发展的良性轨道。一方面说明,没有一个学生是可以放弃的,能够放弃的,另一方面也说明,班主任对学生发展的针对性指导至关重要。

一、关注习惯养成

(一)习惯养成:功能与意义

什么是习惯?习惯是指由无数次的重复或练习而逐步巩固下来并变成需要的行动方式,它是不需要任何意志努力和监督的、自动化了的行为。所以习惯不是一般行为,而是定型性行为。如每天要刷牙、洗脸等。从生理机制上来讲,习惯不是与生俱来的,而是一种后天形成的趋于稳定的条件反射。它是由于多次的重复,使一定的情景和个体的某种行为,在大脑皮质上形成的两个兴奋点沟通起来,建立起巩固的暂时神经联系。当个体受到同样的情景刺激作用时,就会自然地表现出相应的行为。习惯一旦形成,就会自动地体现在人们的行为中,成为人的不可缺少的东西,如果不按行为习惯去做,就会产生不愉快、不舒服,甚至苦恼的情绪。所以,人们把习惯称之为人的"第二天性"。

每个人其实都生活在他业已形成的习惯之中。行为科学的研究表明,一个人一天中的行为,大约只有百分之五是属于非习惯性的,而剩下的百分之九十五的行为都是习惯性的。习惯是一个人存放在神经系统的资本,一个人养成好的习惯,一辈子都取不完它的利息,终身将与幸福结伴而行,养成坏的习惯,一辈子都偿还不清它的债务,永远与失败结下不解之缘。大量事实证明,习惯决定一个人的成败。著名心理学家威廉·詹姆士曾经说过:播种一种行为,收获一种习惯;播种一种习惯,收获一种性格;播种一种性格,收获一种命运。

北京某外资企业招工,报酬丰厚,要求严格。一些高学历的年轻人过五关斩六将,几乎就要如愿以偿了。最后一关是总经理面试。在到了面试时间之后,总经理突然说:"我有点急事,请等我10分钟。"总经理走后,踌躇满志的年轻人围住了老板的大办公桌,你翻看文件,我看来信,没一人闲着。10分钟后,总经理回来了,宣布说:"面试已经结束,很遗憾,你们都没有被录取。"年轻人惊愕不已:"面试还没开始呢!"总经理说:"我不在期间,你们的表现就是面试。本公司不能录取随便翻阅领导文件的人。"年轻人全傻了。[①]

---

① 卓立等.教育就是培养习惯[N].人民日报,2004-7-8

叶圣陶先生说:"教育是什么,往简单方面说,只须一句话,就是要养成良好的习惯。"中国青少年研究中心副主任孙云晓引用一位名人的话提醒我们,成功教育从习惯养成开始。

关注习惯养成是全面实施素质教育的需要。素质教育从本质上说,是以提高全民素质为宗旨的教育。养成教育是以人的身体素质、心理素质、思想品德、行为习惯和生活能力养成等为基本内容而关系到人的全面发展的教育。素质教育是否有成效是以对象养成的行为习惯为表征的。这是因为良好的习惯是学生个体生理基础、心理特点、社会文化素质的融合体,整合了学生认知、情感、意志和外部活动体系,也综合体现了学生在德、智、体、美、劳诸方面的素质的培养。因此,加强养成教育是全面实施素质教育的基本体现和关键所在。

关注习惯养成也是遵循儿童发展规律和教育规律的需要。习惯的养成是有"关键期"的。所谓"关键期"(也叫关键年龄、最佳年龄),是指人生学习的最佳时期。在这个时期发展各种智力、能力,成效最大。如果在这个时期对孩子实施某种教育,可以收到事半功倍的效果,而一旦错过了这个时期,再进行这种教育,效果就明显差多了。有时不只是事倍功半的问题,甚至终身难以弥补。那么,养成各种良好习惯的关键期是什么时候呢?人们比较一致的观点是:幼儿期和儿童期是良好习惯形成的关键期。我国著名心理学家林崇德教授指出:"由于小学儿童品德发展以协调性为特点,小学阶段是道德行为习惯培养的最佳时期。尽管品德培养应该有多种起点,道德行为习惯培养也离不开道德认识、道德情感和道德意志的培养,但从道德行为习惯培养入手,这的确是发展小学儿童品德的最有效的途径。"小学阶段是养成教育的关键期,是因为孩子年龄小的时候具有很强的可塑性,比较听话,好训练,因而培养各种良好习惯最容易见效。因此,养成教育中极为重要的一个环节,就是抓好"关键期",对孩子各种良好行为习惯进行培养,为孩子以后的工作和学习打下坚实的基础。俗话说,3岁看大,7岁看老。当然,强调小学阶段养成教育的重要性是把这个时期内的教育效果同人生其他发展阶段的教育效果比较而言,而不是说过了小学阶段,养成教育就起不了任何作用。我们常听到"活到老,学到老"的名言,意思是人的一辈子都要不断接受教育进行学习。因此,养成教育是伴随人的一生的终身教育。事实上,一切良好的道德品质、行为习惯的养成,不可能全部在小学阶段就能完成的,它还需要进入社会,在工作实践中继续不断地进行。因此,我们在养成教育上既要重视小学阶段，又要承认它是一种终身教育。

1988年1月18日至21日，75位诺贝尔奖金获得者在巴黎聚会，以"21世纪的希望和威胁"为主题，就人类面临的重大问题进行研讨。

会议期间，有人问一位诺贝尔奖获得者：

"您在哪所大学、哪个实验室学到了您认为最主要的东西呢？"

这位白发苍苍的获奖者回答：

"是在幼儿园。"

提问者愣住了，又问：

"您在幼儿园学到些什么呢？"

科学家耐心地回答：

"把自己的东西分一半给小伙伴们；不是自己的东西不要拿；东西要放整齐；吃饭前要洗手；做错了事情要表示歉意；午饭后要休息；要仔细观察周围的大自然。从根本上说，我学到的全部东西就是这些。"

（二）习惯养成：内容与策略

1. 习惯养成的内容

如上所述，良好的习惯是学生个体生理基础、心理特点、社会文化素质的融合体，整合了学生认知、情感、意志和外部活动体系，也综合体现了学生在德、智、体、美、劳诸方面的素质的培养，因此，内容是极为广泛的。根据教育要求和学生特点，我们认为，在小学阶段，应重点关注如下习惯的养成：

（1）德行习惯

教育的根本任务是教会学生做人。一个民族的素质所包含的内容是极其广泛的，但是在评价一个民族的素质时，往往首先要通过这个民族多数人所表现出来的行为习惯、文明礼貌而获得感性认识的。苏霍姆林斯基说，为了把我们的学生培养成道德上健康的人，我们把许多精力用于确立他们做人的道德规范上。习惯养成首先是一种道德行为习惯的教育，是一种素养和人格的教育。

良好的德行习惯包括许多品质，以下择其主要简要描述：

爱心。爱是人间最伟大的一种道德，也是人类最基础的一种情操。美国著名教育家赫·斯宾塞指出，爱心是美德的基础，也是美德最直接的表现。爱心是我们人类脱离动物，走向高尚情操的重要标志，也是人与人之间共同和平生活的粘合剂。有了爱,人与人之间才会牢牢地连接在一起,能与生活中的困难对抗;有了爱,我们的生活才会充满灿烂的阳光。一个人,不热爱自然,不热爱自己的故乡,不热爱自己的父老乡亲,不热爱养育自己的土地,不热爱自己的国家,他身上就缺少一种前进的动力。透视现在的学生,他们以自己为圆心建立着属于自己的世界,国家、父母、周围人以及赖以生存的土地上的一切,只不过是围绕圆心运行的圆上的点。没有爱心的支撑,孩子们的心理世界就会坍塌。培养孩子爱的情感和行为,唤醒孩子身上沉睡的爱的潜能,是教育的一个重要目的。

诚信。诚信是道德之基石,是立人之根本,是社会赖以生存发展之基础。我国颁布的《公民道德建设实施纲要》,把"明礼诚信"作为公民的基本道德规范之一。重视公民的诚信教育,必须从小抓起。教育部办公厅颁发的《关于进一步加强中小学诚信教育的通知》,确定了我国中小学生诚信教育的主要内容。在诚实教育方面,要培养学生诚实待人,以真诚的言行对待他人,关心他人,对他人富有同情心,乐于助人。严格要求自己,言行一致,不说谎话,作业和考试求真实,不抄袭,不作弊。在守信教育方面,要培养学生守时,守信,有责任心,承诺的事情一定要做到,言必信,行必果。遇到失误,勇于承担应有的责任,知错就改。在诚实守信教育的同时,还要加强遵守法律法规、校规校纪和社会公德的教育,培养学生的法律意识和规则意识,具备良好的道德品质。

礼仪。中国自古以来就非常崇尚礼仪,号称"文明古国、礼仪之邦"。孔子说:"不学礼,无以立。"荀子说:"人无礼则不生,事无礼则不成,国无礼则不宁。"可见,礼仪对于人和社会的发展有着十分重要的意义。《公民道德建设实施纲要》第二十八条指出:"开展必要的礼仪、礼节、礼貌活动,对规范人们的言行举止,有着重要的作用。要提倡在重要场所和重大活动中升国旗、唱国歌,开展入队、入团、入党宣誓,成人仪式以及各种形式的重礼节、讲礼貌、告别不文明言行等活动,引导公民增强礼仪、礼节、礼貌意识,不断提高自身道德修养。"礼仪教育不是一般的礼貌教育,而是一种道德修养的教育,健全人格的教育。进行礼仪教育,应从青少年抓起。著名的英国哲学家约翰·洛克曾说过:"礼貌是儿童与青年所应该特别小心地养成习惯的第一件大事。"

责任。责任是道德的核心,中国历来重视对年轻一代进行责任教育。孔子的"当仁不让",孟子的"舍我其谁",张载的"为天地立心,为生民立命,为往圣继绝学,为万世开太平",顾炎武的"天下兴亡,匹夫有责",李大钊的"铁肩担道义",无不显示着对国运民瘼的崇高责任感。早在1972年,联合国教科文组织在《学会生存》这一报告中,就确定教育发展的方向之一,是使每个人承担起包括道德责任在内的一切责任。因此,加强对学生的责任教育,让学生学会对自己负责,对他人负责,对社会负责,以形成学生的责任意识和责任品格,为他们今后的发展打下基础,是班主任和班级建设的重要使命。

(2) 学习习惯

对小学生而言,学习是其社会义务,也是他们的主要活动之一。在当代学习化社会中,学习习惯的培养日显重要。英国唯物主义哲学家、现代实验科学的始祖、科学归纳法的奠基人培根,一生成就斐然,他在谈到学习习惯时深有感触地说:"习惯真是一种顽强而巨大的力量,它可以主宰人的一生,因此,人从幼年起就应该通过教育培养一种良好的习惯。如果你渴望获得较好的学习成绩,如果你渴望有效地利用时间,如果你渴望在学术上有所建树,那么,你应该而且必须做的第一件事就是尽早养成良好的学习习惯。"

良好的学习习惯主要有如下品质:

好学乐学。我国古代教育家孔子说过:"知之者不如好之者,好之者不如乐之者。"爱因斯坦说:"兴趣和爱好是最好的老师。"可见,兴趣是求知的前提,学习的动机,成才的起点。心理学研究认为,浓厚的学习兴趣可使大脑、各种感官处于最活跃状态,以最佳地接受教学信息,能促使学生自觉地集中注意力,全神贯注于学习活动,能使学生在繁重刻苦的学习过程中,抑制疲劳产生愉悦的体验。因此可以说,学习兴趣是学生学习动机中最活跃、最现实并带有强烈情感色彩的因素,培养学生的好学乐学品质是推动学生学习走向成功的内部动力。

学有规划。如果一个学生懂得什么时候该休息,什么时候该学习,先学什么,后学什么,做完作业后看什么课外书,自己的薄弱环节在什么地方,如何弥补,在规定的时间完成规定的学习任务,定时预习,定期反思、总结学习情况,那么他就掌握了提高学习质量的"钥匙",因为他的学习是有规划的,是有计划性的,是主动的。

专心致志。课堂上专心听讲,并调动所有感官参与,画画时前后一致,不虎头蛇尾,作业时不受干扰,始终保持注意力,是一种良好的学习品质。

有一天，军军的妈妈来向他的班主任求助说，军军写作业时有个不好的习惯，明明是快则半小时、慢则一小时的功课，他每天都能写3小时以上。往往写几分钟就起来东走西走，每小时至少五六次以上。就这样，一小时的时间差不多一半用在了闲逛上面，难怪要用那么长时间完成功课。妈妈很伤脑筋。为此，妈妈想出了各种办法，专门抽出时间陪军军写作业。可是军军每写几个字必须围着屋子溜达一圈，即使有时候在妈妈的强压下不能起身，勉强埋头写作业，可是只要妈妈一离开房间，他立刻我行我素。

班主任通过与军军妈妈共同研究分析认为：军军已经长期养成不能专心的习惯，要他写作业时不起来走动很不容易。儿童的不良行为，若是属于初犯，可以运用忽视、不直接作反应的方法来削弱。但事实上，真正初犯就被注意到的不良行为很少，多数是出现好多次以后才被发觉。这些经长期塑造而成的行为，父母或老师发现、求助的时候，已经相当牢固。这时，如果把改善儿童不良行为的标准定得太高，往往欲速则不达，反而会造成对立情绪。

于是，妈妈与军军约法三章，如果军军写作业时，每小时能减到3次之内的离座次数，就可以允许看电视，否则就禁止看6点钟的动画片（因为6点钟的动画片对军军非常有吸引力，是军军每天的必修项目）。结果第一星期有3天达到标准，三星期以后可以完全做到。等军军能完全做到每个小时离座不超过3次的标准时，再把标准依次提高到2次、1次。就这样，3个月以后，军军终于改掉了写作业拖拉的习惯。

多思善问。古人说：学贵有疑。疑是思之始，学之端。有疑问才有学习的内驱力。学生能多思善问，就能把知识要点、思路、方法、知识间及与生活的联系等认真思考，形成体系，就能虚心向老师、同学及他人求教，不断提高自己，就能不断发现问题，研究问题，有所创造。

(3) 生活习惯

在传统的学校和班级教育中，学生的生活习惯往往是被视为"小节"并被忽略的。其实，班级本身也是一个生活组织，具有生活功能。关注学生生活习惯的养成，不仅有利于学生的身心健康，而且对学生德行习惯和学习习惯的形成也会产生促进作用。

卫生。引导学生有规律地进行生活作息，学习、休息、进餐、睡眠、户外活动、体育锻炼、自我服务等要有序安排，科学进行；教育孩子注意个人卫生和公共卫生，保持环境整洁，预防疾病侵入；提醒学生注意用眼卫生，保证读写姿势正确，保护视力。

安全。据了解，某重点学校曾经做过一次安全知识问卷调查，只有不到20％的学生能够达到60分的及格标准，很多学生不知道急救电话号码是120，不懂得最起码的交通常识，不明白遭遇火灾时的逃生途径。有关数据显示，全国每年有1.6万名中小学生非正常死亡，平均每天约有40名学生死于溺水、食物中毒、交通或安全事故，这其中约有80％的非正常死亡本可以通过预防措施和应急处理得到避免。自1996年起，我国就建立了全国中小学生安全教育日制度，将每年3月最后一周的星期一定为全国中小学生安全教育日。因此，加强安全教育，培养学生安全意识，丰富学生安全知识，锻炼学生应对危险的能力，非常重要和迫切。

健体。"体者，载知识之车而寓道德之舍也"，"无体，是无德智也"。早在1978年，联合国教科文组织在《体育运动国际宪章》中就明确指出："体育是全面教育体制内一种必要的终身因素。"近年来，孩子的物质生活水平不断提高，但许多健康指标却在下降，必须树立"健康第一"的思想，培养学生锻炼身体的习惯。

2. 习惯养成的策略

（1）内在潜能的激活

需要是动机的前兆，满足需要是行为的目的，需要构成了人们的行为基础。苏联心理学家彼得罗夫斯基曾经说过："任何方法如果不是以儿童现有的需要为基础的，那么它就不会达到目的。"小学生习惯养成的首要环节就是要激活小学生的内在潜能，使其明白养成良好习惯的重要性，促使学生正确认识行为规范，形成符合规范的行为意向，端正行为态度，引导学生产生积极的心理动机，自发配合教师的教育。苏霍姆林斯基曾说："只有学生把教育看成是自己的需要而乐于接受时，才能取得最佳的教育效果。"

（2）合乎规律的点拨

任何一种良好习惯的形成与巩固，都是知行结合的结果，都要经过相当复杂的发展过程。训练可以使肌体与环境之间形成稳固的条件反射，这种稳固的条件反射具有自然的、一贯的、稳定的动力定型。所以说，没有训练，就没有习惯。学生习惯的形成，往往不是先从概念开始的，而是从实践中体验和训练出来的。许多时候，一些大道理一时半会儿很难被他们理解，但行为的训练，习惯的养成，会使他们体会到种种益处。等到他们能理解相关道理的时候,这时的习惯已成为他们的第二天性,会使他们终身受益。

(3) 人格力量的熏陶

在美国,有人做了这么个有趣的实验:把儿童分成四组,每组配一个实验员,待实验员与儿童建立了良好的关系并得到了儿童的信任之后,主试者分别要求四组儿童为孤儿院幼儿捐款。第一组实验员向儿童宣传应当捐款,同时自己也慷慨捐款;第二组实验员宣传不必去救济孤儿,把钱留给自己;第三组实验员宣传人应当慷慨,自己却不捐款;第四组实验员宣传不必捐款,自己却捐款。实验结果是:第一组儿童全部捐了款;第二组没有一个人捐款;第三组绝大多数没有捐款,少数人捐了款;第四组大多数儿童学着实验员捐了款。实验说明,说教对儿童的影响是微小的,实际的榜样却对儿童产生巨大的影响。现代心理学研究也表明,人的一切行为,从动作的模拟到语言的掌握,从态度的建立到人格的形成,都可以通过对范导者的观察而习得。也就是说,人的社会化的早期经验,主要是通过对范导者的模仿方式形成的。苏霍姆林斯基曾说:"在教育工作中,一切都应以教师的人格为依据,因为教育力量只能从人格的活的源泉中产生出来,任何规章制度,任何人为的管理机构,无论它们设想得如何巧妙,都不能代替教师人格对教育的作用。"班主任不仅要善于利用和挖掘小学生身边的榜样,充分发挥同伴的示范作用和大众传播媒介的示范作用,更要发挥自身的人格力量。因为人只能由人来建树,我们的工作对象是正在形成个性中的最细腻的精神生活领域,即智慧、情感、意志、信念、自我意识。这些领域也只能用同样的东西即智慧、情感、意志、信念、自我意识去施加影响。

(4) 自我教育的回归

苏霍姆林斯基说:"真正的教育是自我教育。""一个少年,只有当他学会了不仅仔细地研究周围世界,而且仔细地研究自己本身的时候;只有当他不仅努力认识周围的事物和现象,而且努力认识自己内心世界的时候;只有当他的精神力量用来使自己变得更好、更完善的时候,他才叫作一个真正的人。"的确是这样,"不教之教",即通过学生自己教育自己是教育的最高境界。学生不可能永远接受教师的教育和指导,他们终究要长大,终究要离开教师,离开学校,走向社会。因此,真正的习惯养成应该追求"不教之教"的效果,要尽可能地让学生独立地生活,让学生自己时刻能够反省自己的言行举止,不断地完善自我。中国加入 WTO 的首席谈判代表龙永图副部长说过这样一则国外见闻：在瑞士，有一次龙副部长和几个朋友去公园散步。上厕所时，他听到隔壁的卫生间里发出"砰、砰"的响声。当时他只是有些纳闷，也没太在意。出来时，一位女士非常着急地问他有没有看到她的孩子，并说孩子已经进厕所10多分钟了，还没有出来。龙副部长想起了隔壁厕所的响声，于是他又走了进去。打开厕所门后，他看到一个七八岁的小男孩正满头大汗地修理着抽水马桶，因为怎么弄都冲不出水来。原来，男孩觉得自己上厕所后不冲水就走是不对的，可是，偏偏抽水马桶又坏了，所以只好临时当起了修理工。一个小孩子在"没有外力监督和约束"时，竟能如此自觉自愿地遵守规则，叫人好生感动。倘若我们的学生也能将外在的规则内化为自己内心的准则，一旦"还原"到"规则无人看守"时，也能像这个"小男孩"那样，将规则意识深深地镌刻在心灵的碑石上，责任感自然地践履于个人的行动中，那该是一种多么美丽的境界。

二、加强分类指导

一棵树上找不到完全相同的两片树叶，一个班上找不到没有差异的两个学生。由于遗传素质不同，受家庭、学校、社会的影响不同，所处的年龄阶段不同，以及个人的禀赋和努力程度不同，班上的几十名学生，在思想品德、智力、性格等方面总是不平衡的，有差异的。根据他们的不同特点，注意分类指导，因材施教，是班主任工作取得成功的关键所在。

要加强分类指导，首先就要对学生进行分类，从不同的角度，用不同的标准，就有不同的分类方法。可作为分类标准的有：家庭出身（干部家庭、知识分子家庭、工人家庭、农民家庭等）；籍贯所在（本地、外来）；居住区域（城市、农村）；家庭结构（"三代同堂"家庭、"核心家庭"、残缺家庭等）；子女构成（独生子女家庭、非独生子女家庭）；品学情况（优等生、中等生、后进生）；所处年级（低年级、中年级、高年级）；性别（男学生、女学生）；班级角色（学生干部、普通学生）；等等。

（一）低、中、高年级的分类指导

1. 低年级学生的指导

低年级小学生从幼儿园来到小学，是其人生的一个重大转折。由于活动性质的变化，学习逐渐成为他们的主导活动，因而对他们自觉性的要求增强了。他们将面临着许多的不适应，如果不能有效地根据他们的特点进行针对性的指导，他们将很容易产生对学校、学习、交往的恐惧心理，从而延误他们的发展。

作为低年级的班主任,要特别注意两点:一是低年级学生身上还带有浓烈的幼儿特征,要允许他们有一个比较长的适应过程,切忌企图"一步到位",方法简单粗暴;一是要充分认识到学生身上存在的个别差异。有位教育家说过:当一年级老师面对差不多都是六七岁孩子的时候,从他们的准备状态来说,实际上是三至十一岁。因此,要特别注意因材施教,加强个别指导。

在入学初,班主任应带领学生熟悉学校环境,为他们介绍学校生活、学习科目、任课老师,并鼓励他们积极与同学交往,参加班级活动。

大力加强常规教育,对学习、品德常规要提出具体的要求。大至上课、作业,小至列队、劳动等,都要循序渐进,有条不紊,耐心细致地进行训练,使学生养成良好的学习和生活习惯。

抓紧对低年级小学生的学习辅导。要培养他们认真的学习态度,让儿童学会学习的常规,想方设法激发学生的学习兴趣;要培养他们良好的学习习惯,教会他们掌握学习的方法;要注意启发他们积极思维,逐渐学会进行智力活动的各种技能。

下大力气组建班集体。要着力培养学生的集体主义精神,充分发挥积极分子的作用,形成正确的班级舆论,有计划、有组织地开展各种班级活动,促进班集体的形成和发展。

2. 中年级学生的指导

小学生到了中年级,已经完全适应了学校的生活,他们渐渐脱离了以自我为中心的性格,交往范围大大扩大,伙伴意识大大增强。老师在他们的心目中不再像低年级那样,显得那么高大、神圣,值得敬畏和依赖,伙伴间和小团体中的规则对他们更具约束力。他们的自我显示欲很强,活泼好动。同时由于学习负担不重,他们更注重课外的阅读和玩耍,学习往往被他们放在了第二位。他们在学校里往往是一群最不安分、最"吵闹"的孩子。日本著名的教育心理学家福泽周亮曾说过:三年级是不可思议的学年。我国民间也有一句著名的谚语叫做"八岁九岁狗都嫌",说的也是这一年龄段的孩子。

作为中年级的班主任,要特别注意这样一点:三、四年级是性格和行为模式形成的重要时期,这时候容易出现行为偏差,且会对以后的学习和生活产生重要影响。因此,要特别注重对学生行为偏差的纠正。

根据学生自我显示欲强、活泼好动的特点,班主任要把他们的兴趣和精力引导到正确的轨道,可以在班上多设置一些"岗位",让他们每人担负一项工作,满足他们的表现欲望,培养他们的责任感,发挥他们的创造力。

根据学生伙伴意识增强、老师的影响逐渐"弱化"的实际情况,班主任要想方设法全面地了解学生,组织与孩子一起参加的活动,创造与孩子接触的机会,缩短师生之间的距离,并让孩子感受到教师对他们的信赖。切忌责骂、厌烦、疏远,加深隔阂。

根据学生往往把学习放在第二位的特点,班主任要进一步进行学习目的、学习态度的教育,加强常规管理,以品学兼优的学生作为榜样。另外,要加强对小学生课外阅读和活动的引导,培养学生的学习和活动兴趣,使他们学得轻松,玩得愉快。

3. 高年级学生的指导

我很高兴成为五年级的学生,尽管老师和父母的要求比以前严格多了。前几天,我们到三年级学生的教室,看到一些留下来学习的三年级学生,我们帮助他们学习算术,那些孩子把做过的题给"老师"看,"老师"都打了对号。我心里想:"太好了!"三年级的学生也说:"还是大姐姐大哥哥们好!"我听了心里美滋滋的。

以前,我不愿教别人,感到害臊。现在,为了当一个好"姐姐",我决心努力学习。

这是一个五年级小学生的作文。它表现了高年级的孩子已意识到,自己在学校的许多场合中,已经或应该处于领导的地位,责任感和自主意识大大加强。大部分学生都能进行抽象逻辑思维,他们开始把自己的学习与未来生活联系起来,学习的热情和自觉性都有了明显进步。另外,小学生到了高年级,一个显著的心理变化就是性意识的觉醒。由于生理、心理上的急剧变化,他们常常既害羞又兴奋,既感到神秘又很好奇,有的则茫然不知所措,表现为特别紧张和害怕,心理体验丰富而又微妙。他们开始对异性感兴趣,希望在别人面前表现自己,以求得到异性的注意。男孩格外争强好胜,而女孩则更加注意自己的仪表和容貌。男、女生之间那种两小无猜的亲密关系被打破了,而变成了"壁垒森严"的两部分。他们设置"三八线",互相排斥甚至对立,但实际上却是在吸引对方注意,并存在着对异性的关心。

作为高年级的班主任,要特别注意培养学生的责任感,教育他们加强自我修养,提高他们学习和生活的自觉、自主性,要求他们在各方面都要为低年级学生树立榜样。

对儿童进行青春期教育,人们往往认为那是中学的事,小学的这方面教育几乎还是个空白。这跟成年人多少都有点关于性是肮脏的意识有关,也跟我国长期不注重青春期教育有关系,还有就是跟人们对当代小学生发育特征的不了解及缺乏心理准备有关。随着我国儿童的普遍早熟,青春期教育必须也应该在小学高年级受到重视。

小学的青春期教育不是单纯地教给学生一些关于性的信息和知识,而应是一种人性教育。是要把人本来具有的本能的、动物性的、冲动的"性"提高到具有社会性的、道德的、作为人的"性"的高度进行教育。

首先,培养健康的性格是至关重要的。从儿童小时候起,就要对孩子进行教养和训练,培养他们具有正确的道德素养、健康的审美情趣和较强的控制能力。其次,要让学生了解身体的构造和功能,了解人是怎样成长的;要引导孩子正确地接受自己身心两方面的变化,爱惜自己的身体,养成良好的生活习惯;要采用正确的途径和方法指导学生解决性的疑问。再次,要教育男女学生学会相互理解,相互尊重,相互合作,互敬互爱。

班主任在进行青春期教育的过程中,要开展集体活动,积极引导男女学生在活动中学会交往和关心;要充分认识到儿童青春期的生理和心理特征,决不可把个别学生身上所出现的行为偏差视为"洪水猛兽",要加强个别指导工作;要时刻牢记,青春期教育的核心是为孩子做出榜样。如果班主任洁身自好,能正确处理夫妻关系、男女关系、父子关系,正确处理家庭、工作中的分工和合作,正确担负富有责任感和爱心的多重角色,这比任何教育都来得出色,都会富有成效。

(二)优、中、差学生的分类指导

1. 优秀学生的指导

优秀学生一般是指那些品学兼优,可供学生学习、仿效的好学生。在一个班里,有了优秀学生,就可以使全班学生学有榜样,带动和鼓励同学们共同前进。为此,班主任要在全面分析学生情况的基础上,善于选择那些思想品德、学习态度、学习成绩以及人际关系等方面基础比较好的学生,或在某一方面发展比较突出的学生作为重点培养对象,加强对他们的指导,既充分发挥他们在班上的先锋模范作用,又促使他们得到最大限度的发展。

优秀学生由于学习成绩出色,或比较听话,容易给人产生良好的印象,缺点、不足往往不易发现。班主任既要对他们的长处和优点予以充分肯定,又要严格要求,指出他们的不足之处,并采取有效措施,促使其更快地进步。表扬要恰如其分,决不能因偏爱而讲过头话,更不能因其成绩好,而"一俊遮百丑",看不到他们身上存在的缺点。要经常鼓励他们正视自己的不足,扬长避短,不断前进。

优秀学生受到的表扬比较多,易在一片赞扬声中助长骄、娇二气,往往看不起其他同学,不愿意帮助后进同学,且心理素质差,经不起挫折。班主任要教育他们摆正位置,让他们了解只有全体同学都进步了,自己才能获得更快的发展。要使他们明白,在这个班级优秀,不一定在另外一个班级也优秀;今天优秀,明天不一定能保持优秀,只有戒骄戒躁,持之以恒,对自己严格要求,才能不断进步。

优秀学生的发展也会产生反复,他们感受到的期望值比较高,心理压力往往比较大。对他们的暂时落后或倒退,班主任用不着大惊小怪,以免加深他们的思想负担,引起心理失衡。

2. 中等学生的指导

有一天,我收到了一张小纸条。读过之后,让我羞愧了许久,回味了许久,思索了许久。纸条上是这样写的:

Miss Shen:

你对我们很好,我很喜欢你的英语课,但是我不敢举手,我怕我说不好,以后你能多帮帮我,帮我改掉这个毛病吗?

坐在小明后面的男生 小峰

这张纸条是让我惊讶的,因为上了这么多的课之后,我对于"小峰"这个名字竟然还是陌生的。当然,更让我惊讶的是他的署名:"坐在小明后面的男生"。这让一向感觉良好的我蓦地看到了自己的不足:我只关注了少数几个的"优等生"和"学困生",却把一大批的"中等生"忽略了,这才导致了在我的学生中,在这些小学生中竟然会出现这种"名人效应"!

我开始反省,反省自己平时的教育细节。终于发现,其实我只准备了几个"小太阳",照亮了为数不多的几个孩子。我的温暖并非如自己所想的那样给了每一位学生,我的师爱观并没有真正地完全内化到自己平日的言行中去。

以后的课上我尽量注意这个问题,发现了小峰,进而发现了一大批的

"小峰们",我用微笑暗暗地告诉他们我的过失,我用眼神悄悄地告诉他们我的关爱。在微笑与微笑的交流中,在眼神与眼神的交汇时,我看到了他们从心底流露出来的兴奋。渐渐的,班上的学生都积极又努力地学习着。因为他们知道,他们每一个都是老师关心的对象,他们每一个都有老师的"小太阳"照耀着。

为每一个孩子都准备一个"小太阳"吧!有了阳光,他们才能健康快乐地成长![①]

一个班级,优秀生和后进生都是少数,中等生比例最大,可挖的潜力也最大。对中等生的教育,近些年来有一种欠妥的说法,叫"抓两头,促中间",使占全班绝大多数的中等生,在一个"促"字下得不到应有的关心和帮助,失去了许多在老师指导下发展、成长的机会。另外,班主任如果想搞好整个班级的工作,仅靠抓两头,通过这样来带动中间,这实在是一种老鼠拖木屐的方法,无论如何也行不通。

教育实践表明,中等生虽大多优点、缺点不大明显,但他们身上潜藏着许多积极因素,如要求进步、羡慕品学兼优的好学生、希望得到老师的重视和信赖、有表现自己才能和智慧的要求等等。班主任首先要主动地了解他们,关心他们。

班主任要创造良好的契机,让中等生有参与班级活动和表现自己才干的机会。如在班内经常组织多样化的、分层次的小型竞赛活动,让每个学生在活动中都有获得成功的体验。还可以实行值日班长制度,设立"图书角主任"、"板报编辑"、"值日组长"和"路队长"等,让中等生参加到班级管理中来,使他们在为班级、为同学服务中表现自己,施展才华。

3. 后进学生的指导

后进生通常是指那些在品行或学习等方面暂时落后的学生。他们在班上为数不多,但因经常犯错误或学习落后,给班主任的工作带来许多麻烦。尤其是品德、学习都很差的学生,虽然人数很少,但影响却不小。做好他们的指导工作,意义重大。

后进学生一般都有较严重的自卑心理,他们总觉得自己不如别人,特别是和好学生在一起,就有一种自惭形秽的感觉;但同时又有很强的自尊

---

① 沈柯. 关爱中等生[EB/OL]. http://www.wxqyxx.com/Article_Show.asp?ArticleID=876

心,对老师当面批评或指责,会产生逆反心理和厌烦情绪。班主任对他们要充满爱心和信心,不能放弃对他们的关心和帮助,不能对他们的学习和生活采取不闻不问的态度,或是对他们的教育工作不讲究方法和策略,更不能一味责骂和挖苦;要多用开导、鼓励、肯定的正面诱导方法,引导他们明确学习目的,端正学习动机,掌握学习方法,提高学习成绩。

后进学生也有上进求好的愿望,但往往缺乏毅力和自制力,在进步的过程中,易受外界的影响而出现反复。班主任要珍视他们要求进步的良好愿望,挖掘他们身上的成功点、闪光点,有时甚至可用放大镜来看待他们的长处,以期让他们获得更多的转化契机。要意识到转化工作的长期性和艰巨性,时时观察,常常提醒,多多鼓励,不厌其烦,坚持不懈。

对后进学生进行教育,不仅要靠班主任去做,还要发挥班集体的教育力量,运用班集体良好的班风、传统以及优秀学生的模范行为感染和影响后进学生,发动大家一起帮助后进同学。同时,还要依靠班级任课教师、家长和校外教育机构等,共同做好后进学生的转化工作。

三、实施发展评价

(一)让学生怀揣希望上路:班主任的神圣使命

人生就是一种旅行。当社会和家庭把孩子一段非常重要的人生旅程托付给学校、托付给老师、托付给班主任的时候,我们应该考虑这样一个问题:让孩子怀揣着什么上路?

先从一个故事说起:

当年,美国有一家报纸刊登了一则启事:一家园艺所重金征求纯白金盏花,这在当地一时引起轰动。高额的奖金让许多人趋之若鹜,但在千姿百态的自然界中,金盏花除了是金色的就是棕色的,能培植出白色的金盏花,不是一件容易事。所以许多人一阵热血沸腾之后,就把那则启事抛到了九霄云外。

一晃就是20年,一天,那家园艺所意外地收到了一封热情的应征信和纯白金盏花的种子。当天,这件事就不胫而走,引起轩然大波。

寄种子的原来是一个年已古稀的老人。老人是一个地地道道的爱花人。当她20年前偶然看到那则启事后,便怦然心动。她不顾八个儿女的一致反对,义无返顾地干了下去。她撒下了一些最普通的种子,精心侍弄。一年之后,金盏花开了,她从那些金色的、棕色的花中挑选了一朵颜色最淡的花朵，任其自然枯萎，以取得最好的种子。次年，她又把它种下去。然后，再从这些花中挑选出颜色更淡的花种栽种……，日复一日，年复一年。终于，在20年后的一天，她在那个花园中看到一片金盏花，它不是近乎白色，也并非类似白色，而是如银似雪的白。一个连专家都解决不了的问题，在一个不懂遗传学的老人手中迎刃而解，这真是一个奇迹！

那么一粒普通的种子，当年许多人的手都曾经捧过，但奇迹为什么只发生在一位年已古稀、不懂遗传学的老人身上？道理其实很简单，因为老人把希望的种子种在了心里，因为老人有着一份对希望之花的坚持与捍卫，因为老人有着一份以心为圃、以血为泉的培植与浇灌，因为老人有着20年对于梦想的不离不弃。

这个故事告诉我们，只要我们心中存有希望，存有一颗希望的种子，那么就一定会创造出奇迹。因为，希望会带来美丽的憧憬，希望会带来进步的信心，希望会带来奋斗的动力，希望会带来成功的收获。

教育，本身就是一个与希望相伴的事业，教师，本身就是一个用希望点燃生命的职业。

作为班主任，我们当然会想方设法去重点谋划，怎样有效进行品德教育，促使学生德性成长，怎样有效实施知识教学，促使学生智慧发展。但是，我认为，德性、智慧并不是学生时代最重要的财富，对于学生来说，德性成长、智慧发展暂时达不到我们心中的预期并不可怕。不管是多么贫瘠的土地，不管是多么寒冷的隆冬，只要我们保留一颗希望的种子，保持一份火热的心情，终究会迎来收获的金秋。但是，如果我们的学生心目里缺失了对于未来的期待，缺失了对于成功的渴望，缺失了对于梦想的坚持，缺失了发展自己的信心，那么，一切的希望将不复存在，这是远比德性缺失、智慧缺失更为可怕的缺失。

因此，想方设法让学生怀揣希望上路，这是压倒一切的教育任务；像保护自己的眼睛那样保护学生心中的希望之火，这是班主任的神圣使命。

（二）发展性学生评价：导向希望之路的"引桥"

让学生怀揣希望上路，并不是一件说说就能做到的事情。每一个学生都是一个复杂的世界，叩开学生的心灵之门，播下并浇灌希望的种子，必须找到正确的路径。

评价，作为对人们行为和活动的价值评判，如同杠杆一样，起着引导趋向、调节行为、改变环境的作用。对学生实施积极、科学、高效的评价，能够调动学生学习的积极性和好奇心,培养学生合作精神与良好的竞争意识,提高创新精神与实践能力。

那么,我们过去实施的评价是不是积极的、科学的、高效的?能不能引导学生怀揣希望上路呢?

我们先听这样一个好笑又让人心酸的案例:

下午,班主任评讲完上午考完的试卷,开始安排课外活动时间学生的活动:"90分以上的可到操场、电脑房自由活动,80分到90分的在教室里订正试卷,80分以下的完成班级的劳动任务。"因为学生互不清楚考试成绩,于是接下来的几天,班上同学打招呼或开玩笑,频率最高的一句话就是:"你是哪一部分的?"

这个案例中班主任的安排,作为一种评价行为,在我们不少的班主任身上或多或少都出现过。从中,我们可以看出有这样几种评价的价值倾向:第一,学生学习的目的在于追求理想的分数,分数不高就意味着不够努力,就意味着学习失败,到操场、电脑房活动是"优秀学生"享受的"特权",完成劳动任务是对成绩不良学生的"惩罚",锻炼、上网、劳动等都不属于学习的范畴;第二,考试和评价是为了选拔与鉴别,把学生分成三六九等,然后区别对待;第三,不管学生具有怎样的个性特长,不管学生为获得现在的分数付出怎样的努力,属于什么分数段,就得接受什么处置,在分数面前,学生人人平等,没有差异;第四,考试结果是评价学生的唯一依据,学生学习过程中的态度、方法、表现等都可忽略不计;第五,评价就是教师对学生的评判和处置,学生没有评价自己和他人的权利。

这样的评价见物不见人,过于重视选拔,过于看重结果,过于强调统一,只能导致教师和学生对考试分数的畸形追求,只能把学生变成一个个失败者。一名六年级学生写过这样一篇日记,他说:"最近,我们开始了期中考试。4月9日,我们考了外语,但不理想。外语本是我的强项,可这次只得了94分。就连外语最好的同学也只有98分、99分。10日,大家又考了语文,但也不怎么样,结果全班同学被语文老师骂了一通。11日的数学考得最好,我得了100分。不过全班有11个100分呢,也算不了什么太好。"大家看看,100分的试卷,考了90多分,学生却表述为"只得了94分","也只有98分、99分",拿了满分,学生也没有感受到成功,"全班有11个100分呢,也算不了什么太好"。这样的评价,怎么能让学生怀揣希望上路呢？因此，我们必须反其道而行之，探索、实施新的评价模式。

这种新的评价模式，我们称之为发展性学生评价，它依据正确的教育价值理念，运用合理的评价方法和手段，在平等、合作与尊重事实的基础上，对学生的素质发展进行价值判断，促使学生不断认识、完善、发展自我。

它有几个关键词：

1. 以人为本

评价的指导思想有两种：一是强调学生必须适应现有的教育、评价要求，这种指导思想就是把学生看作是一个工具，是一个手段，让学生适应教育，为评价服务，其目的在于"创造适合于教育的儿童"；一是强调以学生为核心，以学生为出发点，为学生而服务，不断改进我们的教育和评价，其目的在于"创造适合于儿童的教育"。发展性学生评价秉持的是第二种指导思想，以学生为本，让教育和评价适应学生，为学生服务。

2. 重在促进

即强调评价的功能不是为了选拔和鉴别，不是为了把学生分成三六九等，不是为了在班上区分优等生、中等生、后进生，而是为了建设，为了促进，不断改进教育工作，不断促进学生发展。

3. 着眼发展

传统评价着眼学生的分数提高，着眼学生的知识掌握。分数、知识能不能带来学生素质的提升与发展？我们说不一定。现在的社会上，高分数、低素质，有知识、无文化的人和事大量存在着。曾听说过这样一件真实的事例：在一个城市，一位女士早晨上班，途中接到电话，孩子突发急病。她急着往回赶，一摸口袋，钱包被偷。她赶到一辆站点车上，向全车厢的乘客请求，借一块钱让她乘车赶回去抢救孩子。但是，整车的乘客漠然视之，无动于衷，没有一个人伸出援助之手。最后，还是一位在公交车站附近乞讨的"丐帮弟子"施以援手。这件事在当时、当地引发了震动。作为教育工作者，我们有必要反思，这一车厢乘客的受教育程度、知识掌握程度、考试分数应该要远远高于那位乞丐，说不定其中还有不少大学生、研究生、干部、学者，但是他们掌握的知识、他们所受的教育却没有转化为起码的做人素质和文明素养，这说明，分数提高、知识掌握与素质发展不能划上等号，而且，像这几年我们所看到的那样，对分数的过度追求，还会对学生的发展带来伤害。发展性学生评价则着眼发展，着眼全体学生德智体美的全面发展，着眼学生知识、能力、情感、态度、价值观等不拘一格、丰富多样的个性发展,着眼学生主体精神得到弘扬,积极、快乐、和谐地主动发展,着眼学生潜能得到激活、前景越来越好的可持续发展。

4. 关注差异

在童话中,龟、兔赛跑,乌龟获胜,这其实是一个欺世的谎言,因为前提本身就不存在,龟和兔是不会站在同一赛场,不会参加同一比赛的。如果存在这一比赛,那也是极不公平、应该取缔的一场比赛。能把刘翔和姚明放在同一个赛场上吗?不能,能把数学家与音乐家作比较吗?也不能,因为他们的优势项目表现在不同的领域。

过去,人们只能凭直觉或判断来评估人的天资,自1900年法国心理学家阿尔弗莱德·比奈成功发明了"智商测试"后,智力被定量化了。但是,人们发现,传统的以语言和数理逻辑智能为核心的智力理论,局限性越来越明显。许多被认为是高智商的人,在步入成年后未必有建树;而有些被认为是低智商的人,却取得了很大成就。于是人们对单一智力理论提出了质疑。脑科学的研究成果也强化了对传统智力理论的挑战。神经学研究表明,人的神经系统经过长期的演变已经形成了相对独立的多种智能,每个正常的人都在一定程度上拥有其中的多项智能。人类个体的不同在于所拥有的智能的程度和组合不同。于是一些专家提出了多元智能理论,其中影响最大的当是美国心理学家加德纳提出的多元智能理论。其主要观点有:人类智能到目前被发现的至少有八种,包括语言智能、音乐智能、数理逻辑智能、空间智能、身体运动智能、人际智能、内省智能、自然观察智能;每一个正常人至少都具有上述的八种智能,但由于遗传与环境因素的差异,每个人在各种智能的发展程度上有所不同,而且也会以不同的方法来进行统合或糅合;每种智能有其独特的发展顺序,在人生的不同时期生长与成熟;这些智能并非固定与静态的实体,它们能被强化与扩大。而文化则是影响智能发展的重要因素,每个文化或社会对不同型式的智能有不同的评价,使得个体在各种智能的发展上有不同的动机,也使得某一社会的人群在某些智能上会有高度的发展;人类在所有智能中都有创造的可能,然而大部分的人都只能对某些特定领域进行创造,换言之,大部分的人都只能在一两种智能上表现出优越的能力。

发展性学生评价是对只重视语言和数理逻辑智能发展的纠偏,把每种智能都放在同等重要的位置上,关注个体,关注差异,着眼学生富有个性的、充分的发展。

5. 重视过程

在学生成长的过程中,是让学生锐意探索,还是让学生坐享其成?是让学生亲身体验,还是让学生道听途说?是让学生在"黑暗中摸索",还是让学生"等待火炬引路"?前者重视的是过程,后者看重的是结果。我们认为,过程比结果更为重要。只注重结果的终结性评价,会导致学生重结论轻过程,缺少主动探索、直接经验、动手操作、合作交流,也不利于其良好品质的形成。

发展性学生评价,重视过程,充分关注并评价学生在自我活动中的动手、动脑、设计、评价、体验、创造,充分关注并评判学生的学习方式、发展过程以及情感、态度、价值观等方面的表现,用发展的眼光动态地评价学生的学习、发展过程,帮助学生认识自我、教育自我、提升自我。

6. 主体多元

发展性学生评价,把学生自评、同学互评、老师评价、家长评价等多种方式结合起来,以实现评价主体的多元化和评价资源的多样化。这样的评价模式,评价信息来源广泛,评价结论全面、客观,评价者与被评价者关系平等、民主,有利于评价结果的反馈。这种评价民主化、人性化气息很浓,学生敢于、乐于、善于主动参与,加强了各个评价主体彼此之间的互动。在这种主体多元和信息多样的评价活动中,学生能接触到许多不同的人和事,要求学生以正确的态度去对待不同的评价,并合理地处理与他人之间的关系。学生虽小却也是社会的一分子,采用这种互动性评价,可以让学生把学习与社会联系起来,提高学生学习的社会化进程,有利于提高学生与他人合作的能力,学会欣赏自己、欣赏他人,这也为学生今后正确与他人相处、合作打下坚实的基础。

(三) 发展性学生评价的操作要义

有效实施发展性学生评价,是一项系统工程。这里,提示几个操作要义:

1. 储备理念

一位中国军事专家在一篇文章中写过这么一句经典的话:如果谁一定要把我们看作是敌人的话,那么,我们就做一个合格的"敌人"。这说明,我们每个人都随身携带着一枚看不见的"硬币",它的一面写着"积极心态",另一面写着"消极心态"。一个积极心态的人并不否认消极因素的存在,他只是学会了不让自己沉溺其中。一个积极心态者常能心存光明愿景,即使身陷困境,也能以愉悦和创造性的态度走出困境,迎向光明。积极心态能使一个懦夫成为英雄,从心志柔弱变为意志坚强。在人的本性中,有一种倾向,那就是:我们把自己想象成什么样子,就真的会成为什么样子。这句话用到学生评价中,就可以表述为:我们把学生看作是什么样子,学生真的就会成为什么样子。

伟大的人民教育家陶行知先生有这样一则教育学生的故事:有一名叫王友的男生用泥块砸自己班上的同学,被校长陶行知发现制止后,命令王友放学时到校长室去。放学后,陶行知来到校长室,王友早已等在那儿挨训了。可是陶行知却笑着掏出一块糖果递给他,说:"这是奖给你的,因为你提前来到这里,比我来得早。"王友惊疑地接过糖果。随后陶行知又掏出第二块糖果放到他的手里,说:"这是奖励你的,因为我不让你打人时,你立即住手了,这说明你很尊重我,我应该奖你。"王友更惊疑了。这时陶行知又掏出第三块糖果塞到王友手里,说:"我调查过了,你用泥块砸那些男生,是因为他们不守游戏规则,欺负女生;你砸他们说明你很正直善良,有跟坏人作斗争的勇气,应该奖励你。"王友感动极了,他流着眼泪后悔地说道:"陶校长,我错了,我砸的不是坏人,而是同学……"

陶行知满意地笑了,他随即掏出第四块糖果递过来,说:"为你正确地认识自己的错误,我再奖给你一块糖果。"

这个案例中,陶先生面对的是一个犯了错误的学生,如果陶先生像我们许多班主任那样认定他是一个坏学生,认定他缺乏自我教育的能力,认定自己是一个居高临下的教育者、惩罚者,那么,这个学生很有可能破罐子破摔,用实际行动来"印证"我们的"认定"。在陶行知先生的教育理念中,学生自身就有进步的愿望,就有反思、提高的能力,学生都是可爱的、可敬的、应该尊重的、应该信任的,教师无需居高临下,指手画脚,只需做一些引导、唤醒的工作,把学生自身的力量发挥出来。源于这样的理念,他的教育才获得了成功。因此,班主任首先要储备对于学生的正确认识和科学态度,建构正确的学生观,对学生尊重、信任和热爱,这是实施发展性学生评价的前提。

2. 树立标杆

有一个学校高度重视发展性学生评价,用教代会文件的形式颁发了《学生发展性评价方案》。在这一方案中,他们为学生提供的发展标杆非常明确、具体,有全面发展型的奖项评选:学校之星、三好学生;有专项榜样型的奖项评选:优秀学生干部;有特长特色型的奖项评选:礼貌之星、诚信之星、勤劳之星、遵纪之星、公德之星、学科之星、实践之星、科技之星、体育之星、艺术之星、进步之星、服务之星、文学之星、活动之星、爱心之星。仅特长特色型的奖项,就设置了15项,且各班级可根据学生实际自定"星"号名称,在班级交流通过后,上报年级组核查,年级组长把事迹材料报教导处确认。每个学生都可以根据自身发展情况自主申报,不强求一律,鼓励学生多样化发展,"星"号荣誉获得者的数量不作限制,由各班级通过交流和讨论决定。这样的评价,每一个学生都能找到优势的项目,都能播下希望的种子,都能确立发展的目标,都能增强进步的信心。

3. 突出过程

实施发展性学生评价,过程尤为重要。现在,不少学校和班主任都在探讨、尝试用建立学生成长档案的形式来评价学生。成长档案,可以规划学生的发展方向,可以记录学生的校园生活,可以展示学生的最佳成果,可以体现学生的成长轨迹。它不仅是一种成长记录和评价方式,还是一种学习工具和激励手段,成为学生感受成长、体验成功的途径。试想,一个学生在几年以后,翻看自己的成长档案,比较自己入学时和毕业时的书写质量情况,他会体验到日积月累的书写训练是多么重要;查阅自己的获奖证书和发表的作品,他会感受到自己的力量,从而悦纳、相信自己,充满信心地面向未来;回味教师在作业本、素质发展报告书批阅、评点的点点滴滴,他会以感恩的心铭记,以回报的心努力。成长档案这种巨大的教育力量,是任何说教、规约等评价方式难以比拟的。其原因在于:它很好地体现了过程性,重视了学生的体验,在学生的心灵与行动之间、认知与情感之间,建立了连接。

4. 建构主体

有一所学校高点定位,从长规划,启动了学生品德教育创新研究,在评价方面主要按照以下流程和方法操作:

一是开设品德发展校本课程。新构建的品德课程力图摒弃以往道德教育目标空泛、抽象,内容狭隘、无序,过程主观、随意,常常以道德行为引发道德说教的低效教育模式,构建一个以生活性、体验性、主体性为课程特色,以底线道德要求为基点,以崇高道德风尚为标杆,重在行为透视与动机剖析的道德教育实体化序列,引导学生体验道德生活,为品德评价夯实基础,提供支撑。

二是确定"把握自我"、"礼待他人"、"关爱集体"、"服务社会"和"投身职业"五个一级德目,每学期根据实际,制订《品德操行评定指标》,确定二、三级德目。学期初根据各班实际进行有重点的、情境化的解读,使学生理解指标内容,明辨层级差异,找到努力方向。

三是为每个学生建立成长档案,品德发展课老师、班主任、班级组织、管理部门收录德行信息。

四是学期末组织多方评议。有学生自我评议,对照测评指标,独立完成测评表,对自己一学期的品德发展状况客观、如实地进行评定。有班级小组评议,每班民主选举3~5名为人正派、处事公道的学生组成评议小组,根据测评指标和平时积累的信息,为每个学生定等评分。有品德发展课老师评议,依据品德课程作业"心路"中学生对自我品德问题的反思与体验以及访谈打分,重在评价学生的道德判断、体验、反思能力。有班主任评议,根据一学期所了解的学生日常行为和品德发展情况,尤其是在集体活动中的表现打分。

五是汇总定等,总结提高。按照通常的学习成绩评定办法,以百分制作为品德评价的计分形式。分数的构成和权重确定为总分100分,其中自我评议占20分,小组评议占30分,品德课程老师评议占20分,班主任评议占30分。根据每位同学结算出来的综合分值和每学期班级整体发展情况,按"优"、"良"、"合格"、"不合格"四等转换为每位同学的操行等第。在品德行为上有突出表现者,操行评定视情况提升1~2档。有重大违纪情况的同学,操行评定视情节降1~2档。学期放假前一周由班主任负责发放反映班级操行评定最高分、最低分、平均分和每位同学评定得分数据情况的评定结果单,同学如对评定结果持有异议可向班主任提出复议。操行等第评定在"良"以下的同学应根据班级评议小组、品德发展课老师和班主任评议意见认真反思自身的品德发展状况,并撰写自我认识书面材料,新学期注册报到时交班主任。

以上的流程和方法,从效果上说,有这样几点值得称道:一是评价的过程就是教育的过程,就是发展的过程,改变了以往为评而评、评与教相分离的缺陷。有一个学生说:"以前糊里糊涂过日子,现在学了品德发展课程,经历了操行评定的全新过程,我懂得要学会过一种道德的生活。"二是多种评价主体的确立,改变了过去学生操行评定由班主任一人说了算的现象,不仅使得结果公正客观,令人信服,还缓解了班主任的压力。不同的评价主体,不同的评价重点,使得学生可以获得多种评价信息,把自己置于多种评价坐标中去,从而不断地反思自己、校准自己、完善自己。有一个高年级学生喜欢模仿明星服饰,理了个"爆炸"发型,管理部门和班主任多次提醒,他依然故我,自认为在同学中很"酷",很有"人气",结果在班级同学给他的评议中,他的"仪表"一项被打了低分,这对他震动很大,他意识到同龄人对他的服饰也不认同,马上更改了自己的发型。三是品德测评指标的提前告知,自己作为评价主体的参与,使得学生提升自身品德境界的意识性、计划性大为增强。有学生说:"以前不知自己努力的方向在哪里,期末只是被动等待班主任的操行'宣判',现在知道该在哪些方面规范自己了,而且知道要注重平时的积累了。"有的学生说:"我现在知道,操行不是班主任给予的,而是自己给自己挣取的,主动权在我自己手里。"

这些认识和行为,这些体验和感悟,正是我们的教育所应追求的最大目标,也是实施发展性学生评价的价值所在。

专 题 小 结

本专题主要讨论了三个问题:
1. 关注习惯养成
2. 加强分类指导
3. 实施发展评价

基本要点是:

从根本意义上说,班级是为发展服务的,发展是班级建设的核心命题和第一要务。没有学生的发展,班级的组建、班主任岗位的设置、班级的建设,都会失去依托和意义。为促进全体学生的全面、主动、个性的发展,班主任的针对性指导至关重要。要高度关注学生的习惯养成,培养学生良好的德行习惯、学习习惯、生活习惯;要努力加强学生的分类指导,对不同的学生因人而异,因材施教;要重点实施发展性学生评价,用希望引领学生发展,用发展伴随学生人生。

拓 展 学 习

1. 以见习、实习班级学生为对象,进行德行习惯、学习习惯、生活习惯的调查,排查问题,总结梳理,写一份小学生习惯养成的调查报告。

2. 随着社会人口的流动和家庭结构的变化,"留守儿童"成了不少班级一个不小的特殊群体,请分析这类学生的特点,提出指导的对策。

3. 每个学期结束前,班主任都要给学生写评语,这成了班主任的一件"苦差事",请用发展性学生评价的理念,对期末学生评语撰写进行规划设计。

专题八　班主任专业成长

问题情境：和学生共同成长[①]

有人说，班主任是世界上最小的主任；也有人说，班主任是学校里最苦最累的岗位。因为班主任工作的辛苦，经常会听到很多人的抱怨：都说现在的学生难管，像我们学校，城乡结合，学生家庭背景各异，学生好的好，差的差，两极分化严重。但不管怎么难，再苦再累也要尽力去做。我们都是坚守在这个岗位上的光荣者，既然如此，与其痛苦地抱怨，我们何不快乐地去把班主任工作做好。因为班级的差异，学生个体的差异，班级工作又繁琐复杂，总感觉时间不够用，我感觉到自己有很多工作都做得不是很到位，还有待改进。我检讨了自己，反思自己身为一个班主任的一言一行，能不能用最好的方法去引导学生，能不能改变方式来教育学生？是的，这确实是我们每个班主任都值得深思的话题。

我觉得作为一名资历不深的老师，要做好班主任工作，首先得多学习借鉴别人的成功经验，并运用到自己的实践中去不断完善方法。刚做班主任的第一年带一年级，我总是管不好班上的卫生，轮到值日生扫地，不是这个跑了，就是那个忘了，或是没扫干净，到后面只有我一个人在那里扫。我就不明白为什么有的班级地板怎么拖得这么干净？后来向其他老师请教，她是把学生固定安排在每周的同一天值日，由班干部来管。后来我在她的基础上加以调整，选出8个小组长，每天一小组轮着来值日，谁谁擦黑板摆桌子，谁谁负责扫教室，还有扫包干区的，一目了然，小组长负责监督，合格后再回家。再由当天的值勤班干部检查当天的卫生情况及行为习惯，对那些随手扔垃圾的人给予记名。这样就分工明确，各司其职，孩子们都会在最短的时间内把自己的事情做好，孩子的卫生习惯也纠正了。一周下来，班级卫生有了很大的改善，这样又培养了班干部的管理

[①] 费琦祎.和学生共同成长[EB/OL].
见 http://cache.baidu.com

能力,又管好了班级卫生,老师也少操心了。

  其次,我们还可以利用书籍、网络来丰富自己的知识,学习借鉴别人好的点子,不断调整自己的方式方法,让学生更好地接受教育。以前碰到那些不听话的学生我都是很头疼的,小孩子在一起总要闹出点小名堂来,今天这个告状明天那个告状,天天口头教育却无济于事,特别是那些违纪的学生,不知用怎样的方式处罚他们达到的效果最好?又怎么样才能使受到处分的学生心悦诚服地接受处罚而不至于产生消极的抵触情绪?最好还能将这些不好的事情巧妙地转变为好事?带着这一系列的问题,我查阅了相关的资料,找到了一个好办法。那就是在班上大力推行这样一种处罚方式:利用每周的班会或晨会,对违反纪律情节比较轻的学生,就罚他上讲台唱一首好听的歌或者读一篇自己喜欢的文章,对于违反纪律情节比较严重的学生就罚他们用正楷字写一份200字左右的违纪心理报告,描述他当时的违纪心理,是心理报告书不是保证书更不是检讨书。经过一段时间的实践后,我发现这种处罚方式的效果比以前明显好了很多,对于高年级学生特别适用。第一,受这种处罚方式的学生一般不会对老师产生心理上的抵触情绪,因为他在上面唱歌或者读文章时下面的同学会给他热烈的掌声,可以说他是在一种很快乐的氛围中受到教育。第二,学生在众目睽睽之下唱歌或者读文章,大家的目光都集中在他身上,对他的口才及胆量是一个考验和训练。而那些写心理报告的学生是用正楷字来写的,又间接地帮他们练字和培养了组织语言的能力,无意中对学习语文也有好处。使用一周后,学生明显要比以前听话多了,违纪的学生也少了。我觉得这种方法比单纯的训斥学生要好得多,值得提倡。

  我始终认为一个好的班主任不是说凶得让学生怕你,然后叫他说一不敢叫二就是好的,看到那些不听讲态度又极其恶劣的学生,有时我火气也很大,经常会在课堂上发脾气,后来发现其实这样一点用都没有,自己气得半死,可学生还是老样子。当然严厉的老师能更顺利地管理好一个班级,凶学生也是我们做事的一种手段,但我觉得应适可而止。当老师需要耐心,当班主任更需要耐心,放下架子,走近学生内心深处,就会发现其实每个学生身上都有他的闪光点。教育学生不是建立在怕的基础上,而是要用真正的爱去感化他。尤其是高年级的学生,他们的思想已渐渐成熟,有的时候光凶他们,会起到相反的效果,如果教师能换位思考,深入了解他们的内心,通过谈心的方式进行教育,效果会意想不到。很多时候,我们应该智取，又不乏沟通，让学生自己意识到错误以及造成的不良后果，用他们的是非观去判断，并在轻松和关爱的氛围下改正错误。现在我所担任的就是毕业班的班主任，面对这些有时候成熟，有时候又幼稚的学生，如何引导便是首当其冲的问题了。他们都有各自的思想，我无法束缚一切，更要注重培养他们的能力，但又必须时刻关注他们的成长是否朝着积极的方向发展，所以这个班主任确实是难当，经常会听到很多老师感叹，生怕自己这里没做好，那里没做好，所以很有必要与其他班主任适时交流，共享一些成功经验，提高班级管理能力及工作实效。

在教育学生的同时，我也看到了很多不足，可以说，在整个过程中，我和他们一起成长，并分享着成长过程中的五味杂陈，自己也得到了很大的进步。辛勤的耕耘能结出硕果，能全面提高学生的思想素质、行为习惯、学习成绩，让每个学生都能健康、快乐地成长，这是我努力想做到的。在今后的日子里，我会大胆创新、研究和实践，一步一个脚印地搞好班级，调整好自己的心态，如果做不了别人的榜样，也可以做自己的榜样，踏踏实实地做好班主任工作，勤勤恳恳地过好每一天！

其实，任何一个新班主任，都是带着种种"缺陷"走上班主任岗位的。以上问题情境中的新任班主任，不会抓班级的卫生，不会做学生的思想工作，但他会调整心态，"与其痛苦地抱怨，何不快乐地去把班主任工作做好"，会检讨自己，"反思自己身为一个班主任的一言一行"，不断"学习借鉴别人的成功经验"，"利用书籍、网络来丰富自己的知识"，慢慢地走向从容，走向成熟。

这说明，作为一个专业人士，班主任也是需要成长的。这种成长，不是自发的，而是自觉的；不是短暂的，而是长期的；不是局部的，而是全面的。一个班主任，要走上成长的轨道，并且不断提速，必须明确专业成长的意义，了解专业成长的内涵，找准专业成长的路径。

一、班主任专业成长的意义

随着对班级内涵、功能认识的全面和深入，人们对班主任工作也进行了重新审视和定位，班主任的专业性逐渐得到发现和认同。人们认识到，班主任工作不是一种简单劳动，并不是每一个教师都能胜任的。要想成为一名合格的班主任，必须经过专门的训练，养成坚定的专业情意，掌握系统的专业知识，形成熟练的专业技能。

(一)班主任专业成长的应然取向

随着社会的发展和进步,专业化已成为社会职业发展的重要趋势,专业性则成为衡量职业成熟度的重要指标。班主任制度是我国中小学教育的成功模式,班主任在中小学的特殊作用是难以替代的,班主任工作应当是一个重要的专业性岗位。

1. 从班主任的地位、作用看班主任专业成长

教育部《关于进一步加强中小学班主任工作的意见》从加强中小学班主任工作重要性的高度,对班主任的地位和作用作了精辟的阐述,指出:"中小学班主任是中小学教师队伍的重要组成部分,是班级工作的组织者、班集体建设的指导者、中小学生健康成长的引领者,是中小学思想道德教育的骨干,是沟通家长和社区的桥梁,是实施素质教育的重要力量。"在中小学教育中,班主任绝不是可有可无的。针对有一段时间个别学校取消班主任、削弱班主任作用的做法,《意见》明确指出:"每个班必须配备班主任。"在现实生活中,我们注意到,许多家长不仅要选择好学校,而且要选择班主任。这种现象也说明了社会对班主任在学生成长、发展中的专业地位和重要作用的认同。

2. 从班主任的工作职责看班主任专业成长

由于中小学班主任与学生接触较多、沟通便利,因而班主任工作影响深远,班主任肩负着育人的重要职责。因此,教育部《关于进一步加强中小学班主任工作的意见》对中小学班主任的工作职责作了进一步明确,要求班主任做好中小学生的教育引导工作和班级的管理工作;组织好班集体活动;关注每一位学生的全面发展;要善于利用各种教育资源,不仅要协调好各科任教师,还应该成为沟通学校、家庭、社会的纽带。为了履行工作职责,班主任需要付出几倍于他人的努力,没有白天黑夜、课内课外、校内校外之分;班主任需要全身心投入,把自己的青春和精力、知识和才智全部奉献给班级的每一个学生。因此,班主任工作是一项特别艰巨的工作。所有的教育问题都会在班主任工作中显现出来。班主任应该"特别有爱心、特别有学问、特别有修养、特别有智慧、特别爱读书、特别爱思考"。没有一定专业素养的教师是不能胜任班主任这一专业性岗位的。

3. 从班主任的任职条件看班主任专业成长

长期以来,由于受班主任工作"人人能为"思想观念的影响,在实践中,往往出现只要是教师就能当班主任,只要是教师就得当班主任的情况。针对这种现象,教育部《关于进一步加强中小学班主任工作的意见》

指出,"要认真做好班主任的选聘工作",班主任"应由取得教师资格、思想道德素质好、业务水平高、身心健康、乐于奉献的教师担任"。班主任要"忠诚党的教育事业,热爱学生,善于做学生的思想工作,具有符合素质教育要求的教育观和较强的教育教学和组织能力,掌握教育学、心理学的基本知识和方法,熟悉相关法律法规;品德高尚,为人师表,具有团结协作精神和较强的人际沟通能力";要"既能上好课又能做好班主任工作"。这就表明,不是所有的教师都能当班主任,也不是所有的教师都能当好班主任的,当班主任是有条件和选择的。班主任除了应具备一般科任教师的基本品质外,在专业知识、专业技能、专业道德等方面还有一些更广、更高、更深的要求,这就决定了班主任岗位的专业性。

教育部副部长陈小娅同志在全国中小学骨干班主任培训开班典礼上的讲话中指出,在整个中小学教育教学工作中,班主任工作非常重要。从教育事业看,基础教育战线贯彻党的教育方针、培育中国特色社会主义事业合格建设者和接班人的任务,都要通过中小学教师特别是班主任面向每一个学生教书育人来实现。从一个人的成长看,班主任在中小学阶段对人的成长影响非常大,是中小学生学习做人做事最具影响力的指导者。目前,全国中小学约有440多万个教学班,约有450万教师担任班主任工作,影响着2亿多中小学生,他们的素质如何,他们开展工作的效果如何,关系到整个中小学教育的质量,关系到中小学教育目标的实现,关系到一代甚至几代人的健康成长、关系到中华民族的未来。因此,怎么强调班主任工作的重要性都不过分。

中小学班主任最辛苦,既要做教学工作,又要做班主任工作。当了班主任心中就装了几十个学生,每天迎来第一个到校学生,送走最后一个离校学生,寄宿制学校的班主任还要关心学生的饮食起居,每一个学生的喜怒哀乐都牵动着班主任的心,在班主任身上承载着学生的信赖、家长的期望、社会的责任。班主任的奉献我们都了解,班主任的压力我们都知道,班主任的苦恼我们都清楚,班主任的心愿我们都明白,班主任为我国教育事业发展和青少年的健康成长付出的心血,党和人民最知情![1]

陈小娅副部长的讲话,是对班主任工作的高度评价和充分肯定,既强

---

[1] 人民教育,2007(23)

调了班主任工作的重要性,也说明了班主任专业成长的重要意义。

(二)班主任专业成长的现实诉求

班主任工作是一项复杂的专业劳动。班主任是专业工作者,这种认识已经为越来越多的人们所接受,也受到教育行政部门的重视。经济全球化、价值多元化、信息网络化,给班主任工作提出了新的挑战;生活条件的优越、独生子女的特点,增加了对学生教育管理的难度;同时,班主任队伍的年轻化,经验缺少,威信不高,责任心不强,也给班集体建设带来了严重影响。因此,班主任岗位专业化是教育持续、健康发展的现实诉求。

1. 班主任专业成长是时代发展的强烈呼唤

现代学校是以班级授课制为基本模式的,班级制度随着班级授课制而产生和发展。许多国家的学校教学和生活指导都是以班级为单位实施的。我国最早在晚清就出现了"级任教师"。新中国成立后,中小学一律设"班主任"。以班级为单位的班主任工作为"未成年人社会"与"成年人社会"、"未来社会"之间架设了一座由此达彼的桥梁。促进人的全面发展是新时期全面建设小康社会和社会主义现代化建设的重要目标,也是教育活动的根本所在。班主任工作是以完整的人作为工作对象的,因此,班主任就应当具有促进每一位学生全面发展的知识和相应的教育技能,班主任的知识、能力和素质应当向现代社会领域全方位开掘。班主任工作是一项专业性很强的工作。但是,长期以来,由于班主任所受专业训练严重不足,加之教育自身存在的问题,班主任在班级教育管理实践中没有能够表现出必要的专业精神、专业理论、专业技艺,班主任工作存在着诸多问题。少数班主任由于教育理念的落后、工作方式的粗暴、角色认知的错位,在教育工作中制造了一系列的"反教育"现象,对学生的身心发展造成了伤害,给班主任工作信誉蒙上了阴影,这使班主任工作陷入了某种尴尬的境地。因此,新时期的班主任必须经过专门的系统训练,必须具备班主任工作的专业性系统知识。

2. 班主任专业成长是教师专业化发展的必然结果

教师是一项既高尚又专门的职业,教师专业化是国际教师教育的发展潮流和趋势。我国《教师法》规定,"国家实行教师资格制度",经国家教师资格考试合格者,取得教师资格。联合国教科文组织和国际劳工组织在上世纪60年代就倡导"教师应当成为一门专业"。1996年世界教育大会第80号建议《加强教师在多变世界中的作用之教育》再次提出教师专业化的要求,并把它作为"改善教师地位和工作条件之策略"。

班主任岗位的专业性源于一般教师劳动的专业性,又应高于一般教师劳动的专业性,是教师专业发展的深化和扩展。班主任在学生素质发展中的地位与作用日益受到关注,教育部《关于进一步加强中小学班主任工作的意见》指出:"在普遍要求全体教师都要努力承担育人工作的情况下,班主任的责任更重,要求更高。"人们逐步认识到,现代班主任不仅仅是班集体的组织者、教育者、管理者,同时还是学生主要的"精神关怀者"、影响学生成长发展的"重要他人"。为此,现代班主任应当成为具有专门的职业理论、专门的职业道德、专门的职业技能的教育专业工作者。相对于教师专业化而言,班主任工作是一个更微观的领域,是教师专业化向纵深发展的必然结果。

3. 班主任专业成长是改变班主任工作现状的迫切需要

长期以来,班主任工作被看作是"人人能为"的、不具有专门学问的工作。这种观念必须彻底打破。班主任的教育劳动是一种专业性的劳动,要胜任班主任的教育劳动,就需要逐渐地走向专业化。

由于多种形式的班主任在职培训逐年升温及班主任学习积极性的不断提高,班主任专业成熟速度正在加快。但从总体上看,班主任队伍的专业水平仍然不能满足素质教育不断深化的需要和社会对他们的要求。主要表现在以下三个方面:

(1) 教育观念亟待更新,教育行为需要规范

现代教育观念是班主任专业化的前提。有一些班主任自身的专业素质不足。这其中有两条至关重要:一是以素质教育观为核心的现代教育观念尚未真正确立起来;二是还没有把教师职业道德规范真正变为自己的自觉行动。尽管他们在工作中也强调严格遵守教师职业道德规范,也把"以学生为主体"常挂在嘴边,但在实际工作中,却往往把自己变成了主宰者,学生仍然是被动接受教育和管理的客体。由于班主任习惯以"权威"的形象出现,而凌驾于学生之上,采用"我说你听"、"我管你服"的教育管理模式,学生根本成不了真正意义上的班集体的主人和自我教育、自我管理的主体。因此,学生也常常会对班主任的教育和管理产生逆反心理,甚至与班主任对着干。如果此时班主任不能及时地控制自己的急躁情绪,就往往会出现一些过激的、违背教师职业道德规范的、有损教师形象的言行,从而造成不良的影响。观念更新是班主任专业成熟的前提。班主任有必要将此作为一项重要任务,通过不断地学习—实践—反思来更新教育观念,规范教育行为。

(2) 专业理论匮乏,专业能力不强

专业理论和专业能力是班主任专业成熟的重要标志。从班主任职责分析,在班主任诸多的工作任务中,有两项至关重要:一是抓好班内学生的德育;二是对班集体进行科学管理。这两项工作都是一门独立的科学,都有自己的研究领域和对象。前者是以马克思主义为指导,以德育原理和素质教育理论为理论基础,研究学生思想品德形成、发展的规律和德育的一般过程和规律,并在此基础上培养学生具有坚定正确的政治方向、辩证唯物主义世界观、良好的公民道德和行为习惯;培养学生自我意识、自我评价、自我教育和自我完善的能力和习惯,并努力在知情意行的统一上见实效。后者是以科学的管理理论为基础,研究班集体的形成与发展的规律,建立以学生为主体的班级自我管理的运行机制,培养学生自我管理能力。

要出色地完成这两项复杂的任务,单靠班主任的工作经验显然是远远不够的,更需要他们具有坚实的理论功底和较强的专业能力。可是,有一些班主任恰恰是只重视经验而忽视专业理论的学习和提高,只重视经验的重复而忽视在专业理论指导下迅速把经验转化为专业能力,如组织管理能力、处理突发事件的能力、人际交往能力等。因此,他们的专业理论匮乏、专业能力不强,当遇到棘手的问题时往往不能对其进行有效的解决,不能按教育的规律办事。

(3) 缺乏专业自主,专业个性不强

《教师法》明确规定,教师具有教育教学权、评定权和参与管理权,这也完全适用于班主任。班主任对自己专业范围内的事情有比较大的自主权,应该负起专业责任,妥善加以处理。班主任应当从学生的一生幸福出发,利用自己的专业知识,根据学生的实际情况和社会期望选择自己的教育行为,对学生素质的持续发展进行有效的引导。班主任对班集体的建设与管理也有充分的自主权,当然,这种自主权是建立在以学生为主体的基础之上的。同时,班主任也有参与学校评定和管理的权利。然而,我们的一些班主任在加强德育与班集体管理的改革过程中,往往是机械地按领导说的去办,而缺乏依据自己班级的现状,自主实施有针对性的改革,这种情况充分说明了我们的班主任个人的专业性不强,缺乏专业自主和自律。

应当说,长期以来广大中小学班主任兢兢业业、教书育人、无私奉献,做了大量教育和管理工作,为促进中小学生的健康成长作出了重要贡献。

但在现实生活中,一些教师在担任班主任工作的问题上,确实存在着"不愿做"、"不会做"、"不宜做"的"三不"现象。"不愿做"是态度问题。他们认为现在的学生多是独生子女,难管理,班主任工作很辛苦,风险大,吃力不讨好,弄不好两头受气,自寻烦恼、不值得。"不会做"是水平问题。一些教师教学工作基本能够胜任,但缺乏当班主任的能力,不会管理班级、组织活动,不会做学生的思想工作,在学生中没有威信,虽然工作也很辛苦,但效果不佳,自己也常常感到很苦恼,领导和学生家长也不满意。在现实生活中,能够上好课却当不好班主任的教师并不鲜见。"有些班主任付出了体力,付出了脑力,付出了精力,最后仍得不到学生、家长及学校的认可,工作没有见成效,其原因就是不会做班主任,不懂得如何才能当好班主任。"①"不宜做"是素质和觉悟问题。有些教师虽然有管理班级的能力和水平,但并不是出于对班主任工作的热爱,而是考虑到有班主任津贴和评职称的需要。一个不合格的科任教师,影响的是一门学科;一个不合格的班主任就会影响一个班级学生的成长和发展。由此可见,班主任工作不是人人都能做的,也不是人人都能做好的,班主任应当是一种专业性的岗位。

班主任专业化不仅是改变班主任工作现状的迫切需要,也是提高班主任学术地位和班集体建设水平的关键所在。班主任的社会地位和学术地位的提高,尽管与党和政府的重视和社会、家庭的信赖有关,但是,仅靠改善待遇和提高声誉是远远不够的。班主任只有自己行动起来,努力提高专业知识和专业能力水平,使自己从经验型的班主任向研究型的班主任发展,使自己的专业成熟程度不断提高,真正成为训练有素的不可替代的角色,才能从根本上改变班主任的职业形象,提高其社会地位和学术地位,使班主任工作成为令人尊敬和羡慕的职业。总之,班主任专业化不仅是一个理论问题,更是一个现实问题;必须通过促进班主任的专业化发展,来提高班主任的学术地位和班集体建设水平。

二、班主任专业成长的内涵

专业化是社会文明与进步的表现,是社会发展的必然趋势和重要标志。班主任工作是一种不可替代的专门性工作,班主任专业化的内涵要比一般教师更加丰富,有其自身的特殊性。

---

① 梁杰.班主任,在负重中前行[N].中国教育报,2005-9-22

（一）专业化的含义

专业是专门从事某种学业或职业和专门的学问。本文所讨论的专业是个社会学的术语，它区别于教育学的"学科专业"中的概念，它是在社会分工、职业分化中形成的一类特殊的职业，它以有生命的人或无生命的物为对象，以特有的知识技能进行专门化的处理活动，从而解决人生和社会问题，促进社会全面进步。因此，专业是指一群人在从事一种必须经过专门教育或训练，具有较高深和独特的专门知识和技术，按照一定的专业标准进行的活动，通过这种活动将解决人生和社会问题，促进社会进步并获得相应的报酬待遇和社会地位。专业与非专业的区别在于，专业必须达到其专业的标准。关于专业标准，尽管有所差异，但一般都强调这样几个方面：(1) 有专门的知识体系；(2) 有较长时期的专业训练；(3) 有专门的职业道德；(4) 具有专业上的自主权；(5) 有专业资格的限制和认定专业的组织；(6) 需要持续的在职成长和终身学习；(7) 有较高的社会声望和经济地位。专业化是指一个职业经过一段时间后不断成熟，逐渐获得鲜明的专业标准，并获得相应的专业地位的过程。

从职业本身来看，专业化是一个持续的努力过程。近现代科技的发展促使新的学科领域不断开发，同时社会进步促进人们产生新的服务需要，不同职业的专业发展机遇也在随时变化着，曾经被视为"半专业"、"准专业"或"新兴专业"的职业，经过一定时期的努力，成功地达到为一般人所接受的专门职业标准，逐渐地发展成为完善的专业。从从业人员来看，一个人要具有专业理论、专业技能和专业精神，也必须接受专门的教育，使其成为专业人才，这也有一个专业化的问题。因此，专业代表一类特殊的职业类型，专业化则是职业迈向专业目标的努力过程。

（二）班主任专业化的涵义

班主任专业化的内涵基本上与教师专业化的内涵相近。教师专业化是指教师在获得国家规定的学历标准的基础上，建立现代教育理念，修炼崇高的职业道德，并经过教师职业培训而获得必要的专业知识、专业能力和教师资格，确保专业地位的过程。班主任专业化与教师专业化具有共同性，因为"一个优秀的班主任，首先应该是一个优秀的教师"。然而，班主任的专业角色与教师的专业角色是有所不同的，他们除了和任课教师一样要完成好教学工作之外，还要履行班主任的职责。1952年3月，教育部颁发的《中小学暂行规程（草案）》规定，"每班设班主任一人"，这标志着我国中小学已从级任制转向班主任制。1998年7月，原国家教委又制定了《中(小)学班主任工作的暂行条例》,提出了中学班主任的8条职责,小学班主任的7条职责。要求班主任对他们所辖班级学生的生活、学习、工作以及学生的素质和班集体形成与发展承担重要责任,要对学生和班集体进行教育和管理。因此,班主任专业化就是以教师专业化为基础,以专业的观念和要求对班主任进行选择、培养、培训、管理和使用的过程。主要包括在职业道德上,从一般的道德要求向专业精神发展,在专业知识和能力上,从"单一型"向"复合型"发展,在劳动形态上,从"经验型"向"创造型"发展。

班主任专业化命题是在2002年10月于天津举行的全国第十一届班集体建设理论研讨会上,由首都师范大学王海燕教授首先提出来的;2003年11月,全国第十二届班集体建设理论研讨会在广西柳州举行,"班集体建设与班主任专业化发展"成了会议主题,柳州市的"班主任专业化"实践受到广泛关注。2004年8月,《人民教育》推出了"中小学班主任专业化"专辑,较为明确地阐述了"班主任专业化"的理论观点。南京师范大学班华教授在这一专辑中发表了著名的文章《专业化:班主任持续发展的过程》。从此以后,有关"班主任专业化"的理论研究和实践探索逐渐形成规模。

（三）班主任专业化的内容

班主任工作是一项专业性很强的工作,不仅需要先进教育观念的引领和高尚人格力量的支撑,而且更需要班主任的教育智慧和专业能力。班主任要增强专业发展意识,就应当在专业认知、专业能力、专业道德等方面不断提升自我,超越自我。

一是要深化专业认知。专业化的班主任需要有清醒的专业自觉,不能仅凭经验工作。班主任除了与一般科任教师一样要了解和掌握教育学、心理学、伦理学等教育理论知识外,还需要了解德育原理、班主任学的基本理论和实践知识,需要掌握班级管理学和班主任工作行为学的相关理论知识并逐步运用到学生教育和班集体建设与管理当中去,形成自己的工作风格。由于班主任专业角色的丰富性,需要对学生进行心理、科技、环保、艺术等多方面的教育,班主任要有广博的科学文化知识。

二是要增强专业能力。知识虽然是能力的基础,但知识并不必然地转化为能力。教育实践中常常有这样的情况:班主任本人知识很丰富,责任感也很强,但是教育工作的效果却不好,因为他缺乏必要的专业能力。一个专业化的班主任,必须具备多方面的能力。如深入了解和研究学生的能力,创建班集体的能力,做好个别学生工作的能力,组织开展各种班队活动的能力,灵活机智的应变能力、交往协调能力以及熟练地运用网络开展德育工作的能力等。此外,班主任还应有较强的教育科研能力。

三是要提升专业道德。任何一种职业都要求从业人员具有相应的职业道德,但对班主任来讲,职业道德更有其特殊意义,这也是由班主任专业劳动的特殊性决定的。从班主任的劳动内容来说,班主任的专业劳动主要是引导、帮助、促进学生德行成长和发展的,也就是说班主任的专业劳动主要是对学生的道德教育,因此要求班主任既要掌握道德教育的原理、方法,还要具有高尚的师德,这两方面是相关的,都应当是班主任专业化最重要的方面。班主任的职业道德是道德教育的资源,是直接参与教育过程的因素。班主任的教育劳动,既是道德教育的过程,也是班主任做人的过程,是班主任展现自己道德人格的过程。班主任自身的道德作为道德教育的内容和手段参与到教育劳动中,教育的内容和手段与班主任的道德是融为一体的。因此,班主任专业化要求班主任具有高尚的职业道德,班主任的职业道德是一种宝贵的教育资源。

(四)班主任专业化的主要特征

班主任专业化是以班主任专业自觉意识为动力、不断提高和完善专业素养的过程。这个过程是在学校文化的熏陶下,通过履行班主任职责的工作实践,不断发现问题、解决问题,不断超越自我、完善自我的动态过程。这个过程反映了班主任专业化的一些主要特征。[①]

1. **专业自主性**

自主性是班主任专业化的基本特征。从本质上讲,班主任专业化是"非常自我的"、"内在的",所有外部期望,都必须通过班主任的"内因"产生作用。班主任是否具有自主专业发展意识,能否实现自主专业发展,是班主任专业化的关键之一。自主性意味着班主任对自己专业发展负责,并明确意识到只有自己才是自身专业发展的真正主人。班主任专业化要求班主任在达到班主任任职条件、履行班主任职责、提高班主任工作效率的过程中自觉、能动地提高专业素养。在这个过程中,班主任要主动规划个人专业发展目标,确定专业发展重点,选择专业发展的主攻方向。由于它是从班主任自身实际出发的,因此,具有明显的个性特征。这就决定了

[①] 杨连山.班主任专业发展的基本特征[J].天津教育,2007(11);黄二群.论班主任专业化属性及其实现策略[J].教育研究与实验·新课程研究,2006(12)

班主任专业化不仅需要班主任积极参与富有共性的专业理论知识的学习,更需要高度重视个人实践经验的积累,使其成为属于自己的"实践性知识"。这是班主任专业成熟的标志。

2. 专业实践性

班主任专业化是在班主任工作的实践中实现的。基于实践中发现问题、解决问题、积累经验,形成属于自己的"实践性知识",成了班主任专业化的基本路径。离开了专业岗位上的实践就离开了班主任专业化的本源,就离开了赖以存在和发展的基础。因此,班主任专业化不能离开自己的班级。学生教育、班级管理、组织活动这些具体的工作实践,不仅是班主任专业化的基本手段,其工作实践的质量也决定着班级德育的实效、班集体的健康发展和学生素质的全面提高。这也是班主任专业化的目的所在。

3. 专业合作性

从充分体现个人价值的角度分析,处于主动实现专业化时期的班主任,大都希望通过自身的影响力带动更多的班主任专业发展,从而形成一种集体的专业力量。而且,班主任个体专业发展到了一定的程度,往往会产生"高原现象",这个问题的解决必须通过班主任之间的合作。又由于班主任工作个体性的特点,其研究成果基本上是在低水平上重复。为了避免这种现象,必须倡导班主任之间的合作、班主任与任课教师之间的合作,并通过组建队伍、形成合力,营造群体研究的学术氛围,促进班主任队伍整体专业水平的提高。

4. 专业情境性

全面提高班主任专业素养,建设专业化的班主任队伍是全面落实素质教育各项要求的需要。尽管我们强调班主任自主专业发展,但是,这种发展与所处的学校文化环境密切相关。班主任专业素养中最基础的"实践性知识"和最关键的专业能力以及个人化的教育观念更新,都是以学校文化为特定背景,以学校文化为土壤的。可以说学校文化是影响班主任专业化的重要因素。创设具有学术氛围的专业情境,要求学校建立有利于专业发展的制度文化的保障,要重视校风、教风、学风的建设和健康舆论的导向。学校要实施人文管理,同时要发挥班主任作为学校文化创造者的能动性。专业道德、专业知识和专业能力是班主任专业化的重要指标,学校管理目标应当引导他们立德、立言、立业,成为学校文化的创造者和受益者。

5. 专业智慧性

中小学班主任工作是学校教育中极为重要的育人工作,既是一门科学,也是一门艺术。这样的工作要求班主任必须成为智慧型的班主任。所谓智慧是人的一种道德与文化的修养,是一种综合能力,是人在特定情境中解决问题的科学性与艺术性的具体体现。班主任的智慧从其知识中来,从其实践中来,从其经验中来,从其反思中来。有了它能够升华班主任的工作经验、拓展班主任的才能、提升班主任的品位。做智慧型的班主任是班主任专业化的理想境界。班主任的专业化所追求的目标就是成为智慧型的班主任,以便高水平地履行班主任职责。

三、班主任专业成长的路径

班主任专业化不仅意味着班主任工作是一项专门的职业,而且意味着每一个班主任都必须要达到一定的专业水准,具备基本的专业能力,实现可持续的专业化发展。班主任专业成长,是指班主任适应工作的需要,通过系统教育和自我发展相结合的途径,不断提高和完善专业素质的过程。班主任专业化成长既是班主任专业化的前提条件,又是班主任专业化的目标指向,具有不容忽视的意义和价值。

(一)班主任专业成长需要自主发展

班主任专业化成长是一种自主建构和自我发展。班主任对自己所从事工作有了理性的认识,对工作充满了自信与热情,把工作当做事业来做,才会主动利用外在条件,激发内在动力,自觉自愿地去学习、实践、研究、反思,努力优化班主任工作的实践品质,提升班主任工作的专业水准。

1. 学习:在理性认识中丰富自我

当今社会是一个学习化的社会,任何人要想跟上时代发展步伐,就得不断学习。加强学习是班主任提高素养的必要途径。班级的建设与管理,学生的教育与培养是一门很深的学问,需要广博的知识,丰富的经验,需要教育才能和管理艺术。而知识与能力是辩证的统一体,知识是能力的基础,雄厚的知识基础,是提升能力的精神宝库。因此,班主任自主发展最重要的是要加强学习,在理性认识中丰富自我。

读书可以培养情趣,改变气质,这也是为无数人所证实的。培根说过:"读书足以怡情,足以博采,足以长才。"确实,读书可以潜移默化,改变一个人的气质。一个生长于乡野的孩子,在读了几年书以后,他的言谈举止就会发生很大的变化,眼光开阔了,说话文明了,与之前判若两人,这就是读书的威力。当然,读书好,还必须读好书。读一本好书,就像是在与一位智者对话,他讲着,我们的灵魂答着。[1]

2. 实践:在师生交往中发展自我

班主任的自主发展既要在学习中提高,更要在实践中锻炼。实践是认识的基础,也是班主任自主发展的基础。教学和教育活动是班主任最基本的实践活动,这些活动是增长班主任才干的广阔舞台。通过教育实践,师生朝夕相处,一方面,班主任亲眼看到自己的辛勤劳动化作了学生在德、智、体等方面的进步,看到学生走上工作岗位后成为各条战线上的有用之才并作出较大贡献时,便会感到极大的欣慰和幸福,从而更加热爱教育事业;另一方面,班主任可以在班级管理的实践中不断提高自己的能力和水平,培养起对班主任工作的深厚感情。实际上,许多优秀班主任的思想道德品质和组织管理能力,都是在教育实践中,不断磨炼出来的。"为了实践、关于实践、在实践中"构成了班主任自主发展的一条主线。

3. 研究:在把握规律中超越自我

基础教育课程改革要求教师成为研究者。班主任相对于普通教师而言,更应具有较强的研究意识和较高的研究能力。班主任的教育科研能力对其专业化发展起着至关重要的作用。班主任要树立终身学习的思想和教育科研意识,彻底改变专家学者搞科研,班主任搞实践的传统观念。班主任要将工作任务和工作中的难点与教育科研相结合,将接触学生与研究学生相结合,将制定班主任工作计划与研究课题方案相结合,将班主任的教育活动与相关的课题实验研究相结合,将撰写班级工作总结与撰写科研论文、实验报告相结合,在把握规律中超越自己,不断提高工作能力和学术水平。

班主任工作是一项实践性很强的工作,班主任要在实际工作中加强行动研究。行动研究是实践者通过自身的实践进行研究的形式。行动研究注重理论与实践的紧密结合,所关心的是学校或班级中出现的实际问题,在教师的教学实践中具有广泛影响。行动研究将研究和实践效果有机结合起来,让班主任在班级管理过程中边学习,边提高,真正使班级成为班主任专业发展的载体和摇篮。

---

[1] 杨新元.书中自有人生乐[N].光明日报,2009-01-16

4. 反思：在总结经验中提升自我

班主任的自主发展需要个体在反思中培养和提升。反思是指行为主体立足于自我以外批判地考察自己行为及其情景的能力。班主任的反思是指班主任以自己的班级管理活动为思考对象，对自己的思想和态度、行为和方法、教育与管理进行审视和分析的过程，是一条通过提高参与者的自我觉察水平来促进能力发展的途径。

根据美国教育家布鲁巴赫等人的观点，反思性实践可分为三类：一是"对实践的反思"，二是"实践中反思"，三是"为实践反思"。"对实践的反思"是指反思发生在实践之后，"实践中反思"指的是反思发生在实践的过程中，而"为实践反思"则是前两种反思的预期结果，即"实践后反思"与"实践中反思"的目的最终形成超前性的反思，从而形成在实践之前的三思而行的良好习惯。班主任通过"实践中的反思"来观察自己在班级管理活动中所发生的行为，就好像自己是局外人；而后又进行"对实践的反思"和"为实践反思"，分析班级管理活动，从而不断改善班级管理行为。在经过一段较长时间的反思后，班主任就会成为一个自觉而有效的反思者。

总之，班主任需要经过专门的培养，才能成为具有专业知识、专业技能、专业道德的专业工作者。班主任的专业化发展是一个目标，是一种追求，也是一项事业，需要建立和健全相关的保障制度促进班主任形成专业角色意识，需要班主任在教育教学实践中去体会和感悟，更需要班主任个体的素质建构、内涵提升、自主发展，实现自我完善、自我超越。

（二）班主任专业成长需要制度保障

班主任专业化显然不是自然而然就能实现的。影响班主任专业化的因素是多方面的，但制度建设带有根本性、长期性和稳定性。我们应该通过建立和健全班主任的职责制度、培训制度、资格制度、职级制度和薪酬制度等，为班主任的专业发展提供切实有效的保障。

1. 职责制度：班主任专业化的前提

班主任工作的职责是指担任班主任职务的教师按照班主任工作基本任务的要求所应承担的具体责任。班主任完成教育任务的过程，是一个履行职责的过程。1988年，原国家教育委员会下发《小学班主任工作暂行规定》（试行草案），认定"班主任是班集体的组织者和指导者，是学校贯彻国家的教育方针，促进学生全面健康成长的骨干力量。他对学校教育教学计划和其他各项管理的实施，协调本班任课教师的教育工作和沟通学校与家庭、社会教育之间的联系，起着重要的作用"。1994年，《中共中央关于进一步加强和改进学校德育工作的若干意见》强调了班主任在整个教育事业的发展和中小学德育工作中的重要地位和作用。1998年,原国家教委又制定了《中(小)学班主任工作暂行条例》,提出了中学班主任的8条职责,小学班主任的7条职责。2004年《中共中央国务院关于进一步加强和改进未成年人思想道德建设的若干意见》(以下简称《若干意见》)指出:"要完善学校的班主任制度,高度重视班主任工作,选派思想素质好、业务水平高、奉献精神强的优秀教师担任班主任。"教育部在贯彻《若干意见》的过程中,正在着手制订《班主任工作条例》,将进一步明确班主任的职责。[①] 职责制度的建立有助于班主任明确自己的职业定位,形成自己的专业角色意识。这是班主任专业化的前提和基础。

2. 培训制度:班主任专业化的根本

马卡连柯指出:"教育者的技巧,并不是一门什么需要天才的艺术,但它是一门需要学习才能掌握的专业。"班主任必须具备班主任工作的专业理论、专业技能和专业道德。班主任专业化的培养与发展主要是通过学历教育、专业知识及教育科学理论的培训以及职后的工作实践及相关理论知识的培训完成的,是职前培养和职后培训一体化的过程。班主任的教育信念、价值取向、知识结构、职业兴趣、监控能力、教育行为、教育效能等诸多因素综合起来,才能有利于形成和构建班主任专业化的特征体系,而这一切的大量工作还在于班主任的职后培训。因此,班主任专业化培训是班主任专业化发展的重要环节。

实施班主任专业化培训要建立班主任专业化培训课程体系,依据班主任岗位的职责要求,根据时代发展的要求和学生发展的特点建立系统性、科学性的培训课程体系。班主任培训课程体系要注重成人培训特点,以实践性、体验性培训为主,渗透理论性培训内容。

根据中小学班主任工作的实际需要,培训内容主要包括六个方面:(1)班主任工作基本规范;(2)学生心理健康教育指导;(3)班级活动设计与组织;(4)班级管理;(5)未成年人思想道德教育;(6)相关教育政策法规等。培训模式可以灵活多样,如专家报告、案例教学、现场诊断、示范模仿、互动研修、自主探究、参与分享、课题研究、参观考察、跟踪指导,等等。

班主任培训是班主任专业化发展的重要保证,要让班主任在这种过

---

① 教育部2006年工作要点[N].中国教育报,2005-12-31

程中感受到尊重,因尊重而享受专业的品位,因提高自我发展内在需求而感受到职业的幸福。

3. 资格制度:班主任专业化的特征

职业资格证书制度是国家对各行各业从业人员规定的职业准入制度。它是在职业专业化过程中出现的,要求从业人员经过严格系统的教育和培训获得能胜任工作的特殊知识和技能,获得职业资格证书以获得从业资格的一种职业管理制度。班主任资格认证制度是班主任职业专业化的基本特征,是国家对专门从事班级管理工作的班主任的基本要求;班主任资格认证也是对班主任工作专业性的认可,是对教师具有承担班主任工作能力的认定,是班主任获得工作岗位的首要条件。资格认证不仅要考核班主任人选的学历水平,还要考核思想政治表现、职业道德水平、班级管理能力、教育教学能力、身体条件和个性特征等。教师经过专业培训,完成必修课程要求,经过半年以上的实际工作锻炼后统一颁发班主任资格证书。在开始阶段,班主任资格证书的认定将主要以培训情况为主要的考核内容。对新任教师要先培训,后上岗,实施持证上岗的班主任准入制度。如黑龙江省规定,担任班主任工作的教师应经过一定形式和课时的班主任资格培训,须有一年以上教育教学工作的经历。对未担任过班主任的青年教师要采用担任助理班主任形式进行培养,各中小学还可结合本校实际,设立副班主任,并明确具体责任。天津将在全国率先试行班主任资格证书制度。天津市委教卫工委、天津市教委规定,教师担任班主任要逐步做到持证上岗。同时,还将实行见习班主任制度,鼓励青年教师担任班主任。

上海中小学班主任将持证上岗[1]

优秀的教师不一定能当好优秀的班主任,每天和孩子们打交道最多的班主任更应该学会与孩子们心灵沟通的科学。昨天在浦东召开的全国中小学班级建设与班主任队伍建设研讨会上,上海市科教党委副书记翁铁慧透露:目前本市中小学所有新上岗班主任都已开展统一的岗前培训,今后还将逐步试行班主任持证上岗制度,改变过去"班主任工作只是副业,兼一兼、代一代就行"的传统观念。

不久前市教委针对全市中小学班主任进行的一次调查结果显示,不少

---

[1] 上海中小学班主任将持证上岗[N]. 教育文摘周报,2006-5-24

被访者还守着"只要有爱心和责任心就能当好班主任"的老观念。"对于今天的孩子们来说,更需要一个专业的班主任,懂得与他们沟通的科学和艺术",翁铁慧说,班主任的定位应该是"学科老师+德育教师+人生导师",成为最能和孩子们心灵相通的"灵魂工程师"。

4. 职级制度:班主任专业化的重点

班主任职级主要是根据班主任的学历、年龄、任职年限、所管班集体状态考核结果、班主任和班级在各级评比中所获荣誉、奖励、班主任的学识和科研水平等情况评定班主任的职级。班主任专业化职级拟定分为五个层次:见习班主任、初级班主任、中级班主任、高级班主任和特级班主任。以上五个职级,按次序评选,原则上不能越级评选。在评选过程中,对于表现特别突出的年轻班主任可以提前破格参评高级和特级班主任。在班主任聘任过程中以职级落实班主任待遇。班主任的职级与教师的职称并列,同等对待,不同职级的班主任享有不同的报酬。从一些学校的试验情况看,实施班主任职级评聘制度,有利于调动高学历和经验丰富的教师担任班主任工作的积极性,有利于激励班主任珍惜专业信誉、进行专业追求、促进专业发展。

山东高密班主任全员职级管理[1]

本报讯(记者 张兴华 通讯员 邵长宏 赵德宝)

"以前,班主任津贴相差不超过二三十元,但自从2006年学校对班主任实行职级管理以后,班主任津贴差距达到了近百元,我已经连续6个月班主任津贴都接近200元。2007年我还被评为市骨干系列高级一等班主任,每月享受220元的科研津贴。"谈起近年来班主任待遇的变化,山东潍坊高密市姜庄中学的刘传美老师满脸洋溢着自豪。

"我们想方设法提高班主任的各项待遇,就是要让教师觉得当班主任是件很光荣的事。"高密市教育局局长柴修森认为,抓班主任队伍建设应从提高待遇入手。从2006年秋季新学期开始,高密市创新班主任管理机制,实行班主任全员职级管理,按其职级发放班主任津贴,真正实现了班主任"干多干少不一样,干好干坏差距多"。

该市将班主任分为特级班主任、高级班主任(含高级一等、高级二

---

[1] 山东高密班主任全员职级管理[N].中国教育报,2008-1-3

等)、中级班主任(含中级一等、中级二等)、初级班主任(含初级一等、初级二等)、见习班主任,共五级八等,实行分层管理、分级聘任,并建立骨干系列班主任评选制度,将班主任职级中的特级班主任和高级班主任,纳入骨干系列进行统一管理,由教育局直接进行考核和聘任,实行动态管理,每年一考核,两年一聘任。特级班主任和高级班主任除享受正常的班主任津贴外,还享受由教育局发放的每月180元至360元不等的科研津贴。中级及初级班主任,由各镇(街)和各直属学校自行组织评聘和考核,评聘和考核结果报教育局备案。

"实行班主任全员职级管理,特别是启动骨干系列班主任评选制度之后,使优秀班主任的自身价值得到了充分体现,愿意从事班主任工作的教师越来越多。"高密市教育局有关负责人告诉记者。2007年秋季,双羊中学新一轮教职工聘任,38个教学班,报名竞聘担任班主任的达到66人。

长期以来,该市班主任津贴一直执行的是每月15元的标准。2005年9月,高密市在国家工资政策没作出新调整的情况下,市财政每年拨出专款200万元,提高中小学班主任津贴,使小学提高到每人每月60元,中学每人每月80元,并要求各学校多方筹措经费,拉大校内结构工资差距,提高班主任补助。

在提高工资待遇的同时,高密市还积极提高班主任的政治待遇。该市规定,班主任工作经历和工作实绩与教师职务评聘直接挂钩。凡申报高一级教师职务资格的教师,必须具备一定年限的班主任工作经历。学校选拔聘用新干部,首先从优秀班主任中选拔产生,各项评优树先,同等条件下优先考虑优秀班主任。推荐上报的国家及省、市级优秀教师,均是从长期从事班主任工作的教师中选拔的。

为促进班主任专业发展,该市还积极为班主任成长搭建舞台。建立了市、镇(街)、校三级培养培训机制,班主任每学年参加各级培训应不低于20个学时,培训情况纳入教师继续教育内容。同时,该市采取向班主任推荐优秀图书,组织开展班级建设及学生管理金点子、学生成长典型案例活动征集活动,进行优秀班主任工作手记展评等活动,加快班主任的专业化成长。

该市创新班主任管理的经验做法,得到了潍坊市教育部门的充分肯定,在潍坊市组织的中小学教育教学(管理)方法创新燎原奖、教育工作创新奖、重大教育教学问题行动研究中,连续三次获得一等奖,其创新经验在潍坊市得到大力度的推广和应用。

5. 薪酬制度：班主任专业化的保证

获得稳定而丰厚的经济收入是专业人员不断追求专业发展的基本物质保障。任何一个专业成熟度很高的职业都有相当高的经济回报作支持，只有这样才能吸引更多的优秀人才加入这个行业，也只有这样才能促使从业人员不断地致力于提高专业水准、建立严格的职业伦理规范，从而提高这一职业的权威性和社会地位。因此，合理的薪酬制度是激励班主任不断追求专业发展与职业自我实现的一种激励制度，体现着国家和学校对班主任工作及其专业性的重视和尊重程度，体现着一个追求专业发展的班主任的主体价值和人格尊严。1979年11月，教育部、财政部、国家劳动总局发出的《关于在全国普通中学和小学公办教师中试行班主任津贴的通知》，明确规定中小学班主任的月津贴为4至6元（根据班额）。近年来一些地方和学校在国家规定拨发的津贴的基础上，从自身的实际出发，提高标准，增加待遇，作出了一些努力。但是，从总体上说，待遇是偏低的，努力是不够的，发展是不平衡的，且这些努力大多是"因势所迫"的应付之举，而非源于对班主任工作的切实重视和主动关心，更不是对其专业性的尊重、敬畏所致。许多学校分配制度中普遍存在的诸如重量轻质、蜻蜓点水、过于强调奉献等特点，尤其是不管班主任的年龄大小、水平高低、年限长短、效益优劣，存在一个标准，一样待遇的"大锅饭"现象，缺乏有效的激励机制。

总之，班主任工作是一项专门的艺术，班主任要经过专门的培养，班主任应当成为具有专业知识、专业技能、专业道德的专业工作者。班主任的专业化发展是一种目标，是一种追求，更是一种过程，既需要班主任在教育教学实践中去体会和感悟，需要班主任个体的素质建构、内涵提升、自主发展和自我超越，更需要建立和健全相关的保障制度，促进班主任形成自己的专业角色意识，激发他们的工作热情与责任感，激励他们不断提高自己的专业化水平。

专 题 小 结

本专题主要讨论了三个问题：

1. 班主任专业成长的意义
2. 班主任专业成长的内涵
3. 班主任专业成长的路径

基本要点是：

班主任工作不是一种简单劳动，并不是每一个教师都能胜任的。要想成为一名合格的班主任，必须经过专门的训练，养成坚定的专业情意，掌握系统的专业知识，形成熟练的专业技能。从班主任的地位作用、工作职责、任职条件来看，班主任专业化是一种应然取向；从时代要求、教师专业化发展和改变班主任工作现状需要来看，班主任专业化是一种现实诉求。班主任工作是一种不可替代的专门性工作，班主任专业化的内涵要比一般教师更加丰富，有其自身的特殊性。班主任专业化就是以教师专业化为基础，以专业的观念和要求对班主任进行选择、培养、培训、管理和使用的过程。主要包括在职业道德上，从一般的道德要求向专业精神发展；在专业知识和能力上，从"单一型"向"复合型"发展；在劳动形态上，从"经验型"向"创造型"发展。班主任专业化成长是一种自主建构和自我发展。班主任对自己所从事工作有了理性的认识，对工作充满了自信与热情，把工作当做事业来做，才会主动利用外在条件，激发内在动力，自觉自愿地去学习、实践、研究、反思，努力优化班主任工作的实践品质，提升班主任工作的专业水准。班主任专业化不是自然而然就能实现的，影响班主任专业化的因素是多方面的，但制度建设带有根本性、长期性和稳定性。我们应该通过建立和健全班主任的职责制度、培训制度、资格制度、职级制度和薪酬制度等，为班主任的专业发展提供切实有效的政策保障。

拓展学习

1. 有人说，"一个优秀的班主任，首先应该是一个优秀的教师"。但是，一个优秀的教师不一定就是一个优秀的班主任。请谈谈对这句话的理解。

2. 请围绕"班主任的专业化成长是一种目标，是一种追求，更是一种过程"这一话题进行思考，并在班级或小组展开讨论、交流。

3. 根据自身特点，拟定一份专业成长规划。

主要参考文献

1. 田恒平.班主任理论与实务[M].北京:首都师范大学出版社,2007
2. 黄正平.班主任专业化论纲[M].南京:南京大学出版社,2008
3. 张万祥.给年轻班主任的建议[M].上海:华东师范大学出版社,2006
4. 万玮.班主任兵法[M].上海:华东师范大学出版社,2008
5. 李希贵.为了自由呼吸的教育[M].高等教育出版社,2007
6. 苏霍姆林斯基,赵玮等译.帕夫雷什中学[M].北京:教育科学出版社,1983
7. 黄正平.班集体问题诊断与建设方略[M].教育科学出版社,2007
8. 黄正平.专业化视野中的小学班主任[M].长春:东北师范大学出版社,2006
9. 魏国良.学校班级教育概论[M].上海:华东师范大学出版社,1999
10. [捷]夸美纽斯,傅任敢译.大教学论[M].北京:人民教育出版社,1984
11. 张爱华.班主任工作艺术[M].石家庄:河北教育出版社,2001
12. 李学农.班级管理[M].北京:高等教育出版社,2004
13. 陈桂生.教育原理[M].上海:华东师范大学出版社,1996
14. 石中英.生命化教育[M].北京:教育科学出版社,2007
15. 刘铁芳.走向生活的教育哲学[M].长沙:湖南师范大学出版社,2005
16. 胡晓风等编.陶行知教育文集[C].成都:四川教育出版社,2005
17. [日]片冈德雄,贺晓星译.班级社会学[M].北京:北京教育出版社,1993
18. [美]马斯洛,许金声、陈朝翔译.动机与人格[M].北京:华夏出版社,1987
19. 班华.发展性班级教育系统[C].南京:南京师范大学出版

社,2000

20. 朱永新.中国著名班主任德育思想录[M].南京:江苏教育出版社,2001

21. 吴康宁.教育社会学[M].北京:人民教育出版社,1998

22. 朱玉忠.影响班主任的101个经典管理案例[M].沈阳:北方妇女儿童出版社,2007

23. [美]斯蒂芬·P.罗宾斯,孙健敏等译.组织行为学[M].北京:中国人民大学出版社,1997

24. 雅斯贝尔斯,邹进译.什么是教育[M].上海:生活·读书·新知三联书店,1991

25. [日]佐藤学,李季湄译.静悄悄的革命[M].长春:长春出版社,2003

26. 宋林飞.西方社会学理论[M].南京:南京大学出版社,1999

27. 李镇西.做最好的班主任[M].桂林:漓江出版社,2008

28. [捷克]夸美纽斯.夸美纽斯教育论著选[M].北京:人民教育出版社,1990

29. [苏]B·A.苏霍姆林斯基,杜殿坤编译.给教师的建议(修订版,全一册)[M].北京:教育科学出版社,1984

30. 李镇西.爱心与教育——素质教育探索手记[M].成都:四川少年儿童出版社,1998

31. 陶行知.陶行知全集(第一卷)[M].成都:四川教育出版社,1991

32. 张仁德,霍洪喜.企业文化概论[M].天津:南开大学出版社,2001

图书在版编目(CIP)数据

小学班主任专题研究／潘健主编. ——南京：南京大学出版社，2009.10(2021.7 重印)
高等学校小学教育专业教材
ISBN 978-7-305-06527-9

Ⅰ.小… Ⅱ.潘… Ⅲ.小学－班主任－工作－高等学校－教材 Ⅳ.G625.1

中国版本图书馆 CIP 数据核字(2009)第 183073 号

出 版 者	南京大学出版社
社　　址	南京市汉口路 22 号　　邮　编　210093
网　　址	http://www.NjupCo.com
出 版 人	金鑫荣

书　　名　**小学班主任专题研究**
主　　编　潘　健
项目统筹　胡　豪
责任编辑　彭　涛　　　　　编辑热线　025-83594071
照　　排　南京紫藤制版印务中心
印　　刷　江苏凤凰扬州鑫华印刷有限公司
开　　本　787×960　1/16　印张 15.5　字数 258 千
版　　次　2009 年 10 月第 1 版　2021 年 7 月第 6 次印刷
ISBN 978-7-305-06527-9
定　　价　35.00 元

发行热线　025-83594756
电子邮箱　Press@NjupCo.com
　　　　　Sales@NjupCo.com(市场部)

＊ 版权所有，侵权必究
＊ 凡购买南大版图书，如有印装质量问题，请与所购
　图书销售部门联系调换